者の類型と特徴

	推定労働者数	特別な立法 (公共政策)	労働 雇用保険	労災保険	国民		
で	3432万人（男2380万人、女1052万人）		○但し公務なし	○但し公務なし		○	○
	886万人（男92万人、女794万人）	短時間労働者雇用改善法（パート労働法）(1993年)	○	○		○	○
			○但し一部	○	夫の配偶者として	夫の配偶者として	○一部、他は第3号被保険者が多い
	331万人（男182万人、女149万人）		○	○		○	○
	408万人（男206万人、女202万人）			○			○一部
	87万人	労働者派遣法(1985年)	○	○		○	○
業	登録234万人（常用換算65万人）		○一部		○一部、他は夫の配偶者として	○一部、他は夫の配偶者として	○一部、他は第3号被保険者が多い	○一部
	83万人（男29万人、女53万人）		○一部		○一部	○	○一部
	87万人（男60万人、女27万人）	職業安定法施行規則（1952年改正）	○一部		○一部	○	○一部
業	108万人（男48万人、女60万人）	港湾労働法（1965年）、建設雇用改善法（1976年）	○	○		○	○
	112万件	職業安定法（1949年）29職業に限定していたが1999年の改正で原則自由化	○	○、ただし、家政婦なし	○一部、他は夫の配偶者として	○一部、他は夫の配偶者として	○一部、他は第3号被保険者	○一部
食	60万件						
	1万人	家内労働法（1970年）		○			○
	17万人						○
務	506万人		○	○		○	○
	168万人			○			○
高	登録者75万人	高年齢者雇用安定法（1986年）		○		年金受給者もいる	年金受給者もいる
	262万人（男153万人、女109万人）		—	—	—	—	—
	76万人（延べ人数）	雇用対策法（2007）	○	○		○	○

出典：平成19年就業構造基本調査結果等をもとに作成

非正規雇用ハンドブック
使用者が守るべきこと

髙梨 昌　木村 大樹 編著

エイデル研究所

非正規雇用ハンドブック

使用者が守るべきこと

髙梨 昌　木村 大樹 編著

エイデル研究所

はじめに

　非正規社員の数は毎年増加していますが、平成19年の就業構造基本調査では、これまで3人に1人と言われていたものが、1894万人、35.6％を占めるなどさらに一段と伸びを示しています。特に伸びが著しいのが派遣社員です。同年の労働力調査では133万人だったのですが、就業構造基本調査では161万人と30万人近く増加しています。その要因としては、製造業で活用されていた業務請負が偽装請負問題の発覚を契機として、派遣社員に移行したことがあります。このため、派遣社員の急速な増加に、調査も追いつかないのが現状です。

　その製造業務の派遣社員に2009年問題という新たな課題が今起きています。製造業務などの派遣については、派遣先は同一の業務について、最長3年の派遣可能期間を超えて派遣社員を受け入れてはならないという制限がありますが、この派遣可能期間の満了する時期が集中するのが2009年であるために、「2009年問題」と呼ばれています。

　2009年問題に対応するために、派遣社員を受け入れている製造業の派遣先や派遣会社において、さまざまな取組みを模索しており、議論が巻き起こっています。

　その1つが、派遣可能期間満了後、その派遣社員を、製造業の派遣先が契約社員として3ヶ月あまり雇用した後、派遣会社にその元契約社員を戻して、再度派遣社員として受け入れようというものです。

　3ヶ月あまりという期間が設定されているのは、派遣先が、新たに派遣社員を受け入れる場合に新たな派遣と直前に受け入れていた派遣との間の期間が3ヶ月を超えないときは、継続しているとみなされるため、その期間が3ヶ月を超えているときは、その期間の満了の時点から最長3年間、派遣社員を受け入れることができるという取扱いによるものです。

　これは3ヶ月という一種のクーリングタイムが設けられた本来の主旨を悪用するものといわなければなりませんが、この問題の取扱い方の基本として、

雇用というものをどのように捉えるかの問題があります。今年3月に施行された労働契約法は、「労働契約は、労働者が使用者に使用されて労働し、使用者がこれに対して賃金を支払うことについて、労働者と使用者が合意することによって、成立する（同法第6条）」と定めています。また、民法は、従来から、「使用者は、労働者の承諾を得なければ、その権利を第三者に譲り渡すことができない（同法第625条第1項）」と定めています。

　これらは、契約自由の原則に則って、働く人たちの意思が尊重され、誰に雇用されるかは、働く人たち自身が決めるという前提で成り立っています。

　これに対し、現在論じられているのは、いわば、派遣会社と派遣先との談合によって、派遣社員をキャッチボールしようというもので、そこには、派遣社員の意思や使用者を自由に選択する権利というものが無視されています。

　このような個々人の意思を無視したような議論がまかり通るのは、現代の日本において、一人ひとりの働く人たちが尊重されていないことにほかなりません。

　これは一例に過ぎませんが、非正規社員の雇用が適正に行われなければ、我が国において、適正な雇用が確保できないことは明白です。このような問題意識の下に、多様な雇用・就業形態に関する各種法制や制度を分りやすく解説したのが本書です。

　このため、できるだけ多くの方々に本書がハンドブックとして活用され、関係者が何をしなければならないかを理解して、多様な雇用・就業形態で働く非正規社員の雇用が適正に行われることを願ってやみません。

平成20年9月

執筆者

目次

はじめに

第1章　非正規社員の雇用の現状

「非正規社員の雇用の現状」のポイント　18

1　非正規社員の数など　20

(1)非正規社員の数／(2)男女別の状況／(3)年齢別の状況／(4)世帯主との続柄の状況／(5)産業別の状況／(6)職業別の状況

2　非正規社員の収入の状況　27

第2章　非正規社員雇用の共通のルール

「非正規社員雇用の共通のルール」のポイント　30

1　正規社員にも非正規社員にも適用される労働法　38

2　労働者(社員)　42

3　社員の募集　42

(1)募集／(2)職業紹介

4　採用　45

(1)採用／(2)採用の自由とその制限／(3)採用内定／(4)身元保証／(5)採用に際しての労働条件の明示

5　労働契約の内容　49

(1)労働条件の決定の原則／(2)国籍、信条、社会的身分を理由とする労働条件についての差別的な取扱いの禁止／(3)女性であることを理由とする賃金についての差別的な取扱いの禁止／(4)賠償予定および前借金相殺の禁止／(5)強制貯金の禁止／(6)試用期間／(7)社員の安全への配慮／(8)セクハラの防止／(9)職場のいじめの防止など

6 賃金　54

(1)賃金の支払い／(2)非常時払い／(3)休業手当／(4)出来高払制などの保障給／(5)割増賃金／(6)最低賃金

7 労働時間・休憩・休日・休暇・休業　59

(1)原則的な法定労働時間／(2)労働時間の通算／(3)労働時間の範囲／(4)変形労働時間制／(5)みなし労働時間制／(6)休憩時間／(7)休日／(8)時間外・休日労働／(9)深夜労働／(10)労働時間規制の適用除外／(11)年次有給休暇／(12)公民権の行使などのための時間／(13)産前産後休業／(14)生理日の就業が著しく困難な女性に対する措置

8 年少者や妊産婦などの就業制限　74

(1)年少者／(2)妊産婦／(3)妊産婦以外の女性

9 安全衛生　75

(1)安全衛生管理体制／(2)社員の危険または健康障害を防止するための措置／(3)機械・設備や有害物に関する規制／(4)安全衛生教育／(5)就業制限／(6)作業環境測定など／(7)健康診断など／(8)死傷病報告書の提出など

10 寄宿舎　80

11 雇用関係の終了　81

(1)解雇／(2)退職に当たっての措置／(3)定年制とその後の継続雇用

12 就業規則と懲戒処分　84

(1)就業規則の作成／(2)就業規則の記載事項／(3)就業規則と法令や労働協約の関係／(4)就業規則違反の労働契約／(5)就業規則の周知／(6)就業規則の効力／(7)懲戒処分と就業規則

13 有期の労働契約　87

14　社会・労働保険　88

　　(1)労災保険／(2)雇用保険／(3)医療保険／(4)年金保険

15　税の取扱い　101

　　(1)給与所得に対する所得税の取扱い／(2)給与所得に対する個人住民税の取扱い

第3章　正規社員と非正規社員の均衡のとれた処遇

「正規社員と非正規社員の均衡のとれた処遇」のポイント　106

1　均衡処遇に関する法律の規定　108

　　(1)国籍、信条、社会的身分を理由とする労働条件についての差別的取扱いの禁止／(2)女性であることを理由とする賃金についての差別的取扱いの禁止／(3)性別を理由とする差別的な取扱いの禁止／(4)婚姻・妊娠・出産などを理由とする不利益取扱いの禁止／(5)パートタイマーについての均衡待遇

2　正規社員と非正規社員の均衡処遇に関する裁判例　128

第4章　パートタイマーの雇用

「パートタイマーの雇用」のポイント　134

1　パートタイマーの雇用の現状　137

2　パートタイム労働法　138

　　(1)パートタイマーの範囲／(2)会社などの責務／(3)労働条件に関する文書の交付／(4)就業規則の作成の手続／(5)パートタイム労働法におけるパートタイマーの区分／(6)正規社員と同視すべきパートタイマーに対する差別的取扱いの禁止／(7)職務内容が正規社員と同一のパートタイマーに対する取扱い／(8)職務内容が正規社員と同一のパートタイマー以外のパートタイマーに対する取扱い／(9)正規社員への転

換／(10)待遇の決定に当たって考慮した事項の説明／(11)短時間雇用管理者／(12)紛争の解決の援助／(13)パートタイム労働援助センター

3 パートタイマーに関するその他の労務管理上の留意点　150
(1)労働時間／(2)年次有給休暇／(3)健康診断

4 社会・労働保険の適用　152
(1)労災保険／(2)雇用保険／(3)健康保険および厚生年金保険

5 税の取扱い　154
(1)所得税／(2)住民税

第5章　アルバイト・契約社員・期間工などの雇用

「アルバイト・契約社員・期間工などの雇用」のポイント　158

1 有期労働契約の期間　161
(1)労働契約の上限期間／(2)労働契約の上限期間に関する特例

2 有期労働契約基準　164
(1)契約締結時の明示事項など／(2)雇止めの予告／(3)雇止めの理由の明示／(4)契約期間についての配慮

3 有期労働契約の中途での解除　167

4 有期労働契約の更新の拒否(雇止め)　168

5 有期労働契約と年次有給休暇　171

6 有期契約社員の育児休業、介護休業、子の看護休暇　173
(1)育児休業／(2)介護休業／(3)子の看護休暇

7 社会・労働保険の取扱い　174
(1)労災保険／(2)雇用保険／(3)健康保険および厚生年金保険

8 税の取扱い　175

目　次

第6章　定年退職後の嘱託社員の雇用

「定年退職後の嘱託社員の雇用」のポイント　178

1　定年制と継続雇用　179
　(1)定年制／(2)高年齢者雇用確保措置／(3)継続雇用制度

2　高年齢者の雇用の現状　181
　(1)常用雇用の高年齢者の数／(2)高年齢者雇用安定法に定める高年齢者雇用確保措置の実施状況

3　定年退職嘱託社員の年次有給休暇　182

4　定年制、継続雇用などの管理に関するその他の留意点　182
　(1)定年制／(2)定年退職者の再雇用

5　社会・労働保険の取扱い　184
　(1)雇用保険の取扱い

6　厚生年金保険の適用　186
　(1)厚生年金保険の適用／(2)在職老齢年金の支給

7　医療保険　187

第7章　外国人社員の雇用

「外国人社員の雇用」のポイント　190

1　外国人社員と在留資格　192
　(1)就労活動に制限がない在留資格／(2)在留資格の範囲内で就労が可能な在留資格／(3)許可の内容によって就労の可否が決まる在留資格／(4)原則として就労が認められない在留資格／(5)不法就労外国人に関する取扱い

2　雇用対策法の規定　195
　(1)外国人社員を雇用する会社の責務／(2)外国人社員の雇用状況

の確認・届出／(3)行政による指導監督

3 労働基準法などの規定　203

(1)国籍、信条、社会的身分を理由とする労働条件についての差別的な取扱いの禁止／(2)渡航費用の賃金から天引き／(3)パスポートの保管と返還／(4)不法就労外国人の労災事故についての損害賠償

4 社会・労働保険の取扱い　207

(1)労災保険／(2)雇用保険／(3)厚生年金保険および健康保険

5 税の取扱い　210

第8章　派遣社員の正しい活用

「派遣社員の正しい活用」のポイント　212

1 人材派遣業の現状　219

(1)人材派遣業を行う事業所の数／(2)派遣社員の数／(3)派遣先の数／(4)人材派遣業の売上高／(5)製造業務への人材派遣／(6)派遣料金／(7)派遣社員の賃金／(8)海外派遣／(9)紹介予定派遣

2 労働者派遣法の規定　221

(1)人材派遣業／(2)紹介予定派遣／(3)二重派遣／(4)人材派遣業が禁止される業務／(5)事業に関する規制／(6)労働者派遣契約に関する規制／(7)派遣会社の講ずべき措置／(8)派遣先の講ずべき措置など

3 労働基準法や労働安全衛生法の適用　228

(1)労働基準法の適用／(2)労働安全衛生法などの適用／(3)男女雇用機会均等法の適用

4 その他の派遣社員の管理　240

(1)派遣先との黙示の労働契約／(2)派遣社員の特定／(3)労働者派遣終了後の派遣先による派遣社員の雇用／(4)労働者派遣契約の解

約と派遣社員の就業機会の確保／(5)派遣契約の満了と労働契約の終了／(6)派遣先における就労拒否と休業手当の支払／(7)派遣社員に対する年休の付与／(8)派遣先から派遣会社への損害賠償の請求／(9)派遣社員の転職勧誘・引き抜き行為

5　社会・労働保険の取扱い　252

(1)労災保険／(2)雇用保険／(3)健康保険および厚生年金保険

第9章　派遣店員・出向社員の正しい活用

「派遣店員・出向社員の正しい活用」のポイント　256

1　派遣店員の活用　258

(1)派遣店員の就業形態／(2)派遣店員と人材派遣業の関係／(3)派遣店員に対する労働基準法などの適用

2　出向社員の雇用　261

(1)出向とは／(2)労働者派遣法や職業安定法との関係／(3)出向の管理／(4)出向社員に対する社会・労働保険の適用

第10章　業務請負会社(社外工)の正しい活用

「業務請負会社(社外工)の正しい活用」のポイント　274

1　偽装請負とならないために　277

(1)偽装請負の問題点／(2)業務請負事業と人材派遣業の違い／(3)請負区分基準／(4)偽装請負問題の解決のために

2　業務請負社員に対する注文者や元方事業者などの責任　287

(1)注文者や元方事業者などの安全衛生に関する責任／(2)建設業の請負事業における元請会社の災害補償に関する責任／(3)注文者との黙示の労働契約／(4)請負会社の社員との団体交渉／(5)請負会社の社員の安全の配慮／(6)元請会社の請負会社の社員に対する過重

労働の防止

3 業務請負会社の労務管理に関するその他の問題点　301

(1)退職した社員の競業避止義務／(2)請負会社の社員に対する過重労働の防止

第11章　個人請負事業者などの正しい活用

「個人請負事業者などの正しい活用」のポイント　306

1 個人請負事業者と労働基準法の「労働者」　308

2 個人請負事業者と労働組合法の「労働者」　318

3 個人請負事業者と社会・労働保険　318

(1)労災保険／(2)雇用保険／(3)医療保険および年金保険

4 税の取扱い　320

(1)所得税／(2)地方税

第12章　日雇の雇用

「日雇の雇用」のポイント　322

1 雇用保険の取扱い　323

(1)日雇労働被保険者／(2)日雇労働被保険者手帳と印紙保険料の納付／(3)日雇労働求職者給付金の支給

2 健康保険の取扱い　328

(1)日雇特例被保険者／(2)保険者／(3)日雇特例被保険者手帳／(4)日雇特例被保険者の保険料／(5)日雇特例被保険者に対する保険給付

3 建設雇用改善法　330

(1)建設労働者の雇用の改善など／(2)事業主団体の作成する実施計画の認定／(3)建設業務有料職業紹介事業／(4)建設業務労働

目　次

　　　　　者就業機会確保事業
　　4　港湾労働法　334
　　　　　(1)港湾労働者の雇用改善、能力の開発・向上など／(2)港湾労働者派遣事業／(3)港湾労働者雇用安定センター／(4)港湾労働者派遣事業に関する事業主の義務
　　5　税の取扱い　338

第13章　有料職業紹介求職者の雇用

　「有料職業紹介求職者の雇用」のポイント　340
　　1　有料職業紹介事業の現状　341
　　　　　(1)有料職業紹介事業所数／(2)有料職業紹介事業所における職業紹介の状況／(3)手数料／(4)国外にわたる職業紹介
　　2　有料職業紹介事業に関する法制　343
　　　　　(1)職業紹介の意義／(2)職業紹介の原則
　　3　有料職業紹介求職者の取扱い　349
　　　　　(1)労働基準法などの適用／(2)介護労働者の雇用管理の改善等に関する法律

第14章　在宅就業者の正しい活用

　「在宅就業者の正しい活用」のポイント　352
　　1　在宅就業者の状況　355
　　　　　(1)テレワークと在宅就業の形態／(2)テレワークと家内労働の就業者数
　　2　在宅就業者に対する労働基準法などの適用　355
　　3　家内労働者に関する取扱い　356
　　　　　(1)家内労働者の範囲／(2)家内労働法／(3)労災保険の特別加入

4　在宅ワークの適正な実施のためのガイドライン　361

　　　（1）在宅ワークの範囲／（2）契約条件の文書明示およびその保存／（3）契約条件の適正化／（4）その他

第15章　シルバー人材センター会員の活用

　「シルバー人材センター会員の活用」のポイント　366

　　1　シルバー人材センター　367

　　　（1）シルバー人材センターの概要／（2）シルバー人材センターの現状／（3）シルバー人材センターに関する法制／（4）全国シルバー人材センター事業協会

　　2　シルバー人材センター会員に対する労働基準法などの適用　371

　　　（1）雇用によらない就業の場合／（2）職業紹介事業による雇用の場合／（3）労働者派遣による就業の場合

　　3　シルバー人材センターの会員の就業に当たっての安全および衛生の確保　373

　　　（1）シルバー人材センターによる会員の就業に当たっての安全および衛生の確保／（2）シルバー人材センターの会員を就業させる会社などによる安全および衛生の確保

第16章　複数就業者の現状と課題

　「複数就業者の現状と課題」のポイント　378

　　1　複数就業者の数　379

　　2　複数就業者に対する労働基準法などの適用　379

　　3　社員の兼業に関する規則　380

　　4　複数就業者に対する社会・労働保険の適用　382

　　　（1）労災保険／（2）雇用保険／（3）社会保険（健康保険・厚生年金保

険）

終章　非正規雇用の問題の所在と展望
1. 1950年代の非正規社員問題は「本工・臨時工・社外工」問題から　388
2. パート市場の拡大と特徴　390
   短時間パートタイマーはサービス経済化で激増／パートの就労意識と行動の特徴
3. 新たな「社外工」である「派遣市場」の形成と拡大　393
   「偽装請負」問題の所在
4. その他の雇用・就業形態　398
   テレワーカー、SOHOは新たなタイプの家内労働／高齢者の雇用延長などによる契約社員・嘱託の増加
5. 非正規社員市場の拡大と変化　399
6. 非正規社員の「労働市場改革試論」－展望にかえて－　402
   雇用政策から失業対策への先祖返り／事実誤認によるミスリード／これから早急に講ずべき課題

執筆を終えて

第1章
非正規社員の雇用の現状

「非正規社員の雇用の現状」のポイント
1 非正規社員の数など
2 非正規社員の収入の状況

「非正規社員の雇用の現状」のポイント

(1) 非正規社員の数は1894万人で、雇用者全体の36％に達しており、その数は5年間で266万人増加し、構成比も5.9ポイント高くなっている。

(2) 非正規社員のうち、パートは886万人、アルバイトは408万人（22.5％）、契約社員は225万人、嘱託は106万人（5.8％）、派遣社員は161万人（2.6％）で、アルバイトを除きいずれも増加しているが、特に派遣社員は5年間で89万人増加し、2.2倍になっている。

(3) 男性の非正規社員の数は591万人で、4年間で113万人増加しており、構成比も2.7ポイント高くなって18.3％となっている。また、女性の非正規社員の数は1,299万人で、その比率は55.2％と過半数を占めており、5年間で156万人増加し、構成比でも2.3ポイント高くなっている。

(4) 男性の非正規社員のうち、パートが92万人（3.1％）、アルバイトが206万人（6.9％）、契約社員が116万人（3.9％）、嘱託が66万人（2.2％）、派遣社員が61万人（2.0％）で、アルバイトを除きいずれも増加しているが、特に派遣社員は5年間で40万人増加し、3倍になっている。また、女性の非正規社員のうち、パートが794万人（33.7％）、アルバイトが202万人（8.6％）、契約社員が109万人（4.6％）、派遣社員が100万人（4.2％）、嘱託が40万人（1.7％）で、アルバイトを除きいずれも増加しているが、特に派遣社員は、5年間で48万人増加し、1.9倍になっている。

(5) 年齢階層別に非正規社員の割合をみると、男性では、15～19歳と60歳以上では雇用者総数の半数以上を占めているが、35～54歳層では1割に達していない。一方、女性では、25～29歳の40.1％が最も低く、年齢が上がるにつれてその割合は増加し、35歳以上で

はいずれの年齢階層でも半数以上を占めている。
(6) 世帯主との続柄別に非正規社員の割合をみると、全年齢階層では世帯主本人の18.0％、単身世帯の30.7％、世帯主の配偶者の62.5％、子などその他の世帯員の32.9％となっており、25～54歳層では世帯主本人の9.6％、単身世帯の21.2％、世帯主の配偶者の61.9％、子などその他の世帯員の26.8％となっている。
(7) 産業別に非正規社員の割合をみると、飲食店・宿泊業（69.2％）、卸・小売業（47.2％）、その他のサービス業（41.7％）の順に高くなっている。
(8) 職業別に非正規社員の割合をみると、サービス（61.0％）、農林漁業（44.5％）、生産工程・労務（37.9％）、事務（34.4％）、販売（33.1％）の順に高くなっている。
(9) 男女別、雇用形態別の所得の中位の額は、男性の正規社員458万円、パート132万円、アルバイト102万円、派遣社員234万円、契約社員246万円、女性の正規社員286万円、パート96万円、アルバイト78万円、派遣社員192万円、契約社員196万円程度と推計される。

1　非正規社員の数など

（1）非正規社員の数

　総務省の平成19年（2007年）就業構造基本調査によれば、役員を除く雇用者の総数は5,326万人で、このうち、正規社員の数は3,432万人で、雇用者総数に占める割合は64.4%です。これに対し、パート、アルバイト、派遣社員、契約社員、嘱託などの非正規社員の数は1,894万人で、雇用者総数に占める割合は35.6%と、3分の1を超える水準に達しています。

　正規社員の数は、平成14年（2002年）から19年（2007年）までの5年間で23万人（0.7%）減少しているのに対し、非正規社員の数は、同じ5年間で266万人（16.3%）増加しており、構成比も5.9ポイント高くなっています（図1—1）。

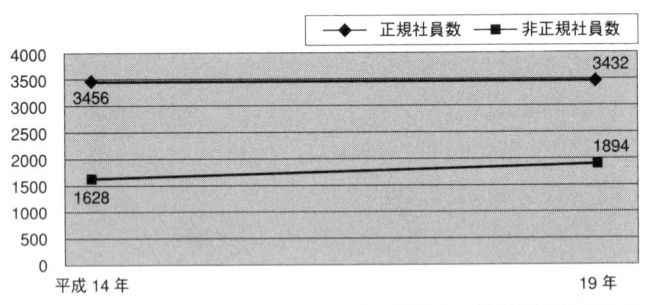

図1—1　正規社員と非正規社員の推移

出典：総務省　就業構造基本調査

　非正規社員を雇用形態別にみると、パートが886万人（雇用者総数の16.6%）、アルバイトが408万人（7.7%）、契約社員が225万人（4.2%）、派遣社員が161万人（3.0%）、嘱託が106万人（2.0%）となっています。いずれの雇用形態も増加していますが、特に派遣社員は5年間で89万人増加し、2.2倍になるとともに、非正規社員増加数の33.5%を占めています。このほか、同じ5年間でパートが103万人、契約社員・嘱託が84万人、それぞれ

増加し、アルバイトは16万人減少しています（図1―2）。

図1―2　非正規社員の雇用形態別の推移

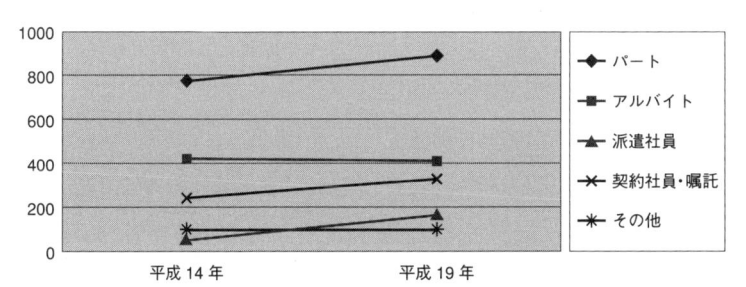

出典：総務省　就業構造基本調査

表1―1　雇用形態別の雇用者および非正規社員の構成の推移（単位：万人、％）

		平成14年(2002)	平成19年(2007)
役員を除く雇用者		5,084	5,326
（構成比）		(100.0)	(100.0)
増減			4.8
うち正規社員		3,456	3,432
（構成比）		(68.0)	(64.4)
増減			△0.7
うち非正規社員	計	1,628	1,894
	（構成比）	(32.0)	(35.6)
	増減		16.3
	パート	782	886
	（構成比）	(15.4)	(16.6)
	増減		13.3
	アルバイト	424	408
	（構成比）	(8.3)	(7.7)
	増減		△3.8
	派遣社員	72	161
	（構成比）	(1.4)	(3.0)
	増減		123.6
	契約社員・嘱託	248	331
	（構成比）	(4.9)	(6.2)
	増減		33.5
	その他	95	104
	（構成比）	(1.9)	(2.0)
	増減		9.5

出典：総務省　就業構造基本調査

（2） 男女別の状況

男女別にみると、男性は、平成19年には、正規社員が2,380万人でその比率は80.0％ですが、平成14年（2002年）から19年（2007年）までの5年間で61万人（2.5％）減少しています。一方、非正規社員の数は、同じ5年間で113万人（23.6％）増加し、591万人となっており、構成比でも3.5ポイント高くなって、19.9％となっています。

一方、女性は、平成19年（2007年）には、正規社員が1,014万人で、その比率は44.8％に過ぎず、既に雇用者全体の半数を下回っており、さらにその割合は減少しています。ただし、実数では、平成14年（2002年）から19年（2007年）までの5年間で38万人（3.7％）増加しています。一方、非正規社員の数は1,299万人で、その比率は55.2％となっており、同じ5年間で156万人（13.6％）増加し、構成比でも2.3ポイント高くなっています（図1-3）。

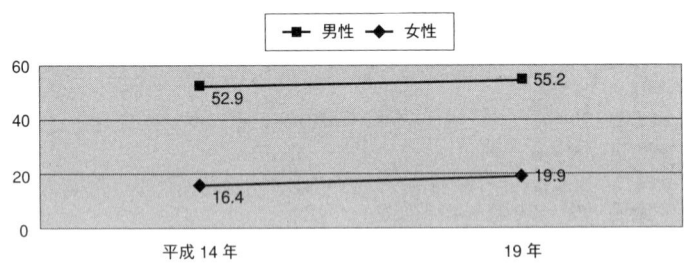

図1-3　男女別の非正規社員比率の推移

	平成14年	19年
男性	16.4	19.9
女性	52.9	55.2

出典：総務省　就業構造基本調査

男性の非正規社員について雇用形態別にみると、パートが92万人（雇用者総数の3.1％）、アルバイトが206万人（6.9％）、契約社員が116万人（3.9％）、嘱託が66万人（2.2％）、派遣社員が61万人（2.0％）となっています。アルバイトを除き、いずれの雇用形態も増加していますが、特に派遣社員は5年間で40万人増加し、3倍になるとともに、非正規社員の増加数の35.9％を占めています。このほか、同じ5年間でパートが29万人、契約社

員・嘱託が51万人、それぞれ増加しています(図1−4)。

図1−4　男性の非正規社員の雇用形態別の推移

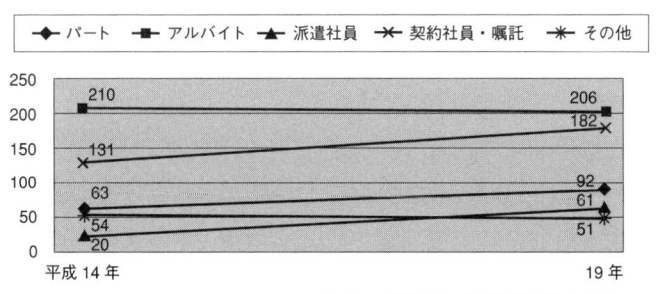

```
          パート    アルバイト    派遣社員    契約社員・嘱託    その他
250
      210                                        206
200                                              182
150   131
      63                                         92
100                                              61
 50   54
      20                                         51
  0
   平成14年                                       19年
```

出典：総務省　就業構造基本調査

一方、女性の非正規社員について雇用形態別にみると、パートが794万人(33.7％)、アルバイトが202万人(8.6％)、契約社員が109万人(4.6％)、派遣社員が100万人(4.2％)、嘱託が40万人(1.7％)となっています。アルバイトを除き、いずれの雇用形態も増加していますが、特に派遣社員は、5年間で48万人増加し1.9倍になるとともに、非正規社員増加数の30.8％を占めています。このほか、同じ5年間でパートが74万人、契約社員・嘱託が32万人、それぞれ増加しています(図1−5)。

図1−5　女性の非正規社員の雇用形態別の推移

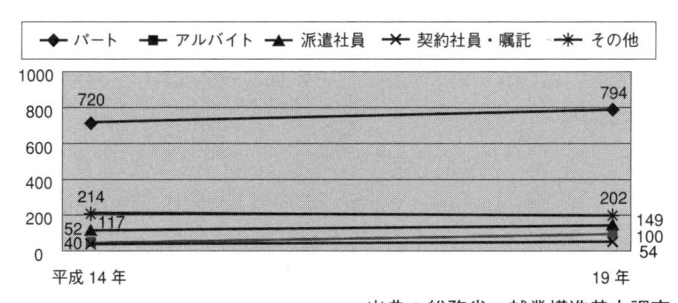

```
          パート    アルバイト    派遣社員    契約社員・嘱託    その他
1000
      720                                        794
 800
 600
 400
      214                                        202   149
 200  117                                              100
      52
      40                                               54
   0
    平成14年                                      19年
```

出典：総務省　就業構造基本調査

非正規社員の雇用の現状

表1―2　男女別の雇用形態別の雇用者および非正規社員の構成の推移（単位:万人、%）

性別	男		女	
年	平成14年(2002)	平成19年(2007)	平成14年(2002)	平成19年(2007)
役員を除く雇用者	2,924	2,974	2,159	2,353
（構成比）	(100.0)	(100.0)	(100.0)	(100.0)
増減		1.7		9.0
うち正規社員	2,441	2,380	1,014	1,053
（構成比）	83.5	80.0	47.0	44.8
増減		△2.5		3.8
うち非正規社員　計	478	591	1,143	1,299
（構成比）	16.5	20.0	53.0	55.2
増減		23.6		13.6
パート	83	92	720	794
（構成比）	2.8	3.1	33.3	33.7
増減		10.8		10.3
アルバイト	210	206	214	202
（構成比）	7.2	6.9	9.9	8.6
増減		△1.9		△5.6
派遣社員	20	61	52	100
（構成比）	0.7	2.1	2.4	4.2
増減		205		92.3
契約社員・嘱託	131	182	117	149
（構成比）	4.5	6.1	5.4	6.3
増減		38.9		27.4
その他	54	51	40	54
（構成比）	1.8	1.7	1.9	2.3
増減		△5.6		35

出典：総務省　就業構造基本調査

（3）年齢別の状況

　年齢階層別に非正規社員の雇用者全体に占める割合をみると、男性では、15～19歳と60歳以上では雇用者総数の半数以上を占めていますが、35～54歳層では1割に達していません。

　一方、女性では、25～29歳の40.1％が最も低く、年齢が上がるにつれてその割合は増加し、35歳以上では概ねいずれの年齢階層でも非正規社員の割合が半数以上を占めています（図1―6）。

図1—6　年齢階層別の非正規社員の割合（平成19（2007）年。単位:%）

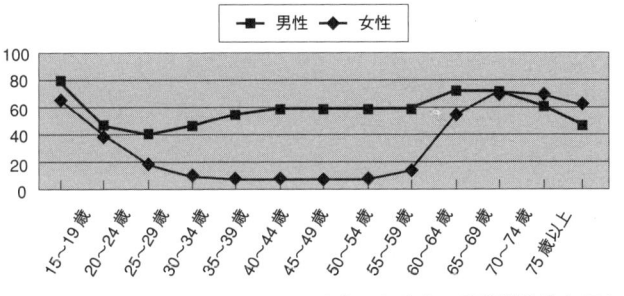

出典：総務省　就業構造基本調査

（4）世帯主との続柄の状況

　世帯主との続柄別に非正規社員の雇用者全体に占める割合をみると、全年齢階層では、世帯主本人の18.0％、単身世帯の30.7％、世帯主の配偶者の62.5％、子などその他の世帯員の32.9％が非正規社員となっています。

　これを25～54歳層でみると世帯主本人の9.6％、単身世帯の21.2％、世帯主の配偶者の61.9％、子などその他の世帯員の26.8％が非正規社員となっています（図1—7）。

図1—7　世帯主との続柄別の非正規社員の割合（平成19（2007）年。単位:%）

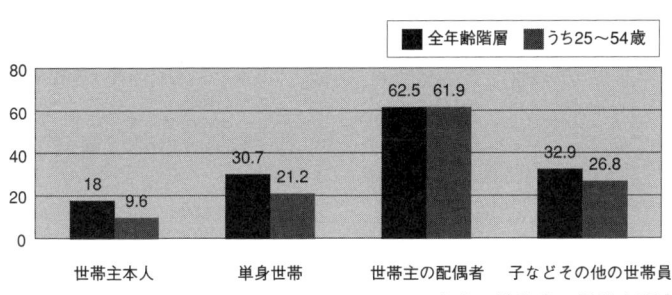

出典：総務省　労働力調査

(5) 産業別の状況

産業別に非正規社員の雇用者全体に占める割合をみると、飲食店・宿泊業では7割近く(69.2%)を占めて、最も高くなっています。次いで、卸・小売業(47.2%)、その他のサービス業(41.7%)の順になっています(図1―8)。

図1―8　産業別の非正規社員の割合(平成19(2007)年。単位:%)

建設業	製造業	情報通信業	運輸業	卸・小売業	金融・保険業	不動産業	飲食店・宿泊業	医療・福祉	教育、学習支援業	複合サービス業	その他のサービス業
20.1	27.8	24.4	28.5	47.2	24.9	36.6	69.2	35.9	32.9	23.1	41.7

出典：総務省　就業構造基本調査

(6) 職業別の状況

職業別に非正規社員の雇用者全体に占める割合をみると、サービスが6割を超え(61.0%)、最も高くなっており、次いで農林漁業(44.5%)、生産工程・労務(37.9%)、事務(34.4%)、販売(33.1%)の順になっています(図1-9)。

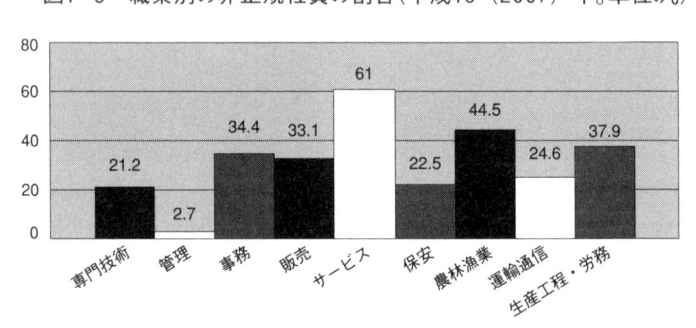

図1―9　職業別の非正規社員の割合(平成19(2007)年。単位:%)

専門技術	管理	事務	販売	サービス	保安	農林漁業	運輸通信	生産工程・労務
21.2	2.7	34.4	33.1	61	22.5	44.5	24.6	37.9

出典：総務省　就業構造基本調査

2 非正規社員の収入の状況

　男女別、雇用形態別に、平成19年(2007年)における年間所得の状況を100万円間隔でみると、男性の正規社員では300～399万円が18.7％と最も多く、次いで200～299万円の16.7％、400～499万円の16.5％で、中位の額は458万円程度と推計されます。これに対し、パートでは100～199万円(49.4％)、アルバイトでは100万円未満(49.1％)、派遣社員や契約社員は200～299万円(派遣社員42.2％、契約社員37.9％)がそれぞれ最も多く、その中位の額はパート132万円、アルバイト102万円、派遣社員234万円、契約社員246万円程度と推計されます。

　一方、女性の正規社員では200～299万円が31.2％と最も多く、次いで300～399万円の19.4％、100～199万円の18.1％で、中位の額は286万円程度と推計されます。これに対し、パートでは100万円未満(53.5％)、アルバイトでは100万円未満(66.4％)、派遣社員では200～299万円(派遣社員37.3％、契約社員では100～199万円(41.1％)がそれぞれ最も多く、その中位の額はパート96万円、アルバイト78万円、派遣社員192万円、契約社員196万円程度と推計されます。(図1-10)。

図1-10　男女別・雇用形態別の年間所得の中位額(平成19(2007)年。推計、単位:万円)

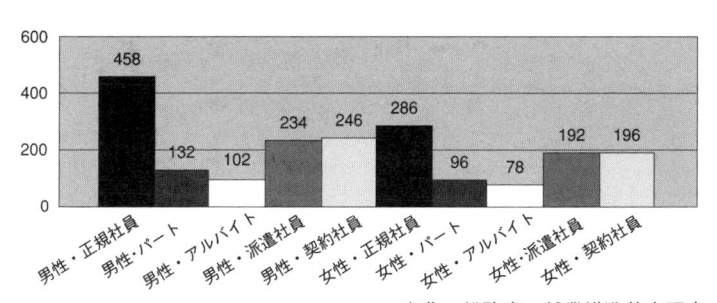

男性・正規社員	458
男性・パート	132
男性・アルバイト	102
男性・派遣社員	234
男性・契約社員	246
女性・正規社員	286
女性・パート	96
女性・アルバイト	78
女性・派遣社員	192
女性・契約社員	196

出典：総務省　就業構造基本調査

第2章
非正規社員雇用の共通のルール

「非正規社員雇用の共通のルール」のポイント
1 正規社員にも非正規社員にも適用される労働法
2 労働者（社員）
3 社員の募集
4 採用
5 労働契約の内容
6 賃金
7 労働時間・休憩・休日・休暇・休業
8 年少者や妊産婦などの就業制限
9 安全衛生
10 寄宿舎
11 雇用関係の終了
12 就業規則と懲戒処分
13 有期の労働契約
14 社会・労働保険
15 税の取扱い

「非正規社員雇用の共通のルール」のポイント

(1) 労働基準法などは、すべての業種の正規社員にも非正規社員にも原則として適用される。非正規社員のうち、派遣社員や派遣店員、業務請負会社の社員、個人請負事業者については、派遣先などとこれらの者との間には雇用関係がないので適用されないが、特に派遣社員については、派遣先に対し5つの法律について法律上の義務を課す規定が設けられている。

(2) 労働基準法は、すべての事業を適用事業とし、正規社員、非正規社員を問わず広くその保護の対象とする労働条件の基本法であり、その内容も賃金、労働時間、休日、休憩、労働契約、就業規則など広範囲の労働条件を規制対象として基本的なルールが定められているので、最も留意しなければならない。また、罰則や労働基準監督官による監督指導によりその履行が確保されるほか、法の基準に達しない労働条件は無効となり、無効となった部分は法の基準によるという民事的な効力もある。

(3) 労働基準法の「労働者」に当たるか否かは、①勤務時間・勤務場所の拘束の程度と有無、②業務の内容および遂行方法に対する指揮命令の有無、③仕事の依頼に対する諾否の自由の有無、④機械や器具の所有や負担関係、⑤報酬の額や性格、⑥専属性の有無などの要素を総合的に考慮して判断される。

(4) 職業紹介機関を利用するもののほか、社員の募集については、文書募集および直接募集は自由に行うことができるが、委託募集は、報酬を受ける場合には許可、報酬を受けない場合には届出が必要である。社員の募集に当たっては、労働条件を書面の交付などの方法で明示しなければならない。また、社員の募集や求人の申込みなどに際し、明示する労働条件などは虚偽または誇大な内容としないことなどに配慮しなければならない。

(5) ハローワークが行う職業紹介事業ほか、無料の職業紹介事業は、

学校、専修学校、職業能力開発施設、特別の法律により設立された一定の法人および地方公共団体については届出により、その他の者については許可を受けて、また、有料の職業紹介事業も、許可を受けて行うことができる。スカウトやアウトプレースメントなどの事業や一定の要件に該当するインターネットによる求人情報・求職者情報の提供事業も職業紹介事業に該当する。

(6) どのような者を雇入れるかは企業の自由であり、特定の思想、信条を有する者をそのことを理由に雇入れを拒んでも当然に違法ということにはならないが、現在では、性別や年齢などについて法的規制が設けられている。また、採用選考に当たっては、「応募者の基本的人権を尊重すること」および「応募者の適性・能力のみを基準として行うこと」を基本的な考え方として行うという行政指導が行われている。

(7) 身元保証人に対する損害賠償請求について、裁判所が実際にその責任および額を決定するにあたっては、①社員の監督に関する事業主の過失の有無、②身元保証人が身元保証を引き受けるに至った事由や引き受ける際に払った注意の程度、③社員の任務または身上の変化その他一切の事情を斟酌する。

(8) 採用に際しては、労働条件を明示しなければならない。このうち一定の事項は、書面で明示しなければならない。

(9) 労働条件は、労使が対等の立場において決定し、労働協約、就業規則および労働契約を遵守し、誠実にその義務を履行し、権利を濫用してはならないほか、次の原則によらなければならない。

　① 就業の実態に応じて、均衡を考慮しつつ締結し、または変更すべきこと

　② 仕事と生活の調和にも配慮しつつ締結し、または変更すべきこと

(10) 国籍、信条、社会的身分を理由とする労働条件についての差別的な取扱いや女性であることを理由とする賃金についての差別的な取扱い、賠償予定、前借金相殺、強制貯金は禁止されている。社内預金をするためには、過半数労働組合などとの労使協定を行い、労

働基準監督署に届け出るとともに、一定利率以上の利子を付けなければならない。

⑾　会社は、社員に対し、職場における安全への配慮やセクハラやいじめ、暴力行為の防止、プライバシーを保護する義務を負っている。また、社員は、犯罪行為の事実がある場合には、法令違反が生じていることなどを関係者に対し通報することができる。

⑿　賃金は、通貨で、直接社員に、その全額を支払わなければならない。ただし、法令または労働協約に定めがある場合には通貨以外のもので支払い、法令または労使協定に定めがある場合には賃金の一部を控除して支払うことができる。また、賞与などを除き、毎月1回以上、一定の期日を定めて支払わなければならない。銀行などの口座への賃金の振込は、社員の同意を得なければならない。また、最低賃金額以上の賃金を支払わなければならない。

⒀　不可抗力以外の使用者の責めに帰すべき事由による休業の場合には、その休業期間中、平均賃金の100分の60以上の休業手当を支払わなければならない。また、出来高払制などの場合には、労働時間に応じ一定額の賃金の保障をしなければならない。

⒁　時間外・休日労働、深夜業をさせた場合には、割増賃金を支払わなければならない。割増率は、原則として時間外労働および深夜労働については2割5分（時間外労働させた時間が1ヶ月について80時間を超えた場合には、中小事業主に該当する場合を除き5割となる改正法案が審議中）、休日労働については3割5分である。

⒂　労働時間は、指揮命令の下に置かれている時間をいい、手待時間や仮眠時間中に仮眠室における待機と緊急時への対応が義務付けられている場合などは労働時間に該当するが、休憩時間を除き1週間について40時間（特例措置の事業は44時間）を超えて、1日について8時間を超えて労働させてはらない。変形労働時間制には、1ヶ月単位の変形労働時間制、1年単位の変形労働時間制、1週間単位の非定型的変形労働時間制およびフレックスタイム制があり、また、みなし労働時間制には、事業場外労働、専門業務型裁量労

時間制および企画業務型裁量労働時間制がある。これらを採用するためには、それぞれの適用要件を満たさなければならない。

(16) 労働時間の途中に、労働時間が6時間を超える場合には45分、労働時間が8時間を超える場合には1時間の休憩時間を、原則として一斉に与え、自由に利用させなければならない。

(17) 毎週1回または4週間を通じ4日以上の休日を与えなければならないが、就業規則に合理的な規定があれば、休日を振り替えることはできる。

(18) 時間外・休日労働をさせることができるのは、①災害その他避けることのできない事由によって臨時の必要が発生した場合に労働基準監督署の許可または事後の届出による場合、②過半数労働組合などと36協定を行い、労働基準監督署に届け出た場合に限られる。36協定については、限度基準が定められているので、これに適合しなければならない。時間外・休日労働や深夜業については、妊産婦、年少者、小学校就学始期前の子の養育または要介護状態の対象家族を介護する者については制限が設けられている。

(19) ①農業、畜産・養蚕・水産の事業に従事する者、②管理・監督者または機密の事務を取り扱う者、③監視・断続的労働に従事する者で労働基準監督署の許可を受けたものには、労働時間、休憩および休日に関する規定が適用されない。ただし、管理・監督者については、経営の決定に参画し、労務管理に関する指揮監督権限を認められているか、労働時間について裁量が認められているか、処遇がその地位と職責にふさわしい厚遇といえるかなどの具体的な勤務実態に即して厳格に判断される。

(20) 6ヶ月継続勤務し、全労働日の8割以上出勤した場合には、原則として10労働日の年次有給休暇の権利を取得する。パートタイム社員にも、その所定労働日数に比例した日数の年次有給休暇を与えなければならない。年休をどのように利用するかは社員の自由であり、その利用目的のいかんによって時季変更権を行使することは許されないが、一斉休暇闘争は年次有給休暇に名をかりた争議行為であ

る。社員から請求された時季に有給休暇を与えることが事業の正常な運営を妨げる場合には、会社は他の時季にこれを与えることができるが、会社は、できるだけ指定した時季に休暇を取れるよう状況に応じた配慮をしなければならない。労使協定により定めをしたときは、5日を超える有給休暇については、その定めにより与えることができる。

⑵⑴　社員は、労働時間の途中に、選挙権の行使などの公民としての権利を行使し、または裁判員などの公の職務を執行するために必要な時間を請求することができる。

⑵⑵　6週間（多胎妊娠の場合は14週間）以内に出産する予定の女性が請求した場合には、その者を就業させてはならない。また、産後8週間を経過しない女性を原則として就業させてはならない。生理日の就業が著しく困難な女性が休暇を請求した場合には、その者を生理日に就業させてはならない。また、年少者や妊産婦などには就業制限がある。

⑵⑶　業種や社員数に応じて、事業所ごとに、安全管理者、衛生管理者、安全衛生推進者、産業医などを選任し、安全委員会や衛生委員会を設置しなければならない。また、労働災害防止のための管理が必要な作業については、作業主任者を選任しなければならない。

⑵⑷　会社は、社員の危険または健康障害を防止するために必要な措置を講じなければならない。また、危険性や有害性など調査を行い、その結果に基づき労働者の危険や健康障害を防止するための措置を講ずるよう努めなければならない。社員も、労働災害防止のために会社が講ずる措置に応じて、必要な事項を守らなければならない。

⑵⑸　元方事業者や注文者などに該当する場合には、請負人の社員を含めて労働災害の防止に必要な措置を講じなければならない。

⑵⑹　ボイラーやクレーンなどの機械・設備や健康障害などを生ずるおそれのある有害物については、それぞれに応じた規制が設けられている。

⑵⑺　雇い入れたときや作業内容を変更した時、危険または有害な業務に就かせるとき、職長などに就くときには、安全衛生教育を行わなけれ

ばならない。また、免許を受けた者などの資格を有する者でなければ、危険または有害な業務に就かせてはならない。

⑱ 有害な業務を行う作業場においては、必要な作業環境測定を行わなければならない。また雇入れ時、1年に1回(深夜業従事者などに対しては6月に1回)海外派遣前および帰国後などに医師による一般健康診断を、有害な業務に従事する者についてはその業務に応じた特殊健康診断を行わなければならない。時間外労働が月100時間を超える者から申出があるときは、医師による面接指導を行わなければならない。

⑲ 就業中、事業所内や附属の建物内で社員の負傷、窒息、急性中毒が発生したときは、死傷病報告書を提出しなければならない。

⑳ 事業附属の寄宿舎については、労働基準法などの規制を受ける。

㉛ 解雇する場合には、原則として30日前までに予告をしなければならない。また、解雇は、客観的に合理的な理由を欠き、社会通念上相当であると認められない場合は、その権利を濫用したものとして無効となる。また、社員が退職するに当たっては、証明書の交付、金品の返還などをしなければならない。定年の定めをする場合には、その年齢は、60歳を下回ることができない。また、65歳未満の定年の定めをしている場合には、①定年の引上げ、②継続雇用制度の導入、③定年の定めの廃止のいずれかを講じなければならない。

㉜ 常時10人以上の社員を使用する場合には、過半数労働組合などの意見を聴いて、所定の事項を記載した就業規則を作成し、労働基準監督署に届け出るとともに、社員に周知しなければならない。合理的な労働条件が定められている就業規則を社員に周知させた場合には、労働契約の内容はその就業規則で定める労働条件となる。また、就業規則の変更により労働条件を変更する場合に、変更後の就業規則を社員に周知させ、かつ、就業規則の変更が、社員の受ける不利益の程度、労働条件の変更の必要性、変更後の就業規則の内容の相当性、労働組合などとの交渉の状況などの事情に照らして合理的なものであるときは、その労働条件は、変更後の就業規則の定

⑶⑶　減給は、1回の額が平均賃金の1日分の半額を超え、総額が1賃金支払期における賃金の総額の10分の1を超えてはならない。また、懲戒が、社員の行為の性質や態様などの事情に照らして、客観的に合理的な理由を欠き、社会通念上相当であると認められない場合には、その権利を濫用したものとして、無効となる。

⑶⑷　労災保険は、雇用形態や雇用期間、就労時間数に関係なく適用され、保険料は会社が全額負担する。業務上の災害に被災した場合には、①療養補償給付、②休業補償給付、③障害補償給付、④遺族補償給付、⑤葬祭料、⑥傷病補償年金、⑦介護補償給付が行われ、通勤災害の場合にも同様の給付が行われるほか、これらに上乗せして支給する特別支給金もある。

⑶⑸　雇用保険は、その業種や規模などにかかわらず、原則としてすべて強制適用され、その保険料は、次の給付については会社と社員が折半で負担し、雇用安定事業と能力開発事業については会社が全額負担する。

①　定年、倒産、自己都合などで失業した場合に再就職のための活動を行う一般被保険者、高年齢継続被保険者、短期雇用特例被保険者および日雇労働被保険者向けの求職者給付

②　再就職の促進を図るための就職促進給付

③　主体的な能力開発の取組みを支援する教育訓練給付

④　高年齢雇用継続給付、育児休業給付および介護休業給付

⑶⑹　医療保険には、健康保険、船員保険（疾病部門）、国家公務員、地方公務員、私学の教職員を対象とする共済組合、一般住民を対象とする国民健康保険がある。健康保険は、常時従業員を使用する法人の事業所などに強制適用され、保険料は会社と社員の折半負担で、①療養の給付、②入院時食事療養費、③入院時生活療養費、④保険外併用療養費、⑤療養費および家族療養費、⑥訪問看護療養費および家族訪問看護療養費⑦移送費および家族移送費、

⑧傷病手当金、⑨埋葬料または埋葬費および家族埋葬料、⑩出産育児一時金および家族出産育児一時金、⑪出産手当金、⑫高額療養費が支給される。

(37) 年金保険には、全国民共通の基礎年金とその上乗せとして報酬比例の年金を支給する民間企業従業員を対象とする厚生年金保険、公務員などを対象とする共済組合があり、さらに、民間企業従業員を対象に上乗せする厚生年金基金、自営業者などに対し基礎年金の上乗せ年金を支給する国民年金基金がある。厚生年金保険は、常時従業員を使用する法人の事業所などに強制適用され、保険料は会社と社員の折半負担で、次の給付が行われる。

① 原則として国民年金に25年以上加入している者に65歳から支給される老齢年金

② 病気やけがなどが原因で障害を有する場合に支給される障害年金

③ 傷病により障害の状態にある場合に支給される障害手当金

④ 被保険者が死亡した場合にその者に生計を維持されていた遺族に支給される遺族年金

(38) 給与所得の金額は、原則として源泉徴収される前の収入金額から給与所得控除額を控除して計算し、課税される所得金額に税率を乗じた額から控除額を控除した額が所得税の額となる。所得税は、会社が支払う給与から税金を差し引きして国に納める源泉徴収制度が適用され、年末調整が行われる。

(39) 個人住民税は、均等割と所得割で構成され、所得割の課税標準となる所得金額は所得税に関する計算の例によって算定する。個人住民税も源泉徴収制度が適用されるが、前年の所得金額に応じて課税されるため、年末調整はない。

1　正規社員にも非正規社員にも適用される労働法

　労働関係の法律（労働法）は、誰か1人でも雇っていれば、原則として業種のいかんを問わず、すべての業種の職場に適用され、雇用関係がある限りは、正規社員にも非正規社員にも、原則として適用されます。したがって、会社は、社員を1人でも雇っていれば、労働法を守る義務があります。

　非正規社員のうち、派遣社員や派遣店員、業務請負会社の社員、個人請負事業者については、派遣先などとこれらの者との間には、雇用関係がありませんので、これらの労働法は適用されないことになりますが、特に派遣社員については、派遣先に対し5つの法律について法律上の義務を課す規定が設けられています。

　主要な労働法とその概要は、表2−1のとおりです。

表2−1　主要な労働法とその概要

名　　称	概　　要	施行機関
労働基準法	労働条件に関する基本原則、労働契約、賃金、労働時間・休憩・休日・休暇、年少者、妊産婦、就業規則、災害補償、寄宿舎などの労働条件に関する基準について定める法律。	労働基準監督署
労働契約法	労働契約に関する基本的事項を定めることにより、合理的な労働条件の決定や変更が円滑に行われるようにすることを通じて、労働者の保護を図りつつ、個別の労働関係の安定を図ることを目的とする法律。	
労働時間等の設定の改善に関する特別措置法	労働時間等設定改善指針を策定するとともに、事業主などによる労働時間等の設定の改善に向けた自主的な努力を促進するための特別の措置を講ずることにより、労働者がその有する能力を有効に発揮することができるようにし、労働者の健康で充実した生活の実現と国民経済の健全な発展に資することを目的とする法律。	
最低賃金法	賃金の最低額を保障することにより、労働条件の改善を図り、労働者の生活の安定や労働力の質的向上、事業の公正な競争の確保に資するとともに、国民経済の健全な発展に寄与することを目的とする法律。	
賃金の支払いの確保等に関する法律	景気の変動や産業構造の変化などの事情により企業経営が安定を欠く場合や労働者が退職する場合の賃金の支払いなどの適正化を図るため、貯蓄金の保全措置や事業活動に著しい支障を生じたことにより賃金の支払を受けることが困難となった労働者に対す	

	る保護措置など賃金の支払の確保に関する措置を講ずることにより、労働者の生活の安定に資することを目的とする法律
労働安全衛生法	労働災害の防止など職場における労働者の安全と健康を確保するため、危害防止基準の確立、責任体制の明確化および自主的活動の促進の措置など事業者が講ずべき措置を定めるとともに、快適な職場環境の形成を促進することを目的とする法律。 労働安全衛生に関しては、この他に、次の法律がある。 ①作業環境測定法　作業環境の測定に関し作業環境測定士の資格や作業環境測定機関などを定めることにより、適正な作業環境を確保し、職場における労働者の健康を保持することを目的とする法律 ②じん肺法　じん肺に関し、適正な予防および健康管理などの措置を講ずることにより、労働者の健康の保持など福祉の増進に寄与することを目的とする法律 ③炭鉱災害による一酸化炭素中毒症に関する特別措置法　炭鉱災害による一酸化炭素中毒症に関し、一酸化炭素中毒症にかかった労働者に対して特別の保護措置を講ずることなどにより、労働者の福祉の増進に寄与することを目的とする法律 ④労働災害防止団体法　労働災害の防止を目的とする事業主の団体による自主的な活動を促進するための措置を講じ、労働災害の防止に寄与することを目的とする法律
労働者災害補償保険法	業務上の事由または通勤による労働者の負傷、病気、障害、死亡などに対して迅速公正な保護をするため必要な保険給付を行い、あわせて、被災した労働者の社会復帰の促進、援護、安全および衛生の確保などを図り、労働者の福祉の増進に寄与することを目的とする法律。
雇用対策法	①雇用に関する政策全般にわたり、必要な施策を総合的に講ずることにより、労働市場の機能が適切に発揮され、労働力の需給が質量両面にわたり均衡することを促進して、労働者がその有する能力を有効に発揮することができるようにすること、②①の施策を通じて、労働者の職業の安定と経済的社会的地位の向上を図るとともに、経済社会の発展と完全雇用の達成に資することを目的とする法律。	公共職業安定所
職業安定法	①公共職業安定所などの職業安定機関が関係行政機関や関係団体の協力を得て職業紹介事業などを行うこと、②職業安定機関以外の者の行う職業紹介事業などが労働力の需要供給の適正・円滑な調整に果たすよう、その適正な運営を確保することなどにより、各人にその有する能力に適合する職業に就く機会を与えるとともに、産業に必要な労働力を充足することにより、職業の安定を図り、経済社会の発展に寄与することを目的とする法律。
雇用保険法	失業した場合および雇用の継続が困難となる事由が生じた場合や自ら職業に関する教育訓練を受けた場合に必要な給付を行うことにより、労働者の生活と雇用の安定を図るとともに、求職活動を容易にするなどその就職を促進し、あわせて、失業の予防、雇用状態の是正および雇用機会の増大、労働者の能力の開発向上など労働者の福祉の増進を図ることを目的とする法律。
高年齢者等の雇	①定年の引上げ、継続雇用制度の導入などによる高年齢者の安

用の安定等に関する法律（高年齢者雇用安定法）	定した雇用の確保の促進（継続雇用の推進）、②高年齢者の再就職の促進、③定年退職者などの高年齢退職者に対する就業の機会の確保を総合的に講ずることにより、高年齢者の職業の安定と福祉の増進を図り、経済社会の発展に寄与することを目的とする法律。	
障害者の雇用の促進等に関する法律（障害者雇用促進法）	すべての障害者を対象として、その職業生活において自立することを促進するため、①雇用の促進などのための措置、②職業リハビリテーションの措置、③その他障害者がその能力に適合する職業に就くことを促進するための措置を総合的に講じることにより、障害者の職業の安定を図ることを目的とする法律。	
地域雇用開発促進法	雇用機会が不足している地域に関し、関係者の自主性および自立性を尊重しつつ、就職の促進その他の地域雇用開発のための措置を講じることにより、その職業の安定に資することを目的とする法律。	
中小企業における労働力の確保及び良好な雇用の機会の創出のための雇用管理の改善の促進に関する法律（中小企業労働力確保法）	中小企業における労働力の確保および良好な雇用の機会の創出のため、中小企業者が行う雇用管理の改善に関する措置を促進することにより、中小企業の振興やその職業の安定など福祉の増進を図り、もって国民経済の健全な発展に寄与することを目的とする法律。	（独）雇用・能力開発機構
個別労働関係紛争の解決の促進に関する法律（個別労働関係紛争解決法）	労働条件などの労働関係に関する事項についての個々の労働者と事業主との間の紛争や労働者の募集・採用に関する個々の求職者と事業主との間の個別労働関係紛争について、あっせんの制度を設けることなどにより、その実情に即した迅速かつ適正な解決を図ることを目的とする法律。	都道府県労働局（総務部）
労働保険の保険料の徴収等に関する法律	労働保険の事業の効率的な運営を図るため、労働保険の保険関係の成立および消滅、労働保険料の納付の手続、労働保険事務組合などに関し必要な事項を定めた法律。	都道府県労働局（総務部、労働保険徴収部）、労働基準監督署及び公共職業安定所
雇用の分野における男女の均等な機会及び待遇の確保等に関する法律（男女雇用機会均等法）	雇用の分野における男女の実質的に均等な機会や待遇を確保することならびに女性の就業に関して妊娠中および出産後の健康を図るなどの措置を講ずることを目的とする法律。	都道府県労働局（雇用均等室）
育児休業、介護休業等育児又は家族介護を行う労働者の福祉に関する法律（育児・介護休業法）	①育児休業、介護休業および子の看護休暇に関する制度を設けること、②子の養育および家族の介護を容易にするため勤務時間などに関し講ずべき措置を定めること、③子の養育または家族の介護を行う労働者などに対する支援措置を講ずることの措置を講ずることなどにより、子の養育または家族の介護を行う労働者などの雇用の継続と再就職の促進を図り、その職業生活と家庭生活との	

	両立に寄与することを通じて、福祉の増進を図り、経済社会の発展に資することを目的とする法律。	
労働組合法	①労働者が使用者との交渉において対等の立場に立つことを促進することにより労働者の地位を向上させること、②労働者がその労働条件について交渉するために自ら代表者を選出することその他の団体行動を行うために自主的に労働組合を組織し、団結することを擁護すること、③使用者と労働者との関係を規制する労働協約を締結するための団体交渉をすることおよびその手続を助成することを目的とする法律。	都道府県及び都道府県労働委員会
労働関係調整法	労働関係の公正な調整を図り、労働争議を予防し、または解決して、産業の平和を維持し、経済の興隆に寄与することを目的とする法律。	
職業能力開発促進法	①職業訓練および職業能力検定の内容の充実強化およびその実施の円滑化のための施策、②労働者が自ら職業に関する教育訓練または職業能力検定を受ける機会を確保するための施策を総合的・計画的に講ずることにより、職業に必要な能力の開発向上を促進し、職業の安定とその地位の向上を図り、経済社会の発展に寄与することを目的とする法律。	都道府県及び（独）雇用・能力開発機構
中小企業退職金共済法	中小企業の労働者について、中小企業者の相互扶助の精神に基づき、その拠出による退職金共済制度を確立し、その福祉の増進と中小企業の振興に寄与することを目的とする法律。	（独）勤労者退職金共済機構
勤労者財産形成促進法	労働者の計画的な財産形成を促進することにより、その生活の安定を図り、国民経済の健全な発展に寄与することを目的とする法律。	（独）雇用・能力開発機構

　これらの労働法の中でも、正規社員、非正規社員を問わず、社員を働かせる上で最も留意しなければならないのが労働基準法です。労働基準法は、すべての事業を適用事業とし、広く一般労働者を保護の対象とする労働条件の基本法です。また、その内容も賃金、労働時間、休日、休憩、労働契約、就業規則など広範囲の労働条件を規制対象としており、社員を働かせる上で守るべき基本的なルールが定められています。

　また、労働基準法は、罰則や労働基準監督官による監督指導によりその履行が確保されるほか、同法で定める基準に達しない労働条件は無効となり、無効となった部分は同法で定める基準による（同法13条）という民事的な効力もあります。

2 労働者（社員）

　労働基準法の「労働者」は、「職業の種類を問わず、事業又は事務所に使用される者で、賃金を支払われる者」をいいます（同法第9条）。したがって、同法の「労働者」となるのは、①事業・事務所（適用事業）に使用される者であること、②他人から指揮命令を受けて使用される者であること、③賃金を支払われる者であること、の3つの要件に該当する場合です。ここでいう「使用される」とは使用従属関係にあることをいいます。

　「労働者」に当たるか否かについては、①勤務時間・勤務場所の拘束の程度と有無、②業務の内容及び遂行方法に対する指揮命令の有無、③仕事の依頼に対する諾否の自由の有無、④機械や器具の所有や負担関係、⑤報酬の額や性格、⑥専属性の有無などの要素を総合的に考慮して判断されます。

3 社員の募集

(1) 募集

　社員の募集については、一般に、次の方法があります。
① 　公共職業安定所を通じて募集する。
② 　学校を通じて募集する。
③ 　商工会議所などの特別法による法人や地方自治体を通じて募集する。
④ 　民間の職業紹介機関を通じて募集する。
⑤ 　新聞、求人情報誌などの雑誌、テレビ、ラジオ、新聞の折り込みやちらし広告などに求人広告を行う（文書募集）。
⑥ 　募集主またはその雇用する労働者が求職者に直接働きかけて勧誘する、事業所の門前に看板を出す、インターネットのホームページに求人

欄を設ける(直接募集)。
⑦　第3者に労働者の募集を委託する(委託募集)。
⑧　親戚や知人などの縁故を通じて募集する(縁故募集)。

　これらのうち、①から④までが職業紹介機関を利用するものであり、また、⑤の文書募集および⑥の直接募集は自由に行うことができますが、⑦の委託募集については、中間搾取などの弊害を伴うことから、報酬を受ける場合には厚生労働大臣の許可、報酬を受けない場合には届出が必要です(職業安定法第36条)。これに違反した者は、許可を取り消され、または労働者の募集の業務の停止を命じられるとともに、6月以下の懲役または30万円以下の罰金に処せられます(同法第65条第4号)。

　縁故募集については、縁故の範囲について「募集主と親族の関係にある者及び従前から募集主と直接親交のある者」に限定しており、「募集主」については「個人経営企業の場合は事業主本人、会社組織企業の場合は会社の経営に参画している役員以上」、「親族」については「民法上の親族である配偶者、6親等内の血族及び3親等内の姻族」、「直接親交のある者」については「募集主と従前より現在まで相当期間親しい交際関係にあった間柄の者(その者の配偶者及び1親等の血族を含む。)」とされています。

　社員の募集に当たっては、労働条件(従事すべき業務の内容、労働契約の期間、就業の場所、始業終業の時刻、時間外労働の有無、休憩時間・休日・賃金の額、社会・労働保険の適用)を書面の交付または電子メールによる送信のいずれかの方法で明示しなければなりません(同法第5条の3)。

　また、社員の募集を行う者や求人者などは、社員の募集や求人の申込みなどに際し、求職者、募集に応じる者などに対し労働条件などを明示するに当たり、次の点に配慮しなければなりません(職業紹介事業者、労働者の募集を行う者等が適切に対処するための指針)。
①　明示する労働条件などは虚偽または誇大な内容としないこと。

② 求職者などに具体的に理解されるものとなるよう、労働条件などの水準や範囲などをできるだけ明確にすること。
③ 従事すべき業務の内容に関しては、職場環境を含め、可能な限り具体的かつ詳細に明示すること。
④ 労働時間に関しては、始業および終業の時刻、所定労働時間を超える労働、休憩時間および休日などについて明示すること。
⑤ 賃金については、賃金形態(月給、日給、時給等の区分)、基本給、定額的に支払われる手当、通勤手当、昇給に関する事項などについて明示すること。
⑥ 明示する労働条件などが労働契約締結時の労働条件などと異なる可能性がある場合はその旨をあわせて明示するとともに、労働条件などが既に明示した内容と異なる場合には求職者に対し速やかに知らせること。
⑦ 労働条件などの明示を行うに当たって、労働条件などの一部を別途明示するときは、その旨をあわせて明示すること。

中間搾取：労働基準法第6条は、「何人も、法律に基づいて許される場合の外、業として他人の就業に介入して利益を得てはならない」と規定していますが、このように他人の就業に介入して利益を得ることを中間搾取、あるいはピンはねと呼んでいます。

(2) 職業紹介

公共職業安定所が行うもののほか、無料の職業紹介事業は、学校、専修学校、職業能力開発施設、特別の法律により設立された一定の法人及び地方公共団体については届出により、その他の者については許可を受けて、行うことができます(職業安定法第33条の2から第33条の4)。また、有料の職業紹介事業も、港湾運送業務や建設業務に就く職業を除き、許可を受けて、行うことができます(同法第30条。詳細については第13章参照)。許可を受けないで無料の職業紹介事業または有料職業紹介事業を

行った者は1年以下の懲役または100万円以下の罰金に処せられます（同法第64条第1号、第5号）。

4 採用

（1）採用

　雇用は、当事者の一方が相手方に対して労働に従事することを約し、相手方がこれに対してその報酬を与えることを約することによって、その効力を生じます（民法第623条）。例えば、募集のビラを見て、電話で働きたいと申し込み、企業の担当者が承諾すれば、それで労働契約は成立します。労働契約を締結していれば、勤務初日の出勤途中に交通事故にあった場合には、通勤災害として労災保険の給付の対象となります。

（2）採用の自由とその制限

　誰を採用するかについては、採用の自由が基本的に認められていますので、企業がどのような者を雇入れるかは企業の自由であり、特定の思想、信条を有する者をそのことを理由に雇入れを拒んでも、それは当然に違法ということにはなりません（三菱樹脂事件　最高裁大法廷昭和48年12月12日）。

　ただし、現在では、さまざまな社会的要請から次のような法的規制が設けられていますので、その制限に従わなければなりません。

① 社員の募集・採用について、その性別にかかわりなく均等な機会を与えなければならない（男女雇用均等法第5条）。

② 次のいずれかに該当するとき以外は、社員の募集・採用について、募集・採用に係る職務に適合する者を雇い入れ、かつ、その年齢にかかわりなく、その有する能力を有効に発揮することができる職業を選択することを容易にするため、募集・採用に係る職務の内容、職務を遂行するために必要とされる適性、能力、経験、技能の程度など応募するに当たり求

められる事項をできる限り明示することにより、その年齢にかかわりなく均等な機会を与えなければならない（雇用対策法第10条）。

ア　定年の定めをしている場合に、その定年の年齢を下回ることを条件に、期間の定めのない雇用を目的として、募集・採用を行うとき。

イ　法令の規定により特定の年齢の範囲に属する者の就業などが禁止または制限されている業務についてその年齢の範囲以外の者の募集・採用を行うとき。

ウ　長期間の継続勤務による職務に必要な能力の開発向上を図るため、期間の定めのない雇用を目的として、新規学卒者などについて職業に従事した経験があることを求人の条件とせずに、新規学卒者と同等の処遇により、青少年などの特定の年齢を下回る者の募集・採用を行うとき。

エ　その雇用する特定の年齢の特定の職種の者の数が相当程度少なく、一定の条件に適合する場合に、期間の定めのない雇用を目的として、その職種の業務の遂行に必要な技能や知識の継承を図ることを目的として、特定の年齢の特定の職種の者の募集・採用を行うとき。

オ　芸術・芸能の分野における表現の真実性などを確保するために特定の年齢の者の募集・採用を行うとき。

カ　高年齢者の雇用の促進を目的として、①60歳以上の高年齢者の募集・採用を行うとき、または②特定の年齢の範囲の者の雇用の促進に関する国の施策を活用してその年齢の者の雇用を促進するため、その年齢の者の募集・採用を行うとき。

③　社員の募集・採用について65歳未満の上限年齢を定める場合には、その理由を明示しなければならない（高年齢者等雇用安定法第18条の2）。

④　社員が労働組合に加入せず、若しくは労働組合から脱退することを雇用条件としてはならない（労働組合法第7条）。

⑤　雇用関係の変動がある場合に、その雇用する身体障害者または知的障害者の数がその雇用する者の1.8％（一般事業主の場合）以上であるようにしなければならない（障害者雇用促進法第43条）。

　また、公正な採用選考を行うよう強く行政指導が行われており、採用選考に当たっては、「応募者の基本的人権を尊重すること」および「応募者の適性・能力のみを基準として行うこと」の2点を基本的な考え方として実施することとし、家族状況や、生活環境といった応募者の適性・能力とは関係ない事柄で採否を決定しないことが必要です。このため、次のような項目について、面接時に質問したり、情報を収集したりしないよう十分配慮することが求められています。

①　本人に責任のない事項（本籍・出生地に関すること、家族に関すること（職業、続柄、健康、地位、学歴、収入、資産など）、住宅状況に関すること（間取り、部屋数、住宅の種類、近郊の施設など）、生活環境に関すること（生い立ちなど））。

②　本来自由であるべき事項（宗教に関すること、支持政党に関すること、人生観、生活信条に関すること、尊敬する人物に関すること、思想に関すること、労働組合・学生運動など社会運動に関すること、購読新聞・雑誌・愛読書などに関すること）。

③　その他（身元調査などの実施、合理的・客観的に必要性が認められない採用選考時の健康診断の実施）。

（3）採用内定

　採用に当たっては、採用内定が行われることがありますが、採用内定の通知のほかには労働契約締結のための特段の意思表示をすることが予定されていなかった場合には、募集に対し応募したのは労働契約の申込みであり、これに対する採用内定の通知は申込みに対する承諾であって、別段の合意がなければ、採用内定の通知とこれに対する承諾により、解約権を留保した労働契約が成立します（大日本印刷事件　最高裁第一小法

廷昭和54年7月20日)。

(4) 身元保証

　一般に、社員が故意または重大な過失によって会社に損害を与えた場合には、会社は損害賠償請求をすることができますが、本人に損害賠償能力がない場合の対策として、採用の際に身元保証人から身元保証書の提出を求めることがあります。

　このような身元保証制度については、「身元保証ニ関スル法律」で、保証責任が身元保証人の過重な負担にならないように、身元保証の期間や身元保証人への一定の事項の通知、身元保証人による身元保証契約の解除などについて定めています。このうち、身元保証人に対する損害賠償請求については、裁判所が実際にその責任および額を決定するにあたって、①社員の監督に関する会社の過失の有無、②身元保証人が身元保証を引き受けるに至った事由や引き受ける際に払った注意の程度、③社員の任務または身上の変化その他一切の事情を斟酌するものとしています。

(5) 採用に際しての労働条件の明示

　採用に際しては、次の労働条件を明示しなければなりません。このうち①から⑤までの事項(④の昇給を除く)については、書面で明示しなければなりません。この明示された労働条件が事実と違う場合には、労働者は即時に労働契約を解除することができます。この場合に、就業のために住居を変更した労働者が、契約解除の日から14日以内に帰郷する場合には、使用者は、必要な旅費を負担しなければなりません。これに違反した者は、30万円以下の罰金に処せられます(労働基準法第15条、第120条)。

① 　労働契約の期間
② 　就業の場所および従事すべき業務
③ 　始業および終業の時刻、所定労働時間を超える労働の有無、休憩時間、休日、休暇ならびに就業時転換

④　賃金の決定、計算および支払方法、賃金の締め切りおよび支払の時期ならびに昇給
⑤　退職（解雇の事由を含む）
⑥　退職手当の定めが適用される労働者の範囲、退職手当の決定、計算および支払いの方法ならびに退職手当の支払の時期
⑦　臨時に支払われる賃金（退職手当を除く）、賞与および1ヶ月を超える期間の出勤成績によって支給される精勤手当、1ヶ月を超える一定期間の継続勤務に対して支給される勤続手当および1ヶ月を超える期間にわたる事由によって算定される奨励加給または能率手当ならびに最低賃金額
⑧　社員に負担させる食費、作業用品など
⑨　安全および衛生
⑩　職業訓練
⑪　災害補償および業務外の傷病扶助
⑫　表彰および制裁
⑬　休職

5　労働契約の内容

（1）労働条件の決定の原則

　労働契約の内容である労働条件は、社員と会社が対等の立場において決定しなければなりません。また、社員と会社は、労働協約、就業規則および労働契約を遵守し、誠実に各々その義務を履行しなければなりません（労働基準法第2条）。

　また、労働契約法では、労働契約について次の原則を定めています（同法第3条）。

① 　就業の実態に応じて、均衡を考慮しつつ締結し、または変更すべきこと。

② 仕事と生活の調和にも配慮しつつ締結し、または変更すべきこと。
③ 権利の行使に当たり濫用してはならないこと。

(2) 国籍、信条、社会的身分を理由とする労働条件についての差別的な取扱いの禁止

社員の国籍、信条または社会的身分を理由として、賃金、労働時間その他の労働条件について、差別的な取扱いをしてはなりません（労働基準法第3条）。

(3) 女性であることを理由とする賃金についての差別的な取扱いの禁止

社員が女性であることを理由として、賃金について、男性と差別的な取扱いをしてはなりません（同法第4条）。これに違反した者は、6月以下の懲役または30万円以下の罰金に処せられます（同法第119条）。

(4) 賠償予定および前借金相殺の禁止

労働契約の不履行について違約金を定め、または損害賠償額を予定する契約をすることや前借金その他労働することを条件とする前貸しの債権と賃金を相殺することは禁止されています（同法第16条、第17条）。これらに違反した者は、6月以下の懲役または30万円以下の罰金に処せられます（同法第119条）。

> 前借金：労働することを条件として使用者から借り入れ、将来の賃金により弁済することを約した金銭をいいます。
> 相殺：相手に対して同種の債権をもっている場合に、双方の債務を対当額だけ消滅させることをいいます。

(5) 強制貯金の禁止

労働契約に附随して貯蓄の契約をさせ、または貯蓄金を管理する契約

をしてはなりません。ただし、その事業所に社員の過半数で組織する労働組合があるときはその労働組合、ないときは社員の過半数を代表する者（以下「過半数労働組合など」という）との書面による労使協定をし、所轄の労働基準監督署長に届け出た場合には、その委託を受けて貯蓄金を管理することができます。この場合には、一定利率以上の利子を付けなければなりません（同法第18条）。

（6）試用期間

採用当初に試用期間とされる場合がありますが、試用期間中の労働契約は、解約権留保付きの労働契約であり、解約権の留保は、新規採用にあたり、採否決定の当初においては、その者の資質、性格、能力その他適格性の有無に関連する事項について必要な調査を行い、適切な判定資料を十分に蒐集することができないため、後日における調査や観察に基づく最終的決定を留保する趣旨であると解されています（三菱樹脂事件）。

試用期間：会社が社員を本採用する前に試験的に雇用する期間をいい、会社が社員の適性を評価・判断するために用いられます。

（7）社員の安全への配慮

労働契約に伴い、会社は、社員がその生命、身体などの安全を確保しつつ働くことができるよう、必要な配慮をしなければなりません（労働契約法第5条）。

通常の場合、社員は、会社の指定した場所に配置され、その供給する設備、器具などを用いて労務の提供を行いますので、労務提供のための場所や設備、器具、原材料などを使用し、またはその指示のもとに労務を提供する過程において、社員の生命、身体、健康などを危険から保護するよう配慮すべき安全配慮義務を負っています（川義損害賠償請求事件　最高裁第三小法廷昭和59年4月10日）。

安全配慮義務の具体的内容は、職種や労務の内容、労務の提供場所

など問題となる具体的な状況などによって異なりますが、一般に次の内容が含まれます。

① 作業施設や設備、機械器具、機材、原材料などに不備や欠陥があるために作業を遂行する上で発生するおそれのある労働災害などの危険を防止すること。
② 業務の遂行に当たっての人員配置を適切に行うこと。
③ 安全衛生教育の実施や不安全な行動に対しては厳しく注意することなどにより、社員が危険な作業方法を取らないようにすること。
④ 複数の社員がそれぞれ別の内容の作業を行っている場合や複数の会社の社員が混在して作業をしている場合に、各社員間や各会社間の作業上の連絡や調整を的確に行い、整然とした工程で作業を行わせることにより、労働災害などの危険を防止すること。
⑤ 社員の健康状態を的確に把握し、これに基づきその健康状態が悪化することのないように必要な措置を講ずることにより、過重な業務により脳や心臓の病気や心の健康問題などについて社員の健康を害することのないようにすること。
⑥ 寮や宿泊施設の施設や設備を整備することなどにより、寄宿する社員の安全や健康を確保すること。
⑦ 職場内でのいじめを防止する措置を講じ、自殺などの事故を防止すること。
⑧ 職場内において喫煙対策を講じることにより、受動喫煙による健康被害を防止すること。

(8) セクハラの防止

職場におけるセクハラを防止するために、会社は、必要な体制の整備など雇用管理上必要な次の措置を講じなければなりません（男女雇用機会均等法11条、事業主が職場における性的な言動に起因する問題に関して雇用管理上講ずべき措置についての指針）。

ア　方針の明確化及びその周知・啓発

① 職場におけるセクハラの内容および職場におけるセクハラはあってはならない旨の方針を明確化し、管理監督者を含む社員に対して、周知・啓発をすること。

② 職場におけるセクハラにおいて性的な言動を行った者については、厳正に対処する旨の方針や対処の内容を就業規則などに定め、管理監督者を含む社員に対して、周知・啓発をすること。

イ　相談に応じ、適切に対応するために必要な体制の整備

① 相談窓口を定めること。

② 相談窓口の担当者が適切に対応できるようにすること。

ウ　セクハラが生じた場合における事後の迅速かつ適切な対応

① 事実関係を迅速かつ正確に確認すること。

② 事実確認ができた場合には、行為者や被害者に対する措置を適切に行うこと。

③ 再発防止措置を講ずること。

エ　セクハラについての情報の保護

職場におけるセクハラについての相談者や行為者の情報はそのプライバシーに属するので、その保護のための措置を講じ、また、その旨を社員に対して周知すること。

オ　相談苦情を理由とする不利益な取扱いの禁止

職場におけるセクハラに関して、社員が相談をし、または事実関係の確認に協力したことなどを理由として、不利益な取扱いを行ってはならないことを定め、社員に周知・啓発すること。

> セクハラ：セクシャル・ハラスメントの略称で、性的な嫌がらせのことをいいます。

（9）職場のいじめの防止など

　社員が労務を提供する過程において、会社は、具体的な状況下で、職場の上司や同僚からのパワハラなどのいじめ行為を防止しなければなりません。また、暴力行為の防止やプライバシーを保護する義務を負っています（関西電力事件　最高裁第3小法廷平成7年9月5日など）。

　なお、社員が、不正の利益を得る目的、他人に損害を加える目的などの不正の目的でなく、その会社または会社の役員、社員などについて、個人の生命・身体・生活環境・公正競争などに関する犯罪行為の事実がある場合に、法令違反が生じていることなどを、①会社、②真実と信ずるに足りる相当の理由がある場合には処分などの権限を有する行政機関、③真実と信ずるに足りる相当の理由があり、かつ、会社内部・行政機関に通報したら不利益を受けたり、証拠の隠滅の恐れがあるなどの事情がある場合にはその他の必要な者に対し、それぞれ通報することは、正当な行為であり、通報を理由とする解雇などは無効となり、その他の不利益な取扱いも禁止されています（公益通報者保護法）。

> パワハラ：パワーハラスメントの略称で、権力や地位を利用した嫌がらせをいいます。

6　賃金

（1）賃金の支払い

　賃金は、通貨で、直接社員に、その全額を支払わなければなりません。ただし、法令もしくは労働協約に別段の定めがある場合には通貨以外のもので支払い、また、法令に別段の定めがある場合または過半数労働組合など

との労使協定がある場合には賃金の一部を控除して支払うことができます。賃金は、毎月一回以上、一定の期日を定めて支払わなければなりません。ただし、臨時に支払われる賃金、賞与その他これに準ずる賃金については、この限りではありません（労働基準法第24条）。これらに違反した者は、30万円以下の罰金に処せられます（同法第120条）。なお、未成年者は、独立して賃金を請求することができますので、親権者または後見人は、未成年者の賃金を代って受け取ってはなりません（同法第59条）。

銀行などの口座への賃金の振込みは、社員の同意を得た場合に、次の方法によることができます。

① 社員が指定する銀行その他の金融機関に対するその社員の預金または貯金への振込み
② 社員が指定する金融商品取引業者に対するその社員の一定の要件を満たす預り金への払込み

賃金からの控除（天引き）：賃金については、労働基準法第24条により、全額払いの原則が定められており、原則として賃金の全額を支払わなければなりません。賃金から控除するためには、法令に定めがあるか、または過半数労働組合などと労使協定を締結しなければなりません。この場合に、控除できるのは、購買代金、福利厚生施設の利用、労働組合費など事理明白なものに限られますので、これ以外のものについて控除することはできません。

（2）非常時払い

次の場合にその費用に充てるために、社員から請求があったときは、非常時払いとして、それまでの労働に対する賃金を支払わなければなりません（同法第25条）。これに違反した者は、30万円以下の罰金に処せられます（同法第120条）。

① 社員または社員の収入によって生計を維持する者が出産し、疾病にかかり、または災害をうけた場合

② 社員またはその収入によって生計を維持する者が結婚し、または死亡した場合
③ 社員またはその収入によって生計を維持する者がやむを得ない事由により1週間以上にわたって帰郷する場合

(3) 休業手当

　会社の責めに帰すべき事由による休業の場合には、その休業期間中、平均賃金の100分の60以上の休業手当を支払わなければなりません（同法第26条）。これに違反した者は、30万円以下の罰金に処せられます（同法第120条）。

　この場合の会社の「責めに帰すべき事由」に該当するかについては、休業になることを避けるために最善の努力をしたかどうかが判断の基準となります。したがって、天災地変などの不可抗力の場合には会社の責めに帰すべき事由による休業には該当しませんが、不可抗力以外の場合には会社の責めに帰すべき事由による休業に該当します。

(4) 出来高払制などの保障給

　出来高払制その他の請負制で使用する者については、労働時間に応じ一定額の賃金の保障をしなければなりません（同法第27条）。これに違反した者は、30万円以下の罰金に処せられます（同法第120条）。

(5) 割増賃金

　非常災害の場合にまたは36協定により労働時間を延長し、もしくは休日に労働させた場合または午後10時から午前5時まで（厚生労働大臣が必要と認める場合には、その定める地域または期間は午後11時から午前6時まで）に働かせた場合には、通常の労働時間の賃金の計算額の一定割合以上の率で計算した割増賃金を支払わなければなりません（ただし、過半数労働組合などとの書面による協定により、割増賃金を支払うべき者に対し

て、割増賃金の支払いに代えて、通常の労働時間の賃金が支払われる休暇（年次有給休暇を除く）を与えることを定めた場合に、その者が休暇を取得したときは、時間外労働のうち取得した休暇に対応する時間の労働については、割増賃金を支払うことを要しないことを内容とする改正案が国会で審議中です）。この場合の法定割増率は、原則として時間外労働および深夜労働については2割5分（時間外労働させた時間が1ヶ月について80時間を超えた場合には、中小企業を除き5割以上とすること、厚生労働大臣は、労働時間の延長に係る割増賃金の率などについての基準を定めることができることを内容とする改正案が国会で審議中です）、休日労働については3割5分です（同法第37条第1項～第3項）。

割増賃金の算定に当たっては、①家族手当、②通勤手当、③別居手当、④子女教育手当、⑤住宅手当、⑥臨時に支払われた賃金、⑦賞与など1か月を超える期間ごとに支払われる賃金は、算定の基礎となる賃金から除外されます（同条第4項）。

（6）最低賃金

最低賃金は、賃金の低い者について賃金の最低額を保障することにより、労働条件の改善を図ることを目的としており、最低賃金額は、原則として時間給により決定されます（最低賃金法第3条）。

最低賃金の適用を受ける者に対しては、その最低賃金額以上の賃金を支払わなければなりません（同法第4条第1項）。地域別最低賃金または船員に適用される特定最低賃金について違反した者は、50万円以下の罰金に処せられます（同法第40条）。また、最低賃金の適用を受ける者との間の労働契約で最低賃金額に達しない賃金を定めるものは、その部分については無効となり、この場合には、無効となった部分は、最低賃金と同様の定めをしたものとみなされます（同法第4条第2項）。

次の賃金については、最低賃金の計算にあたって参入されません（同条第3項）。

① 臨時に支払われる賃金および1月をこえる期間ごとに支払われる賃金
② 時間外・休日労働について支払われる賃金
③ 深夜労働について支払われる割増賃金
④ 最低賃金において算入しないことを定める賃金

　労働者が2つ以上の最低賃金の適用を受ける場合は、これらにおいて定める最高の最低賃金額が適用されます（同法第6条第1項）。

　都道府県労働局長の許可を受けたときは、次の者については、最低賃金において定める最低賃金額から労働能力などの事情を考慮して定める率を乗じて得た額を減額した額により最低賃金が適用されます（同法第7条）。

① 精神または身体の障害により著しく労働能力の低い者
② 試用期間中の者
③ 職業に必要な基礎的な技能知識を習得させることを内容とする一定の認定職業訓練を受ける者
④ 軽易な業務に従事する者
⑤ 断続的労働に従事する者

　最低賃金には、地域別最低賃金と特定最低賃金があります。このうち、地域別最低賃金は、次の原則により決定されます（同法第9条）。

① あまねく全国各地域について決定されなければならないこと。
② 地域における労働者の生計費、類似の労働者の賃金および通常の事業の賃金支払能力を考慮して定められなければならないこと。
③ ②の労働者の生計費を考慮するに当たっては、労働者が健康で文化的な最低限度の生活を営むことができるよう、生活保護施策との整合性に配慮すること。

7 労働時間・休憩・休日・休暇・休業

（1） 原則的な法定労働時間

　休憩時間を除き1週間について40時間（常時10人未満の社員を使用する物品の販売、配給、保管もしくは賃貸または理容の事業、映画の映写または演劇その他興行の事業（映画の製作の事業を除く）、病者または虚弱者の治療、看護その他保健衛生の事業および旅館、料理店、飲食店、接客業または娯楽場の事業（以下「特例措置の事業」という）は44時間）を超えて労働させてはなりません。また、1週間のそれぞれの日については、休憩時間を除き8時間を超えて労働させてはなりません（労働基準法第32条、第40条）。法定労働時間の規定（特例措置の事業場に関する規定を含む）に違反した者は、6月以下の懲役または30万円以下の罰金に処せられます（同法第119条）。

　なお、満15歳に達した日以後の最初の3月31日が終了するまでの児童について、労働基準監督署長の許可を受けて使用する場合の労働時間は、修学時間を通算して1週間について40時間、1日について7時間以内としなければなりません（同法第60条第2項）。

（2） 労働時間の通算

　労働時間は、事業所を異にする場合にも、労働時間に関する規定の適用については通算されます（同法第38条）。

（3） 労働時間の範囲

　労働時間は、指揮命令の下に置かれている時間をいいます。したがって、労働時間に該当するか否かは、その行為が指揮命令下に置かれたものと評価することができるか否かにより客観的に決まります（三菱重工業長崎造船所事件　最高裁第一小法廷平成12年3月9日）。手待時間や仮眠時

間中に労働契約に基づく義務として仮眠室における待機と緊急時への対応が義務付けられている場合などは、労働時間に該当します（大星ビル管理事件　最高裁第一小法廷平成14年2月28日）。

手待時間：実際には業務を行っていなくても、いつでも会社の指示に従って労働に従事できる状態にある時間です。

（4）変形労働時間制

　変形労働時間制には、1ヶ月単位の変形労働時間制、1年単位の変形労働時間制、1週間単位の非定型的変形労働時間制およびフレックスタイム制があります。変形労働時間制は、それぞれの適用要件を満たしていなければ、採用できません。また、変形労働時間制は、妊産婦や年少者に適用されないほか、育児を行う者などに対し配慮しなければなりません。

変形労働時間制：法定労働時間について、事業や業務の繁閑、労働の態様などを考慮して、一定の枠内で変形することができるようにしたものです。これにより、繁忙期の所定労働時間を長くし、閑散期には短くするといったように、労働時間の配分を工夫して、効率的にし、定型のままでは時間外労働となるはずの労働時間の部分を、所定内労働時間として吸収することができます。

1）　1ヶ月単位の変形労働時間制

　過半数労働組合などとの労使協定または就業規則その他これに準ずるものにより、所定の要件を満たす定めをしたときは、その定めにより、特定された週において40時間（特例措置の事業は44時間）または特定された日において8時間を超えて、労働させることができます（同法第32条の2）。労使協定の届出に違反した者は、30万円以下の罰金に処せられます（同法第120条）。

2) 1年単位の変形労働時間制

過半数労働組合などとの労使協定により、所定の要件を満たす定めをし、労働基準監督署長に届け出たときは、その労使協定で対象期間として定められた1ヶ月を超え1年以内の期間を平均し1週間当たりの労働時間が40時間（特例措置の事業も40時間）を超えない範囲内において、その労使協定で定めるところにより、特定された週において40時間または特定された日において8時間を超えて労働させることができます。ただし、労使協定に定める労働時間や労働日は、所定の要件を満たなければなりません（同法第32条の4）。労使協定の届出に違反した者は、30万円以下の罰金に処せられます（同法第120条）。

3) 1週間単位の非定型的変形労働時間制

小売業、旅館、料理店または飲食店で常時使用する社員の数が30人未満の事業については、過半数労働組合などとの書面による労使協定により、所定の事項を定め、労働基準監督署長に届け出たときは、1日について10時間まで労働させることができます。この場合には、1週間のそれぞれの日の労働時間については、原則としてその週の始まる前までに労働者に書面で通知しなければなりません（同法第32条の5）。労使協定の届出に違反した者は、30万円以下の罰金に処せられます（同法第120条）。

4) フレックスタイム制

就業規則その他これに準ずるものにより、始業および終業の時刻をその決定にゆだねる社員については、過半数労働組合などとの書面による労使協定により所定の事項を定めたときは、その労使協定で1ヶ月以内の清算期間として定められた期間を平均し1週間当たりの労働時間が40時間（特例措置の事業は44時間）を超えない範囲内で、1週間において40時間または1日において8時間を超えて、労働させることができます（同法第32条の3）。

フレックスタイム制：社員が一定の定められた時間帯の中で、始業および終業の時刻を決定することができる制度で、1日の労働時間帯を、必ず勤務しなければならない時間（コアタイム）と、その時間帯の中であればいつ出退勤してもよい時間帯（フレキシブルタイム）とに分けて実施するのが一般的です。

（5）みなし労働時間制

　みなし労働時間制には、事業場外労働に関するみなし労働時間制、専門業務型裁量労働時間制に関するみなし労働時間制および企画業務型裁量労働時間制に関するみなし労働時間制があります。

みなし労働時間制：労働時間を算定し難いまたは業務の遂行の手段および時間配分の決定などに関し会社が具体的な指示をすることが困難な一定の場合などに、労働基準法の労働時間に関する規定の適用に当たっての労働時間の算定について、一定の時間労働したものとみなす制度です。

1）事業場外労働に関するみなし労働時間制

　社員が労働時間の全部または一部について事業所の外で業務に従事した場合に、その労働時間を算定し難いときには、その労働時間については、原則としてその者の所定労働時間労働したものとみなします。ただし、その業務に従事するためには通常その所定労働時間を超えて労働することが必要となる場合には、その業務に通常必要な時間（過半数労働組合などとの労使協定をし、労働基準監督署長に届け出たときは、その労使協定で定めた時間）労働したものとみなします（同法第38条の2）。労使協定の届出に違反した者は、30万円以下の罰金に処せられます（同法第120条）。

　事業場外みなし労働時間制は、事業所の外で業務に従事した場合に労働時間を算定し難いときに限って、労働したものとみなすもので、事業所の

外で業務に従事する場合であっても、例えば、①グループリーダーがいて、労働時間の把握ができる場合や②携帯電話などによって常時指揮命令を受けて業務に従事しているなど具体的な指揮監督が及んでいる場合には、労働時間の算定が可能なので、みなし労働時間制の対象とはなりません。

2）　専門業務型裁量労働制に関するみなし労働時間制

　業務の性質上その遂行の方法を大幅にその業務に従事する者の裁量にゆだねる必要があるため、過半数労働組合などとの労使協定により所定の事項を定めて、労働基準監督署長に届け出、労使協定に定めた次の業務のうちの特定の業務に就かせたときは、労働時間の算定について、その業務に従事する者の労働時間としてその労使協定で定められた時間労働したものとみなします（同法第38条の3）。労使協定の届出に違反した者は、30万円以下の罰金に処せられます（同法第120条）。

① 　新商品・新技術の研究開発または人文科学・自然科学に関する研究の業務
② 　情報処理システムの分析または設計の業務
③ 　新聞・出版の事業の記事または放送番組の製作のための取材・編集の業務
④ 　衣服・室内装飾・工業製品・広告などの新たなデザインの考案の業務
⑤ 　放送番組・映画などの製作の事業におけるプロデューサー・ディレクターの業務
⑥ 　コピーライターの業務
⑦ 　システムコンサルタントの業務
⑧ 　インテリアコーディネーターの業務
⑨ 　ゲーム用ソフトウェアの創作の業務
⑩ 　証券アナリストの業務
⑪ 　金融工学などの知識を用いて行う金融商品の開発の業務
⑫ 　大学の教授、准教授または講師の業務
⑬ 　公認会計士の業務

⑭　弁護士の業務
⑮　建築士（一級建築士、二級建築士および木造建築士）の業務
⑯　不動産鑑定士の業務
⑰　弁理士の業務
⑱　税理士の業務
⑲　中小企業診断士の業務

3)　企画業務型裁量労働制に関するみなし労働時間制

　本社や本店などにおいて、所定の要件も満たす労使委員会がその委員の5分の4以上の多数による議決により、対象となる業務について、所定の事項について決議をし、その決議を労働基準監督署長に届け出た場合で、その業務の遂行の手段および時間配分の決定などに関し会社が具体的な指示をしない業務に就かせたときは、労働時間の算定について、その社員は、その労使協定で定められた時間労働したものとみなします。労使委員会の決議の届出に違反した者は、30万円以下の罰金に処せられます（同法第120条）。

　なお、企画業務型裁量労働制に関するみなし労働時間制の決議の届出をした場合には、決議が行われた日から起算して6月以内に1回、およびその後1年以内ごとに1回、社員の労働時間の状況ならびに労働者の健康および福祉を確保するための措置の実施状況について、労働基準監督署長に報告しなければなりません（同法第38条の4）。

> 　企画業務型裁量労働制を導入できるのは、①本社や本店、②企業などの事業の運営に大きな影響を及ぼす決定が行なわれる事業所、③本社や本店の具体的な指示を受けることなく、独自にその事業の運営に大きな影響を及ぼす事業計画や営業計画の決定を行っている支社や支店などにおいて、事業の運営に関する事項についての企画、立案、調査または分析の業務です。

（6）休憩時間

1） 休憩時間

　次の時間以上の休憩時間を労働時間の途中に与えなければなりません（同法第34条第1項）。

ア　労働時間が6時間を超える場合には45分
イ　労働時間が8時間を超える場合には1時間

　休憩時間は、労使協定がある場合などを除き原則として一斉に与え、自由に利用させなければなりません（同条第2項、第3項）。

　これらの規定に違反した者は、6月以下の懲役または30万円以下の罰金に処せられます（同法第119条）。

2） 育児時間

　生後満1歳に満たない生児を育てる女性は、休憩時間のほかに、1日に2回おのおの30分以上、その生児を育てるための育児時間を会社に対して請求することができます。育児時間中は、その女性を使用してはなりません（同法第67条）。これに違反した者は、6月以下の懲役または30万円以下の罰金に処せられます（同法第119条）。

（7）休日

　毎週1回または4週間を通じ4日以上の休日を与えなければなりません（同法第35条）。これに違反した者は、6月以下の懲役または30万円以下の罰金に処せられます（同法第119条）。

　なお、就業規則で休日を特定していても、別に休日の振替を必要とする場合に休日を振り替えるとの規定を設け、これによって休日をあらかじめ振り替えるべき日を特定して振り替えた場合には、就業規則で定められた休日は労働日となり、休日に労働させたことにはなりませんが、あらかじめ振替休日を特定しないまま、休日に労働させた後にその代償として休日を与える代休の場合には、就業規則で定められた休日は労働日に変更されてい

ないので、休日に労働させたことになります（昭和63年3月14日基発第150号）。

（8）時間外・休日労働

1）　時間外・休日労働をさせることができる場合

　法定の労働時間や休日に関して、時間外・休日労働をさせることができるのは、次の2つの場合です。

①　災害その他避けることのできない事由によって臨時の必要が発生した場合に、労働基準監督署長の許可を受けて（事態急迫のために許可を受ける暇がない場合には事後に遅滞なく届け出て）、その必要な限度において時間外・休日労働をさせること（同法第33条第1項）。

②　過半数労働組合などと時間外・休日労働についての協定（36協定）をし、労働基準監督署長に届け出た場合には、その協定で定めるところによって時間外・休日労働をさせること（同法第36条第1項）。

36協定：法定の労働時間外または休日に社員に労働させるためには、労働基準法第33条で定める非常災害（①）の場合を除いて、労使協定（時間外・休日労働協定）を締結して、労働基準監督署長に届け出なければなりません。この労使協定は、労働基準法第36条に基づく協定であるために、一般に36（サブロク）協定と呼ばれています。

2）　限度基準

　36協定については、労働時間の延長を適正なものとするため、36協定で定める労働時間の延長の限度その他の必要な事項（労働時間の延長に係る割増賃金の率を加える改正案が国会で審議中です）について、労働者の福祉、時間外労働の動向その他の事情を考慮して、「労働基準法第36条第1項の協定で定める労働時間の延長の限度、労働時間の延長に係る割増賃金の率等に関する基準（平成10年12月28日労働省告示第154号。「限度基準」という）」が定められています。このため、36協定の内

容は、表2-1の限度基準の時間外労働の限度時間に適合したものとなるようにしなければなりません(同法第36条第2項～第4項)。

表2-1 労働基準法第36条第1項の協定で定める労働時間の延長の限度、労働時間の延長に係る割増賃金の率等に関する基準

期　間	一般労働者の場合	対象期間が3ヶ月を超える1年単位の変形労働時間制の対象者の場合
1週間	15時間	14時間
2週間	27時間	25時間
4週間	43時間	40時間
1ヶ月	45時間	42時間
2ヶ月	81時間	75時間
3ヶ月	120時間	110時間
1年間	360時間	320時間

3) 時間外・休日労働の制限

時間外・休日労働については、次の制限があります。

① 健康上特に有害な業務の労働時間の延長は、1日について2時間を超えてはならないこと(同条第1項ただし書)。これに違反した者は、6月以下の懲役または30万円以下の罰金に処せられます(同法第119条)。

② 妊産婦が請求した場合には、使用者は、妊産婦に時間外労働や休日労働をさせてはならないこと(同法第66条第2項)。これに違反した者は、6月以下の懲役または30万円以下の罰金に処せられます(同法第119条)。

③ 18歳未満の年少者には、非常災害の場合を除き、時間外労働・休日労働をさせてはならないこと(同法第60条第1項)。これに違反した者は、30万円以下の罰金に処せられます(同法第120条)。

④ 小学校就学始期前の子の養育または要介護状態の対象家族を介護する者が請求した場合には、1か月24時間、1年150時間を超える時間外労働をさせることはできません(育児休業・介護休業法第17条、第23条)。

（9）深夜労働

深夜労働には、次の制限があります。
① 妊産婦が請求した場合には、深夜労働をさせることはできません（労働基準法第66条第3項）。
② 18歳未満の年少者には、原則として深夜労働をさせることはできません（同法第61条第1項～第4項）。
③ 労働基準監督署長から許可を受けて満15歳に達した日以後の最初の3月31日に達するまでの児童を使用する場合は、午後8時から午前5時までの間は使用することはできません（同法61条5項）。
④ 小学校就学始期前の子の養育または要介護状態の対象家族を介護する者が請求した場合には、深夜労働をさせることはできません（育児休業・介護休業法第17条、第23条）。

なお、①から③までの規定に違反した者は、6月以下の懲役または30万円以下の罰金に処せられます（同法第119条）。

（10）労働時間規制の適用除外

労働基準法は原則としてあらゆる事業に適用されますが、労働の性質やその態様が法定労働時間や週休制などを適用することにふさわしくない次の事業または業務に従事する者については、労働時間、休憩および休日に関する規定が適用されません（同法第41条）。
① 農業または畜産・養蚕もしくは水産の事業に従事する者
② 事業の種類にかかわらず監督もしくは管理の地位にある者または機密の事務を取り扱う者

この管理・監督者に当たるか否かについては、経営に関する決定に参画し、労務管理に関する指揮監督権限を認められているか、自己の出退勤を始めとする労働時間の管理について裁量が認められているか、賃金体系を中心とした処遇がその地位と職責にふさわしい厚遇といえるかなどの具体的な勤務実態に即して判断されます。

労働時間・休憩・休日・休暇・休業

> **管理・監督者に関する裁判例**：一般に管理・監督者であることの判断を厳格に行い、容易に管理・監督者とは認めない傾向にあります。例えば、銀行の支店長代理相当職の者（静岡銀行事件　静岡地裁昭和53年3月28日）、マネージャー職（日本コンベンションサービス事件　大阪高裁平成12年6月30日）、カラオケ店店長（風月荘事件　大阪地裁平成13年3月26日）、ファーストフード店の店長（日本マクドナルド事件　東京地裁平成20年1月28日）、次長待遇の調査役などの地位にある者（東建ジオテック事件　東京地裁平成14年3月28日）、支店販売主任（株式会社ほるぷ事件　東京地裁平成9年8月1日）などについて、管理・監督者には該当しないと判断されています。

③　監視または断続的労働に従事する者で、労働基準監督署長より許可を受けたもの

　監視労働とは、原則として一定の部署にあって監視することを本来の業務とし、常態として身体の疲労または精神的緊張の少ない労働のことをいいます。また、断続的労働とは、本来業務が間欠的で、作業時間が長く継続することなく中断し、しばらくして再び同じような態様の作業が行われ、また中断するというように繰り返されるもので、労働時間中においても手待時間が多く実作業時間が少ない業務をいいます。

　なお、宿日直勤務に従事する場合にも、労働基準監督署長の許可があれば、労働基準法の労働時間、休憩および休日に関する規定が適用されません。

（11）年次有給休暇

1）年次有給休暇の性格

　年次有給休暇は、法定の要件を充足した場合、社員は当然に所定日数の年次有給休暇の権利を取得し、会社はこれを与える義務を負いますので、その権利を行使するにあたっては、社員が休暇の時季を請求し、これに

対し会社は、法定の事由がある場合に限って、他の時季に変更させることができるだけです。したがって、年次有給休暇を取得するためには、社員による休暇の請求やこれに対する会社の承認の観念を容れる余地はありません（林野庁白石営林署事件　最高裁第二小法廷昭和48年3月2日）。

2）　年次有給休暇の付与要件

その事業所に6ヶ月継続勤務し、全労働日の8割以上出勤した者に対しては、10労働日の有給休暇を付与しなければなりません（同法第39条第1項）。これに違反した者は、6月以下の懲役または30万円以下の罰金に処せられます（同法第119条）。

なお、全労働日からは、次の日は除かれます。
① 　会社の責めに帰すべき事由による休業日
② 　正当なストライキその他の正当な争議行為により労務の提供がまったくなされなかった日

また、次の日は出勤したものとみなされます（同条第7項など）。
① 　年次有給休暇を取得した日
② 　業務上の負傷または病気の療養のため休業した日
③ 　産前産後の休業をした日
④ 　育児休業または介護休業をした日

3）　年次有給休暇の付与日数

一般的な年次有給休暇の付与日数は表2－2のとおりです。

表2－2　一般的な年次有給休暇の付与日数

継続勤務年数	6ヶ月	1年6ヶ月	2年6ヶ月	3年6ヶ月	4年6ヶ月	5年6ヶ月	6年6ヶ月
付与日数	10日	11日	12日	14日	16日	18日	20日

パートタイマーなどに対しても、6ヶ月間継続勤務し、全労働日の8割以上出勤した場合には、年次有給休暇を与えなければなりませんが、このうち、1週間の所定労働時間が30時間未満で、次の①または②のいずれかに該

当する者については、その所定労働日数に比例した表2-3の日数の年次有給休暇を与えなければなりません（同条第3項）。
① 1週間の所定労働日数が4日以下の者
② 週以外の期間によって所定労働日数が定められている者については、1年間の所定労働日数が216日以下の者

表2-3　所定労働日数の少ない者に対する年次有給休暇の付与日数

週の所定労働日数	1年間の所定労働日数	勤続年数							
		6ヶ月	1年6ヶ月	2年6ヶ月	3年6ヶ月	4年6ヶ月	5年6ヶ月	6年6ヶ月
4日	169～216日	7日	8日	9日	10日	12日	13日	15日
3日	121～168日	5日	6日	6日	8日	9日	10日	11日
2日	73～120日	3日	4日	4日	5日	6日	6日	7日
1日	48～72日	1日	2日	2日	2日	3日	3日	3日

4）　年次有給休暇の付与単位

　年次有給休暇は最低分割単位を労働日としており、会社には半日単位の年休を与える義務はありませんが、会社側が進んで半日年休を付与する取扱いをすることは差し支えありません（高宮学園事件　東京地裁平成7年6月19日）。

　なお、時間単位の付与についても、次の事項について、過半数労働組合などとの労使協定を締結すれば、5日以内について時間単位で付与できることを内容とする改正案が国会審議中です。
① 時間単位で付与する労働者の範囲
② 時間単位で付与する有給休暇の日数
③ その他厚生労働省令で定める事項

5）　年次有給休暇の取得目的

　年次有給休暇の利用目的は労働基準法の関知しないところで、それをどのように利用するかは会社の干渉を許さない社員の自由であり、休暇の利用目的のいかんによって時季変更権を行使するということは、許されません（電々公社事件　最高裁第三小法廷昭和62年9月22日）。ただし、社

員がその業務の正常な運営の阻害を目的として、全員一斉に休暇届を提出して職場を放棄・離脱する一斉休暇闘争は、その実質は、年次有給休暇に名をかりた争議行為にほかならないので、本来の年次有給休暇権の行使ではなく、これに対する時季変更権の行使もありえないことになります（国鉄郡山工場事件　最高裁第二小法廷昭和48年3月2日）。

6）　時季変更権の行使

　社員から請求された時季に有給休暇を与えることが事業の正常な運営を妨げる場合には、会社は他の時季にこれを与えることができます（同法第39条第5項）。この場合の「事業の正常な運営を妨げる場合」とは、社員が年休を取得しようとする日の仕事が、その担当している業務や一定の組織の業務運営に不可欠であり、代わりの者を確保することが困難な状態（新潟鉄道郵便局事件　最高裁第二小法廷昭和60年3月11日）をいいます。

　ただし、会社は、できるだけ社員が指定した時季に休暇を取れるよう状況に応じた配慮をすることが要請されており、通常の配慮をすれば、勤務割を変更して代替勤務者を配置することが客観的に可能な状況にあると認められるにもかかわらず、そのための配慮をしないことにより代替勤務者が配置されないときは、必要配置人員を欠くものとして事業の正常な運営を妨げる場合には当たりません（弘前電報電話局事件　最高裁第二小法廷昭和62年7月10日）。

7）　年次有給休暇の計画的付与

　過半数労働組合などとの労使協定により、計画年休を与える時季やその具体的日数など年次有給休暇を与える時季に関する定めをしたときは、有給休暇の日数のうち5日を超える部分については、その定めにより有給休暇を与えることができます（同条第6項）。

8) 年次有給休暇に対する賃金

年次有給休暇の期間に対しては、就業規則その他これに準ずるもので定めるところにより、次のいずれかの賃金を支払わなければなりません（同条第7項）。

① 平均賃金
② 所定労働時間労働した場合に支払われる通常の賃金
③ 過半数労働組合等との労使協定により定めた場合には健康保険法の標準報酬日額

9) 年次有給休暇の取得を理由とする不利益な取扱いの禁止

年次有給休暇を取得した者に対して、賃金の減額その他不利益な取扱いをしないようにしなければなりません（同法第136条）。

（12） 公民権の行使などのための時間

社員は、労働時間の途中に、選挙権の行使などの公民としての権利を行使し、または裁判員などの公の職務を執行するために必要な時間を請求することができます。

この場合には、会社は、この請求を拒否することはできません。ただし、公民としての権利の行使や公の職務の執行に妨げがない限り、請求された時刻を変更することはできます（同法第7条）。これに違反した者は、6月以下の懲役または30万円以下の罰金に処せられます（同法第119条）。

（13） 産前産後休業

6週間（多胎妊娠の場合は14週間）以内に出産する予定の女性が請求した場合には、その者を就業させてはなりません。また、産後8週間を経過しない女性を就業させてはなりません。ただし、産後6週間を経過した女性が請求した場合に、その者について医師が支障がないと認めた業務に就かせることは差し支えありません（同法第65条）。これに違反した者は、6月

以下の懲役または30万円以下の罰金に処せられます(同法第119条)。

(14) 生理日の就業が著しく困難な女性に対する措置

　生理日の就業が著しく困難な女性が休暇を請求した場合には、その者を生理日に就業させてはなりません(同法第68条)。これに違反した者は、30万円以下の罰金に処せられます(同法第120条)。

8　年少者や妊産婦などの就業制限

(1) 年少者

　満18才に満たない年少者には、次の就業制限があります(同法第62条、第63条)。
① 　年齢および性に応じて一定の重さ以上の重量物を取り扱う業務に就かせてはならないこと。
② 　クレーンの運転などの危険な業務に就かせてはならないこと。
③ 　安全、衛生または福祉に有害な場所における業務に就かせてはならないこと。
④ 　坑内で労働させてはならないこと。

　このうち、①から③までに違反した者は6月以下の懲役または30万円以下の罰金(同法第119条)に、④に違反した者は1年以下の懲役または50万円以下の罰金に処せられます(同法第118条)。

(2) 妊産婦

　妊産婦には、次の就業制限があります(同法第64条の2～第65条)。
① 　妊娠中の女性が請求した場合には、他の軽易な業務に転換させること。
② 　年齢に応じて一定の重さ以上の重量物を取り扱う業務に就かせてはならないこと。

③　妊娠、出産、哺育などに有害な業務に就かせてはならないこと。
④　妊娠中の女性および坑内で行われる業務に従事しない旨を使用者に申し出た産後1年を経過しない女性に坑内で行われるすべての業務に就かせてはならないこと。

　このうち、①から③までに違反した者は6月以下の懲役または30万円以下の罰金（同法第119条）に、④に違反した者は1年以下の懲役または50万円以下の罰金に処せられます（同法第118条）。

（3）妊産婦以外の女性

　妊産婦以外の女性にも、次の就業制限があります（同法第64条の2、第64条の3）。
①　年齢に応じて一定の重さ以上の重量物を取り扱う業務に就かせてはならないこと。
②　有害物のガス、蒸気または粉じんを発散する場所における業務に就かせてはならないこと。
③　坑内で行う人力や動力、発破により行われる鉱物などの掘削などの業務に就かせてはならないこと。

　このうち、①または②に違反した者は6月以下の懲役または30万円以下の罰金（同法第119条）に、③に違反した者は1年以下の懲役または50万円以下の罰金に処せられます（同法第118条）。

9　安全衛生

　社員の安全衛生については、労働安全衛生法が定められています。会社は、同法で定める労働災害の防止のための最低基準を守るだけでなく、快適な職場環境の実現と労働条件の改善を通じて職場における社員の安全と健康を確保するようにしなければなりません。また、社員は、労働災害を防止するため必要な事項を守るほか、会社などで行う労働災害の防止

に関する措置に協力するように努めなければなりません(同法第3条、第4条)。

(1) 安全衛生管理体制

会社では、その業種や社員数に応じて、総括安全衛生管理者、安全管理者、衛生管理者、安全衛生推進者、産業医などを選任し、所定の事項を行わせるとともに、社員の代表が参加して、職場の安全衛生問題を審議する安全委員会や衛生委員会を設置しなければなりません。また、労働災害を防止するための管理を必要とする作業については、作業主任者を選任し、その作業を管理させなければなりません。これらに違反した者は、50万円以下の罰金(作業主任者については6月以下の懲役または50万円以下の罰金)に処せられます(同法第10条～第19条の3、第119条、第120条)。

(2) 社員の危険または健康障害を防止するための措置

会社は、社員の労働災害を防止するために、機械、器具などの設備、爆発性の物、発火性の物、引火性の物、電気、熱などのエネルギーなどによる危険や作業方法や場所などから生ずる危険を防止するための措置、原材料、ガス、蒸気、粉じん、酸素欠乏空気、病原体、放射線、高温、低温、超音波、騒音、振動、異常気圧、計器監視、精密工作などの作業、排気、排液、残さい物などによる健康障害を防止するための措置、作業場の通路、床面、階段などの保全、換気、採光、照明、保温、防湿、休養、避難、清潔などの健康、風紀、生命の保持のための措置、社員の作業行動から生ずる労働災害を防止するための措置を講じるとともに、労働災害の発生の急迫した危険があるときには、作業を直ちに中止し、作業場から退避させるなどの措置を講じなければなりません。また、社員も、会社が講ずる措置に応じて、必要な事項を守らなければなりません。これらに違反した者は、6月以下の懲役または50万円以下の罰金(社員は50万円以下の罰金)に処せられます

（同法第20条～第26条、第119条、第120条）。

　また、建設物・設備・原材料・ガス・蒸気・粉じんなどによる危険性や有害性、作業行動など業務に起因する危険性や有害性など調査を行い、その結果に基づき労働者の危険や健康障害を防止するための措置を講ずるよう努めなければなりません（同法第28条の2）。

　元方事業者や注文者などに該当する場合には、請負会社の社員を含めて労働災害の防止に必要な措置を講じなければなりません。これらに違反した者は、6月以下の懲役または50万円以下の罰金など（請負会社または社員は50万円以下の罰金）に処せられます（同法第29条～第32条、第119条、第120条）。

　このほか、機械・設備や建築物の貸与者などもそれぞれ、労働災害を防止するため必要な措置を講じなければなりません（同法第33条～第36条）。

> **元方事業者**：1箇所の場所で行う仕事の一部を請負人に請け負わせている会社などで、その仕事の一部を請け負わせる契約が2つ以上あるため、これに該当する者が2人以上あるときには、その請負契約のうちの最も先次の請負契約における注文者をいいます。

（3）機械・設備や有害物に関する規制

　ボイラーやクレーンなどの危険な機械・設備などについては、その種類に応じて、都道府県労働局長の許可、都道府県労働局長や労働基準監督署長などの検査、検査証を受けていないものなどの使用や譲渡などの禁止、製造に当たっての個別検定（個々の機械・設備ごとの検定）または型式検定（機械・設備の型式についての検定）、定期自主検査（会社などが定期的に検査を行うこと）、特定自主検査（資格を持った社員または専門の検査業者が検査を行うこと）などの規制が設けられています（同法第37条～第54条の6）。

　また、健康障害などを生ずるおそれのある化学物質についても、厚生労働大臣の許可、譲渡・提供に当たっての表示、文書の交付、新規化学物質

の有害性の調査などの規制が行われています（同法第56条～第58条）。これらに違反した者は、6月以下の懲役または50万円以下の罰金に処せられます（同法第119条）。

（4） 安全衛生教育

社員を雇い入れたときや作業内容を変更した時、危険または有害な業務につかせるとき、職長などにつくときには、その業務に必要な安全衛生に関する教育を行わなければなりません。これらに違反した者は、6月以下の懲役または50万円以下の罰金などに処せられます（同法第59条～第60条の2、第119条、第120条）。

（5） 就業制限

危険または有害な業務については、免許を受けた者などの資格を有する者でなければ、その業務に就かせてはなりません。これに違反した者は、6月以下の懲役または50万円以下の罰金に処せられます（同法第61条、第119条）。

（6） 作業環境測定など

有害な業務を行う作業場においては、作業環境を正確に把握するために、必要な作業環境測定を行わなければなりません。また、社員の健康に配慮して、その従事する作業を適切に管理するように努めなければなりません。健康障害を生ずるおそれのある業務に従事させる場合には、作業時間についての基準を守らなければなりません。作業環境測定を実施しない者などは、6月以下の懲役または50万円以下の罰金などに処せられます（同法第65条～第65条の4、第119条）。

（7） 健康診断など

社員に対しては、雇入れ時、1年に1回（深夜業従事者などに対しては6

月に1回)、海外派遣前および帰国後などに医師による一般健康診断を行なわなければなりません。また、有害な業務に従事する者については、その業務に応じた特別の項目について健康診断を行なわなければなりません。この場合には、社員は健康診断を受けなければなりません(同法第66条)。

過去6月間を平均して1か月当たり4回以上深夜業に従事した者は、自ら受けた健康診断の結果を証明する書面を事業者に提出することができます(同法第66条の2)。

健康診断については、次の措置を講じなければなりません(同法第66条の3～第66条の7)。

① 健康診断個人票を作成し、所定の期間保存すること。
② 健康診断の結果について、医師などから意見を聴くこと。
③ 医師などの意見を勘案し、その必要があるときは、就業場所の変更や作業の転換、労働時間の短縮、深夜業の回数の減少などの適切な措置を講じること。
④ 本人に健康診断の結果を通知すること。
⑤ 医師などによる保健指導を行うこと。

健康診断を実施しない者などは、50万円以下の罰金に処せられます(同法第120条)

時間外労働が月100時間を超えており、疲労の蓄積が見られる者から申出がある場合には、医師による面接指導を行い、所定の措置を講じなければなりません(同法第66条の8～第66条の9)。

伝染病にかかった者については、その就業を禁止しなければなりません。これに違反した者は、6月以下の懲役または50万円以下の罰金に処せられます(同法第68条、第119条)。

また、健康の保持増進を図るための措置や快適な職場環境を形成するための措置を継続的計画的に講ずるように努めなければなりません(同法第69条～第71条の2)。

(8) 死傷病報告書の提出など

　社員が就業中または事業所内もしくはその附属の建物内において負傷、窒息または急性中毒が発生したときは、労働基準監督署長に死傷病報告書を提出しなければなりません。これらに違反した者は、50万円以下の罰金に処せられます（同法第100条、第120条）。

10　寄宿舎

　常態として相当人数の者が宿泊し、共同生活の実態を備えるものを寄宿舎といい、それが事業経営の必要上その一部として設けられているような事業との関連を持つ場合には、事業附属の寄宿舎として、労働基準法などの適用を受けます。

　事業附属の寄宿舎においては、寄宿する者の私生活の自由を侵す行為をしてはなりません。また、寄宿舎生活の自治に必要な役員の選任に対し会社は干渉してはなりません（労働基準法第94条）。

　寄宿舎生活の秩序を保つとともに、その私生活を確保するために、寄宿舎規則を寄宿舎に寄宿する者の過半数を代表する者の同意を得て作成し、労働基準監督署長に届け出なければなりません。これに違反した者は、30万円以下の罰金に処せられます（同法第95条、第120条）。

　寄宿舎については、換気、採光、照明、保温、防湿、清潔、避難、定員の収容、就寝に必要な措置などの健康、風紀および生命の保持に必要な措置を講じなければなりません。これに違反した者は、30万円以下の罰金に処せられます（同法第96条第1項、第120条）。

11 雇用関係の終了

(1) 解雇

解雇とは、会社側から労働契約を将来に向かって一方的に解約することをいいます。

1) 解雇制限

次の期間は、解雇してはなりません。これに違反した者は、6月以下の懲役または30万円以下の罰金に処せられます（同法第19条、第119条）。

① 業務上の災害による負傷または病気の療養のために休業中の期間。
② 産前産後の休業中の期間
③ ①および②の休業終了後30日間

ただし、次の場合には、解雇が可能です。

① 打切補償が行われた場合。
② 療養の開始後3年を経過した日において傷病補償年金を受けている場合もしくは同日後において傷病補償年金を受けることとなった場合（労災保険法第19条）。
③ 天災事変その他やむを得ない事由のために事業の継続が不可能となり、そのことについて労働基準監督署長の認定を受けた場合（労働基準法第19条）。

打切補償：休業補償を受ける社員が、療養開始後3年を経過しても負傷または疾病がなおらない場合には、会社は、平均賃金の1200日分の打切補償を行い、その後は補償を行わなくても差し支えありません（同法第81条）。

2) 解雇予告

社員を解雇しようとする場合には、原則として、30日前までにその予告をしなければなりません。30日前に予告をしない場合には、30日分以上の平

均賃金を支払わなければなりません。また、解雇予告の日数は、平均賃金を支払った日数だけ短縮できます。これに違反した者は、6月以下の懲役または30万円以下の罰金に処せられます（同法第20条第1項、第2項、第119条）。

　ただし、次の場合には、解雇予告などを行う必要はありません。
①　天災事変その他やむを得ない事由のために事業の継続が不可能となった場合または社員の責に帰すべき事由に基づく場合で、その事由について労働基準監督署長の認定を受けたとき（同法第20条第1項ただし書、第3項）。
②　1月以内の日々雇い入れられる者
③　2ヶ月以内の期間を定めて使用される者でその期間を超えないもの。
④　季節的業務に4ヶ月以内の期間を定めて使用される者でその期間を超えないもの。
⑤　14日以内の試用期間中の者。

3）　**解雇権の濫用**
　解雇は、客観的に合理的な理由を欠き、社会通念上相当であると認められない場合は、その権利を濫用したものとして、無効となります（労働契約法第16条）。

（2）退職に当たっての措置
1）　**退職時の証明**
　退職する者が退職時に証明書の交付を請求したときには、会社は、退職の理由の如何を問わず、使用期間、業務の種類、その事業における地位、賃金、退職の事由、退職の事由が解雇の場合にはその理由を記載した証明書を交付しなければなりません（労働基準法第22条第1項）。
　解雇の場合には、解雇の予告がなされた日から退職の日までの間においても、その請求により、解雇の理由を記載した証明書を交付しなければな

りません（同条第2項）。

　退職時などの証明に当たっては、退職する者の請求しない事項を記入してはなりません（同条第3項）。また、退職する者の就業を妨げることを目的として、その国籍、信条、社会的身分または労働組合運動に関する通信や秘密の記号の記入をしてはなりません（同条第4項）。

　退職時などの証明の規定に違反した者は30万円以下の罰金（同法第120条）に、通信などの禁止の規定に違反した者は6月以下の懲役または30万円以下の罰金（同法第119条）に処せられます。

2）　金品の返還

　社員が退職した場合に請求があれば、請求があった日から7日以内に賃金その他その社員の権利に属する金品を支払ったり、返還したりしなければなりません。これに違反した者は、30万円以下の罰金に処せられます（同法第23条、第120条）。

（3）定年制とその後の継続雇用

　会社は、社員について定年の定めをする場合には、その定年年齢は、高年齢者が従事することが困難である一定の業務に従事している場合を除き、60歳を下回ることができません（高年齢者雇用安定法第8条）。また、65歳未満の定年の定めをしている会社においては、高年齢社員の65歳までの安定した雇用を確保するため、①定年の引上げ、②継続雇用制度の導入、③定年の定めの廃止、のいずれかを講じなければなりません（同法第9条。詳細は第6章参照）。

12　就業規則と懲戒処分

(1)　就業規則の作成

　常時10人以上の社員を使用する事業所においては、就業規則を作成しなければなりません(同法第89条)。

　この社員には非正規社員も含みますので、非正規社員に正規社員用の就業規則が適用されない場合には、別に非正規社員専用の就業規則を作成しなければなりません。逆に、非正規社員専用の就業規則がない場合で、正規社員用の就業規則の適用が除外されていないときは、正規社員用の就業規則が適用されます(大興設備開発事件　大阪高裁平成9年10月30日)。

　就業規則の作成の義務および権限は会社に属していますが、その作成または変更に当たっては、過半数労働組合などの意見を聴かなければなりません(同法第90条第1項)。

　作成または変更した就業規則は、過半数労働組合などの署名または記名押印のある意見を記した書面を添付した上で、労働基準監督署長に届け出なければなりません(同法第89条、第90条第2項)。

> **就業規則**：多数の社員を使用している事業所では、社員が一般的に就業上守るべき規律や労働時間、賃金などの労働条件に関する具体的細目などを定めた規則類を作る必要があり、また、実際に作られていることが通例です。これらの規則類が就業規則と呼ばれています。

(2)　就業規則の記載事項

　就業規則に記載する事項には、表2-4のように、いかなる場合でも必ず記載しなければならない事項(絶対的必要記載事項)と定めをする場合には必ず記載しなければならない事項(相対的必要記載事項)および任意に記載し得る事項(任意記載事項)があります(同法第89条)。

表2—4　就業規則の記載事項

区分	記載事項
絶対的必要記載事項	① 始業および終業の時刻、休憩時間、休日、休暇ならびに2組以上に分けて就業させる場合における就業時転換 ② 賃金(退職手当および臨時に支払われる賃金を除く)の決定、計算および支払いの方法、賃金の締切りおよび支払いの時期ならびに昇給 ③ 退職(解雇の事由を含む)
相対的必要記載事項	① 退職手当の定めが適用される範囲、退職手当の決定、計算および支払いの方法ならびに退職手当の支払いの時期 ② 臨時に支払われる賃金(退職手当を除く)および最低賃金額 ③ 社員に負担させる食費、作業用品など ④ 安全および衛生 ⑤ 職業訓練 ⑥ 災害補償および業務外の傷病扶助 ⑦ 表彰および制裁 ⑧ その事業所のすべての社員に適用される定め
任意記載事項（例）	① 服務規律 ② 就業規則の制定趣旨などの宣言 ③ 就業規則の解釈および適用

（3）就業規則と法令や労働協約の関係

　就業規則は、法令やその事業所に適用される労働協約に反することができません。就業規則が法令または労働協約に反する場合には、労働基準監督署長は就業規則の変更を命ずることができます（同法第92条）。

（4）就業規則違反の労働契約

　就業規則で定める基準に達しない労働条件を定める労働契約は、その部分については無効となり、無効となった部分は、就業規則で定める基準によります（同法第93条、労働契約法第12条）。

（5）就業規則の周知

　就業規則は、次のいずれかの方法により周知しなければなりません（労働基準法第106条第1項）。
① 常時各作業場の見やすい場所へ掲示し、または備え付けること。
② 書面を社員に交付すること。
③ 磁気テープ、磁気ディスクその他これに準ずる物に記録し、かつ、各作業場に社員が記録の内容を常時確認できる機器を設置すること。

（6）就業規則の効力

　合理的な労働条件が定められている就業規則を社員に周知させた場合には、労働契約の内容はその就業規則で定める労働条件となります。ただし、労働契約において、就業規則の内容と異なる労働条件を合意していた部分については、就業規則で定める基準に達しない労働条件を定める場合を除き、この限りではありません（労働契約法第7条）。

　また、原則として、社員と合意することなく、就業規則を変更することにより、社員に不利益に労働条件を変更することはできません（同法第9条）が、就業規則の変更により労働条件を変更する場合に、変更後の就業規則を社員に周知させ、かつ、就業規則の変更が、社員の受ける不利益の程度、労働条件の変更の必要性、変更後の就業規則の内容の相当性、労働組合などとの交渉の状況その他の就業規則の変更に係る事情に照らして合理的なものであるときは労働条件は、変更後の就業規則の定めによります（同法第10条）。

（7）懲戒処分と就業規則

　懲戒処分の定めをする場合には必ず就業規則に記載しなければなりません（労働基準法第89条）。このため、懲戒事由ならびに懲戒の種類および内容は、あらかじめ就業規則に定めておかなければなりません（フジ興産事件　最高裁第2小法廷平成15年10月10日）。

　就業規則で、労働者に対して減給を定める場合には、その減給は、1回の額が平均賃金の1日分の半額を超え、総額が1賃金支払期における賃金の総額の10分の1を超えてはなりません（同法第91条）。

　また、社員に懲戒することができる場合に、その懲戒が、社員の行為の性質や態様などの事情に照らして、客観的に合理的な理由を欠き、社会通念上相当であると認められない場合には、その権利を濫用したものとして、その懲戒は無効となります（労働契約法15条）。

　就業規則の作成などに違反した者は、30万円以下の罰金に処せられま

す（労働基準法第120条）。

13　有期の労働契約

　有期の労働契約については、次の点に留意する必要があります（詳細は第5章参照）。

① 　有期の労働契約の上限期間が定められていること（労働基準法第14条第1項）。

② 　会社は、やむを得ない事由がある場合でなければ、その契約期間が満了するまでの間において、解雇することができないこと（労働契約法第17条第1項）。

③ 　有期労働契約の上限が3年とされる社員が、1年を超える有期労働契約を締結する場合には、やむを得ない事由がなくても、労働契約が1年を経過した日以後においては、会社に申し出ることにより、いつでも退職することができること（労働基準法第137条）。

④ 　会社は、期間の定めのある労働契約について、その労働契約により使用する目的に照らして、必要以上に短い期間を定めることにより、その労働契約を反復して更新することのないよう配慮しなければならないこと（労働契約法17条2項）。

⑤ 　「有期労働契約の締結、更新及び雇止めに関する基準」（平成15年10月22日厚生労働省告示第357号。以下「有期労働契約基準」という）が定めていること（労働基準法第14条第2項）。

⑥ 　有期労働契約の更新拒否の効力については、個々具体的な事情に応じて、雇用の臨時性・常用性、更新の回数、雇用の通算期間、契約期間管理の状況、雇用継続の期待を持たせる言動・制度の有無などその雇用の実態に即して判断され、特に会社側が長期雇用の期待を抱かせるような言動をしていたか否かが重要な要素となること。

14　社会・労働保険

（1）労災保険

1）労災保険の適用

　労災保険は、雇用形態や雇用期間、就労時間数に関係なく、社員を1人でも使用している場合には、一部の零細農林水産の個人経営の事業を除き、強制適用されます（労災保険法第3条第1項）。

2）業務上の災害に被災した場合の給付

　社員が業務上の災害に被災した場合には、労災保険から次の給付が行われます（同法第12条の8～第20条）。ただし、休業を開始した日から3日目までは、会社が平均賃金の100分の60の休業補償を行わなければなりません（労働基準法第76条）。

① 治療などの療養を必要とするときに、療養の給付または療養の費用の支給を行う療養補償給付。
② 休業したときに休業開始4日目から原則として給付基礎日額の60%を支給する休業補償給付。
③ 治ゆ後障害が残ったときに年金または一時金を支給する障害補償給付。
④ 被災した者が死亡したときに遺族に年金または一時金を支給する遺族補償給付。
⑤ 葬祭を行う者に支給する葬祭料。
⑥ 療養開始後1年6ヶ月経過しても治ゆしないときに年金を支給する傷病補償年金。
⑦ 被災した者が介護を必要とするときに介護費用を支給する介護補償給付。

業務上の災害の認定：業務上の災害となるのは、業務遂行性と業務起因性がある場合で、業務遂行性とは労働契約に基づき労働者が使用者の支配・管理下にあることを、業務起因性とは業務と負傷・疾病などとの間に相当因果関係があることをいいます。具体的には、一般に、①事業所内で業務に従事中の災害については、業務遂行性が認められ、原則として業務起因性も推定される、②事業所内にいても業務に従事していない休憩中などの災害については業務遂行性は認められるものの、作業環境や企業施設等によるものでないかぎり、業務起因性は認められない、③事業所外であっても業務従事中については、業務遂行性が認められ、かつ、積極的な私的行為がないかぎり業務起因性も認められる、などの取扱いが行われています。

3）　通勤災害の場合の給付

また、通勤災害の場合にも、業務上の災害に被災した場合と概ね同様の給付が行われます（労災保険法第21条～第25条）。

通勤災害の認定：通勤災害の認定においては、①就業との関連性、②住居や就業の場所、③合理的な経路及び方法による往復、④合理的な往復経路の逸脱・中断がないこと（ただし、一定の日常生活上必要な行為などをやむを得ない事由により行うための最小限度の逸脱・中断がなされた場合は、その逸脱・中断後の往復については通勤となる）、⑤業務の性質を有していないこと、および⑥通勤とその負傷や疾病などとの間に相当因果関係があることが要件となっています。

4）　特別支給金

業務上の災害や通勤災害の給付のほか、これらに上乗せして支給する特別支給金もあります。

5) 二次健康診断等給付

　また、健康診断において血圧検査、血液検査など脳の血管や心臓の疾病の発症に関連する検査の項目に異常の所見があると診断された場合に、脳の血管や心臓の状態を把握するために必要な健康診断ならびにその結果に基づき、脳の血管や心臓の病気の疾患を予防するための医師または保健師による面接による特定保健指導を無料で行う二次健康診断等給付もあります（同法第26条第1項）。

6) 社会復帰促進等事業

　労災保険の事業としては、次の社会復帰促進等事業も行われています（同法第29条）。
① 療養やリハビリテーションに関する施設の設置運営など被災者の円滑な社会復帰を促進するために必要な事業
② 被災者の療養生活や受ける介護、その遺族の就学、被災者やその遺族が必要とする資金の貸付けなど被災者やその遺族の援護を図るために必要な事業
③ 業務災害の防止に関する活動に対する援助、健康診断施設の設置運営など安全および衛生、保険給付の適切な実施ならびに賃金の支払の確保を図るために必要な事業

7) 保険料の負担

　労災保険の保険料は、会社が全額負担します。

(2) 雇用保険

1) 雇用保険の適用

　雇用保険は、常時5人以上を雇用する事業以外の農林水産業の事業などを除き、1人でも雇用している場合には、その業種や規模などにかかわらず、原則としてすべて強制適用されます（雇用保険法第5条第1項）。

また、次の者については、雇用保険は、適用されません（同法第6条）。
① 同一の事業主に65歳に達する日の前日から引き続いて65歳に達した日以後の日において雇用されている者や短期雇用特例被保険者、日雇労働被保険者に該当する者を除く、65歳に達した日以後に雇用される者。
② 日雇労働被保険者に該当する者を除く、1週間の所定労働時間が正規社員の1週間の所定労働時間に比し短く、かつ、30時間未満である者で、季節的に雇用される者または短期の雇用に就くことを常態とするもの。
③ 日雇労働被保険者に該当しない日雇労働者。
④ 4ヶ月以内の期間の予定の季節的事業に雇用される者
⑤ 船員保険の被保険者（平成22年3月31日まで。同年4月1日からは一定の漁船に乗り込む船員を除き適用される）
⑥ 国、都道府県、市町村その他これらに準ずるものの事業に雇用される者のうち、離職した場合に、他の法令、条例、規則などに基づいて支給を受けるべき諸給与の内容が、求職者給付および就職促進給付の内容を超えると認められる者

2） 雇用保険の給付の概要
雇用保険には、次の給付があります（同法第10条）。
① 定年、倒産、自己都合などにより失業した場合に、その生活の安定を図って再就職のための活動を行う求職者給付
② 再就職の促進を図るための就職促進給付
③ 主体的な能力開発の取組みを支援し、雇用の安定と再就職の促進を図ることを目的とする教育訓練給付
④ 雇用の継続が困難となる事由が生じた場合にその雇用安定を図るための雇用継続給付

このうち、求職者給付には、一般被保険者のほか、高年齢継続被保険者、短期雇用特例被保険者および日雇労働被保険者があります。

3) 一般被保険者に対する求職者給付

　基本手当は、雇用保険の被保険者が、定年、倒産、自己都合などにより離職し、失業中の生活を心配せずに、新しい仕事を探し、早期に再就職するために支給されるものです。基本手当の所定給付日数は、受給資格に係る離職の日における年齢、雇用保険の被保険者であった期間および離職の理由などによって、90日～360日の間でそれぞれ決められており、特に倒産・解雇などにより再就職の準備をする時間的余裕なく離職を余儀なくされた受給資格者については、一般の離職者に比べ手厚い所定給付日数となっています（同法第22条、第23条）。また、所定給付日数については、訓練延長給付、広域延長給付および全国延長給付により一定日数分の給付の延長を行う制度があります（同法第24条～第29条）。

　なお、一般被保険者に対する求職者給付には、基本手当のほか、技能習得手当（受講手当・通所手当）、寄宿手当および傷病手当があります（同法第36条、第37条）。

> **失業の認定**：「失業」とは、「就職しようとする意思と、いつでも就職できる能力があるにもかかわらず職業に就くことができない」状態をいい、仕事を探していることが明確に確認できる必要があります。公共職業安定所に出頭し、求職の申し込みを行い、求職申し込みの後、約4週間後に設定される「認定日」に再度出頭し、失業状態であることの確認を受けます。なお、就職しようとする意思の有無については、1週間に20時間以上の就労を希望しているか否かが判断基準とされており、極めて短時間の就労や随意的な就労を希望する場合や勉学、休養、旅行などの理由により、直ちに就職することを希望しない場合には、「就職の意思」はないことになります。また、病気、負傷、妊娠、出産、育児、病人の看護などにより働けない場合には、就職できる能力がないことになります。

4) 高年齢継続被保険者に対する求職者給付

　高年齢継続被保険者（同じ会社に65歳に達した日の前日から引き続

いて65歳に達した日以後の日において雇用されている者)が離職し、離職の日以前1年間に被保険者期間が6ヶ月以上あり、かつ、労働の意思と能力を有するにもかかわらず、職業に就くことができない場合には、被保険者期間が1年未満のときは基本手当の30日分、1年以上のときは基本手当の50日分の一時金が支給されます(同法第37条の2〜第37条の4)。

5)　短期雇用特例被保険者に対する求職者給付

　短期雇用特例被保険者(季節的に雇用される者および短期の雇用に就くことを常態とする者であると公共職業安定所長が確認した者)が離職し、離職の日以前1年間に被保険者期間が通算して6ヶ月以上あり、かつ、失業の認定を受けている場合には、基本手当の30日(当分の間は40日)分の特例一時金が支給されます(同法第38条〜第41条、附則第7条)。

6)　日雇労働被保険者に対する求職者給付

　日雇労働被保険者(日々雇用される者または30日以内の期間を定めて雇用される者で、日雇労働被保険者手帳の交付を受けている者)が失業し、失業前2ヶ月間に印紙保険料が通算して26日分納付されている場合には、13日から17日分の日雇労働求職者給付が支給されます。なお、日雇労働被保険者手帳については、本人が公共職業安定所に対し、手帳の交付申請を行います(同法第42条〜第56条)。

7)　就職促進給付

　就職促進給付には、「再就職手当」、「就業手当」および「常用就職支度手当」からなる「就業促進手当」と「移転費」、「広域求職活動費」があります(同法第56条の2〜第60条)。

8)　教育訓練給付

　受講開始日現在で雇用保険の被保険者であった期間が3年(初回の

場合には1年)以上あることなどの要件を満たす雇用保険の一般被保険者(在職者)または一般被保険者であった者(離職者)が厚生労働大臣の指定する教育訓練を受講し修了した場合に、教育訓練施設に支払った教育訓練経費の一定割合に相当する額が支給されます(同法第60条の2～第60条の3)。

9) 高年齢雇用継続給付

　高年齢雇用継続給付は、雇用保険の被保険者であった期間が5年以上ある60歳以上65歳未満の一般被保険者に対し支給され、「高年齢雇用継続基本給付金」は、60歳以降の賃金が60歳時点に比べて75％未満に低下した状態で働き続ける場合に、「高年齢再就職給付金」は、60歳以降安定した職業に就くことにより被保険者となり、60歳以降の賃金が60歳時点に比べて75％未満に低下した状態で働き続ける場合に、それぞれ60歳から65歳までの間、その低下率に応じて、各月の賃金の15％相当額以下の額が支給されます(同法第61条～第61条の3)。

10) 育児休業給付

　育児休業給付は、休業開始前の2年間に賃金支払基礎日数11日以上ある月が12ヶ月以上ある一般被保険者(短時間労働被保険者を含む)が1歳(一定の場合には1歳6ヵ月)未満の子を養育するために育児休業を取得した場合に支給され、育児休業給付には、育児休業期間中に支給される「育児休業基本給付金」と育児休業が終了して6ヶ月経過した時点で支給される「育児休業者職場復帰給付金」があります(同法第61条の4～第61条の6)。

11) 介護休業給付

　介護休業給付は、休業開始前の2年間に賃金支払基礎日数11日以上ある月が12ヶ月以上ある一般被保険者(短時間労働被保険者を含む)が

家族を介護するための休業をし、所定の要件を満たす場合に支給されます（同法第61条の7〜第61条の8）。

12) 雇用安定事業など

雇用保険の事業として、失業の予防、雇用状態の是正、雇用機会の増大その他雇用の安定を図るための雇用安定事業および職業生活の全期間を通じて能力の開発向上を促進する能力開発事業も行われています（同法第62条、第63条）。

13) 保険料

雇用保険の保険料は、失業等給付については会社と社員が折半で負担し、雇用安定事業と能力開発事業については会社が全額負担します。なお、日雇労働被保険者に関する印紙保険料の納付は、日雇労働被保険者に賃金を支払うつど日雇労働被保険者に交付された日雇労働被保険者手帳に雇用保険印紙をはり、これに消印して行わなければなりません。

(3) 医療保険

医療保険には、健康保険、船員として船舶所有者に使用される者を対象とする船員保険（疾病部門）、国家公務員、地方公務員、私学の教職員を対象とする共済組合、これらに加入していない一般住民を対象とする国民健康保険があります。

1) 健康保険の適用

健康保険の強制適用事業所は、次のいずれかに該当する事業所です（健康保険法第3条第3項）。

① 製造業、土木建築業、鉱業、電気ガス事業、運送業、清掃業、物品販売業、金融保険業、保管賃貸業、媒介周旋業、集金案内広告業、教育研究調査業、医療保健業、通信報道業などの事業を行い常時5人以上

の従業員を使用する事業所
② 常時従業員を使用する国、地方公共団体または法人の事業所

　健康保険の強制適用事業所以外の事業所は、その事業所の半数以上の者が適用事業所となることに同意し、事業主が申請して社会保険事務所長などの認可を受けて健康保険の適用を受けます。この場合には被保険者から除外される者を除き全員が加入します。なお、任意適用事業所については、被保険者の4分の3以上が脱退に同意した場合には、事業主が申請して社会保険事務所長などの認可を受けて脱退することができます（同法第31条～第33条）。

2) 　健康保険の被保険者
　適用事業所に使用されている者は、次に該当する場合および3)の日雇特例被保険者となる場合を除いて、健康保険の被保険者となります（同法第3条第1項）。
① 　船員保険の被保険者
② 　所在地が一定しない事業所に使用される者
③ 　国民健康保険組合の事業所に使用される者
④ 　健康保険の保険者（社会保険庁または健康保険組合）、共済組合の承認を受けて国民健康保険へ加入した者

3) 　健康保険の日雇特例被保険者
　次に該当する者は、健康保険の日雇特例被保険者となり、本人が社会保険事務所に対し、手帳の交付申請を行います（同条第2項など）。
① 　臨時に2ヶ月以内の期間を定めて使用される者でその期間を超えない者
② 　臨時に日々雇用される者で1ヶ月を超えないもの
③ 　季節的業務に4ヶ月を超えない期間使用される予定の者
④ 　臨時的事業の事業所に6ヶ月を超えない期間使用される予定の者

4) 健康保険の給付

健康保険の給付は、次のとおりです。なお、日雇特例被保険者については、失業前2ヶ月間に印紙保険料が通算して26日分納付されている場合には、保険給付が受けられ、初めて日雇特例被保険者手帳の交付を受けた者に対しては、一定期間療養または指定訪問看護に要した費用を支給する特別療養費が支給されます（同法第52条～第122条）。

① 業務以外の事由により疾病または負傷をしたときの療養の給付。

② 入院期間中の食事の費用を負担する入院時食事療養費。

③ 入院期間中の食事療養ならびに温度、照明および給水に関する適切な療養環境の形成である生活療養に要した費用を負担する入院時生活療養費。

④ 厚生労働大臣の定める先進医療などの「評価療養」と予約診療や時間外診療などの「選定医療」について保険外診療を受ける場合に給付が行われる保険外併用療養費。

⑤ やむを得ない事情で保険診療を受けることができず、自費で受診したときなどの場合に、その費用について支給される療養費。家族に対しては家族療養費。

⑥ 居宅で療養している者が、かかりつけの医師の指示に基づいて訪問看護ステーションの訪問看護師から療養上の世話や必要な診療の補助を受けた場合に現物給付される訪問看護療養費。家族に対しては家族訪問看護療養費。

⑦ 疾病または負傷で移動が困難な者が、医師の指示で一時的・緊急的必要があり、移送された場合に現金給付として支給される移送費。家族に対しては家族移送費。

⑧ 疾病または負傷のために十分な報酬が受けられない場合に支給される傷病手当金。

⑨ 死亡の場合に、埋葬を行う者に支給される埋葬料または埋葬費。家族に対しては家族埋葬料。

⑩　出産をしたときに支給される出産育児一時金。家族に対しては家族出産育児一時金。
⑪　出産のため報酬が受けられないときに支給される出産手当金。
⑫　医療費の自己負担額が高額となった場合に、一定の金額を超えた部分が払い戻される高額療養費。

　ただし、療養の給付については①70歳に達する以前および70歳以後の場合で一定額以上の報酬がある場合には100分の30、②70歳以後の場合で報酬額が一定額未満である場合には100分の10の一部負担金があるなど被保険者本人の負担があります（同法第74条など）。

5）　保健事業および福祉事業

　健康保険の事業としては、健康教育、健康相談、健康診査などの健康の保持増進のために必要な事業および療養のために必要な費用の資金や用具の貸付けなどの療養若しくは療養環境の向上、出産のために必要な費用に係る資金の貸付けなどの福祉の増進のために必要な事業も行われています（同法第150条）。

6）　保険料

　原則としてその標準報酬月額および標準賞与額（日雇特例被保険者の場合には標準賃金日額および賞与額）に保険料率（一般保険料率＋介護保険料率）をかけた保険料を会社と社員が折半で負担しますが、健康保険組合の場合には規約により会社の負担割合を増やすことができます（同法第155条〜第168条）。なお、日雇特例被保険者に関する印紙保険料の納付は、日雇特例被保険者に賃金を支払うつど日雇特例被保険者に交付された日雇特例被保険者手帳に健康保険印紙をはり、これに消印して行わなければなりません。

(4) 年金保険

年金保険には、全国民共通の基礎年金とその上乗せとして報酬比例の年金を支給する民間企業従業員を対象とする厚生年金保険、公務員などを対象とする共済組合があり、このほかに、民間企業従業員を対象に上乗せする厚生年金基金、自営業者などに対し基礎年金の上乗せ年金を支給する国民年金基金があります。

1) 厚生年金保険の適用

厚生年金保険の強制適用事業所は、次のいずれかに該当する事業所です（厚生年金保険法第6条第1項）。

① 製造業、土木建築業、鉱業、電気ガス事業、運送業、清掃業、物品販売業、金融保険業、保管賃貸業、媒介周旋業、集金案内広告業、教育研究調査業、医療保健業、通信報道業などの事業を行い常時5人以上の従業員を使用する事業所
② 常時従業員を使用する国、地方公共団体または法人の事業所
③ 船員として船舶所有者に使用される者が乗り組む船舶

厚生年金保険の強制適用事業所以外の事業所は、その事業所の半数以上の者が適用事業所となることに同意し、事業主が申請して社会保険事務所長などの認可を受けて厚生年金保険の適用を受けます。この場合には被保険者から除外される者を除き全員が加入します。なお、任意適用事業所については、被保険者の4分の3以上が脱退に同意した場合には、事業主が申請して社会保険事務所長などの認可を受けて脱退することができます（同法第6条第3項、第4項、第7条）。

2) 厚生年金保険の被保険者

適用事業所に使用されている70歳未満の者は、次に該当する場合を除いて、被保険者となります（同法第12条）。

① 恩給法の公務員

② 共済組合の組合員
③ 私学教職員共済制度の加入者
④ 臨時に日々雇用される者で1ヶ月を超えない者
⑤ 臨時に2ヶ月以内の期間を定めて使用される者でその期間を超えない者
⑥ 所在地が一定しない事業所に使用される者
⑦ 季節的業務に4ヶ月を超えない期間使用される予定の者
⑧ 臨時的事業の事業所に6ヶ月を超えない期間使用される予定の者

3) **厚生年金保険の給付**

厚生年金保険の給付は、次のとおりです(同法第32条～第78条など)
ア　原則として国民年金に25年以上加入している者に支給される老齢年金。
　① 老齢基礎年金は原則として65歳から支給され、60歳から受給することもできるが、年金額は減額される。
　② 老齢厚生年金は、現在は報酬比例部分(その支給開始年齢は平成25年から平成37年にかけて60歳から65歳まで引き上げられる)と定額部分(その支給開始年齢は平成13年から平成25年にかけて60歳から65歳まで引き上げられる)の「特別支給の老齢厚生年金」が支給され、65歳からは報酬比例の「老齢厚生年金」が支給される。
イ　被保険者期間中に原則としてその3分の1以上の期間保険料の未納がなかったことなどの要件を満たす者が年金に加入中の疾病または負傷が原因で障害を有することになった場合に支給される障害年金。
ウ　被保険者期間中に原則としてその3分の1以上の期間保険料の未納がなかったことなどの要件を満たす者が疾病または負傷し、その疾病または負傷の初診日から5年を経過する日までの間のその傷病の治った日において、その疾病または負傷により障害の状態にある場合に支給する障害手当金。

エ　被保険者期間中に原則としてその3分の1以上の期間保険料の未納がなかったことなどの要件を満たす年金受給者や被保険者が死亡した場合に、その者に生計を維持されていた遺族に支給される遺族年金

4)　福祉施設

　厚生年金保険の事業として、被保険者、被保険者であった者および受給権者の福祉を増進するため、必要な施設をすることができます(同法第79条)。

5)　保険料

　厚生年金保険の適用事業所に使用されている70歳未満の者は、厚生年金および国民年金(第2号被保険者)の費用に充当するため、原則として標準報酬月額および標準賞与額にそれぞれ保険料率を乗じて得た保険料を会社と社員が折半で負担します(同法第81条～第89条)。

　このほか、共済組合の組合員や私学教職員共済制度の加入者についても同様ですが、自営業者、農業者、学生などは、国民年金の第1号被保険者として保険料を負担します。また、専業主婦など厚生年金保険の被保険者や共済組合の組合員、私学教職員共済制度の加入者の配偶者で主として被保険者などの収入で生計を維持している者は、国民年金第3号被保険者として保険料の負担はありません。

15　税の取扱い

(1) 給与所得に対する所得税の取扱い

1)　給与所得の計算

　給与所得は、俸給、給料、賃金、歳費および賞与ならびにこれらの性質を有するものをいい、給与所得の金額は、源泉徴収される前の収入金額から給与所得控除額を控除して計算します。ただし、その年中の収入金額が6

60万円未満の場合には、給与所得の金額は、収入金額を同法別表第五の給与などの金額として、その金額に応じて求めた給与所得控除後の給与などの金額に相当する金額となります。このため、給与所得の金額は、表2-5の通りです(所得税法第28条)。

表2-5　給与などの収入と給与所得の金額

給与などの収入金額	給与所得の金額
660万円未満	所得税法別表第五による給与所得の金額
660万円以上1,000万円未満	収入金額×90%-1,200,000円
1,000万円以上	収入金額×95%-1,700,000円

2) 特定支出控除

　給与所得者が一定の要件に当てはまる次の特定支出をした場合でそれぞれの特定支出の合計額が給与所得控除額を超えるときには、その超える部分の金額を収入金額から控除することができます(同法第57条の2)。

① 一般の通勤者として通常必要であると認められる通勤のための支出
② 転勤に伴う転居のために通常必要であると認められる支出のうち一定のもの
③ 職務に直接必要な技術や知識を得ることを目的として研修を受けるための支出
④ 職務に直接必要な資格を取得するための支出
⑤ 単身赴任などの場合で、勤務地と自宅の間の旅行のために通常必要な支出のうち一定のもの

3) その他の控除

　このほか、給与所得から控除できる制度として、基礎控除、扶養控除、配偶者控除、配偶者特別控除、雑損控除、医療費控除、社会保険料控除、小規模企業共済等掛金控除、生命保険料控除、地震保険料控除、寄付金控除、障害者控除、寡婦(寡夫)控除、勤労学生控除、住宅借入金等特別控除などがあります(同法第72条～第87条など)。

4) 所得税の額

所得税の額は、課税される所得金額に税率を乗じた額から控除額を控除した額です。課税される所得金額に応じた税率および控除額は、表2－6の通りです（同法第89条、平成18年改正法附則第11条）。

表2－6　課税される所得金額に応じた税率および控除額

課税される所得金額	税率	控除額
1,000円から1,949,000円まで	5%	0円
1,950,000円から3,299,000円まで	10%	97,500円
3,300,000円から6,949,000円まで	20%	427,500円
6,950,000円から8,999,000円まで	23%	636,000円
9,000,000円から17,999,000円まで	33%	1,536,000円
18,000,000円以上	40%	2,796,000円

5) 源泉徴収と年末調整

給与所得については、会社が支払う給与から税金を差し引きして国に納める源泉徴収制度が適用されますので、賞与以外の給与については、同法別表第二および別表第三の税額表のうち、あらかじめ扶養控除等申告書を提出している者には甲欄を、提出していない者には乙欄を、日雇には丙欄を適用します。また、賞与については、同法別表第四の税額の算出率の表のうち、あらかじめ扶養控除等申告書を提出している者には甲欄を、提出していない者には乙欄を適用します。ただし、前月中に賞与以外の給与の支払いがなかった者や前月中に賞与を支給され、社会保険料などを差し引いたその額が社会保険料などを差し引いた給与の10倍を超える者については、月額表を使って税額を求めます（同法第185条、第186条）。

会社は、給与や賞与の金額が2,000万円以下の者について、その年最後の給与を支払うときに、同法別表第五の税額の算出率の表を用いて、各人ごとにその年の給与の総額を計算し、その給与総額についての所得税を計算し直し、その税額と既に源泉徴収した税額とを比較して過納額を還付し、不足額を徴収して調整する年末調整を行います（同法第190条～第193条）。

（2）給与所得に対する個人住民税の取扱い

　個人住民税は、所得金額にかかわらず定額で課税される「均等割」と前年の所得金額に応じて課税される「所得割」で構成されています。均等割についての標準税率は年額で都道府県1,000円、市区町村3,000円となっています。所得割の課税標準となる所得金額については、所得税に関する法令の規定による計算の例によって算定します。

　給与所得から控除できる各種控除制度も設けられていますが、控除額は所得税の場合とは異なります。

　個人住民税の標準税率は、都道府県が4％、市町村が6％です。

　給与所得に対する個人住民税も源泉徴収制度が適用されますが、前年の所得金額に応じて課税されるため、年末調整はありません（地方税法第24条、第310条など）。

第3章
正規社員と非正規社員の均衡のとれた処遇

「正規社員と非正規社員の均衡のとれた処遇」のポイント
1 均衡処遇に関する法律の規定
2 正規社員と非正規社員の均衡処遇に関する裁判例

「正規社員と非正規社員の均衡のとれた処遇」のポイント

(1) 均衡処遇に関しては、次のような法律の規定がある。
① 就業の実態に応じて、均衡を考慮しながら労働契約を締結し、変更すべきこと。
② 国籍、信条または社会的身分を理由とする労働条件についての差別的な取扱いの禁止。
③ 女性であることを理由とする賃金についての男性との差別的な取扱いの禁止。
④ 募集および採用、配置、昇進、降格、教育訓練、福利厚生、職種および雇用形態の変更、退職の勧奨、定年、解雇ならびに労働契約の更新についての性別を理由とする差別的な取扱いの禁止。次の間接差別に該当する事由についての合理的な理由がない場合の禁止。
　ア　募集・採用に当たって、身長、体重または体力を要件とすること。
　イ　コース別雇用管理における「総合職」の募集・採用に当たって、転居を伴う転勤に応じることができることを要件とすること。
　ウ　昇進に当たり、転勤の経験があることを要件とすること。
⑤ 次の行為の禁止。
　ア　婚姻、妊娠、出産を退職理由として予定する定め。
　イ　婚姻を理由として解雇すること。
　ウ　妊娠、出産に関する事由を理由として、不利益な取扱いをすること。
⑥ パートタイマーについて、その就業形態による区分に応じて、賃金の決定や教育訓練の実施、福利厚生施設の利用などの待遇において、正規社員との均衡のとれた待遇を行うこと。

(2) 採用の段階においては契約締結の自由があり、どのような者を雇うかは、法律などで特別の制限がない限り、原則として自由に行うことができるが、会社において一定の思想・信条を排除する状況があり、一定の思想・信条をもつ者の賃金が他の社員と比べ著しく低いなどの場合には、思想・信条による差別行為があったと推定され、会社が社員の勤務成績が極めて低いことなどを証明しなければ、差別行為が認定される。
(3) 外国籍であることを隠して応募書類に虚偽を記入した者を解雇することは国籍を理由とする差別的な取扱いに当たるが、外国人との間で期間の定めのない契約を締結しないことは、合理的な理由があれば、国籍による差別には該当しない。
(4) 男女間に賃金の格差が存在する場合には不合理な差別であることと推定され、会社が格差は合理的理由に基づくものであることを示す具体的かつ客観的な事実を立証できない場合には、違法な行為と認定される。男女別コース制よる賃金の格差や扶養家族の有無や世帯主・非世帯主の基準によって男女間で賃金格差をつけること、家族手当などに男女で異なる支給基準を設けることなども違法と解されている。
(5) 昇格・昇給の決定のための人事考課は会社の裁量権が尊重されるが、専ら性による差別に基づいて行われた場合のように著しく不合理で社会通念上許容できないときは裁量権を濫用するものとして違法となる。男女年齢差のある定年年齢や退職勧奨年齢基準を設定して退職勧奨を行うことも違法である。
(6) 妊娠を理由とする退職の強要、解雇、期間満了による雇止めは、無効である。
(7) 正規社員と非正規社員の均衡処遇に関しては、非正規社員の賃金が同じ勤続年数の正規社員の8割以下となるときは許容される賃金格差の範囲を超え、会社の裁量が公序良俗違反として違法とな

るとする裁判例がある一方、契約の自由の原則が支配しているので、労働基準法などに反しない限りは、当事者間の合意によって自由に決まるのが原則であり、非正規社員を正規社員と異なる賃金体系とすることは、正規社員と同様の労働を求める場合であっても、契約の自由の範疇であり、違法ではないとする裁判例もある。

(8) 最高裁判例には、非正規社員の雇止めに関して、非正規社員の雇用関係は比較的簡易な採用手続で締結された短期的有期契約を前提とするものである以上、雇止めの効力を判断すべき基準は、終身雇用の期待の下に期間の定めのない労働契約を締結している正規社員を解雇する場合とはおのずから合理的な差異があるので、正規社員について希望退職者募集の方法による人員削減を図らなかったとしても、それをもって不当・不合理であるということはできないとするものがある。

1　均衡処遇に関する法律の規定

　労働契約法は、社員相互間の均衡のとれた処遇について、社員と会社は、就業の実態に応じて、均衡を考慮しながら労働契約を締結し、変更すべきとの一般的な規定を定めています（同法第3条第2項）。

　雇用形態によるものではありませんが、労働条件などについての均衡のとれた処遇などに関して、労働基準法などには、次のような規定があります。

(1) 国籍、信条、社会的身分を理由とする労働条件についての差別的な取扱いの禁止

　会社は、社員の国籍、信条または社会的身分を理由として、賃金、労働時間などの労働条件について、差別的な取扱いをしてはなりません（同法第3条）。

1) 思想信条を理由とする労働条件についての差別的な取扱いの禁止

　採用の段階においては、会社には、事業活動の一環として労働契約締結の自由があり、その事業のためにどのような者を雇うかについては、法律などで特別の制限がない限り、原則として自由に行うことができると解されています。これに関して、次の判例があります。

> 　憲法は、思想、信条の自由や法の下の平等を保障すると同時に、他方で、財産権の行使、営業その他広く経済活動の自由をも基本的人権として保障している。それゆえ、企業には、経済活動の一環として行う契約締結の自由があり、自己の営業のためにどのような者をどのような条件で雇うかについて、法律その他による特別の制限がない限り、原則として自由に行うことができる。企業が特定の思想、信条を有する者をそのことを理由に雇入れを拒んでも、それを当然に違法とすることはできない。また、労働基準法3条は労働者の信条によって賃金その他の労働条件につき差別することを禁止しているが、これは、雇入れ後における労働条件についての制限であって、雇入れそのものを制約する規定ではない。企業が労働者の性向、思想等の調査を行うことは、わが国のようにいわゆる終身雇用制が行なわれてきた社会では一層必要であることを考慮すれば、企業活動としての合理性を欠くものということはできない。また、本件調査が、思想・信条そのものについてではなく、直接には過去の行動についてされたものであり、ただその行動が思想、信条と関連していただけであることを考慮すれば、そのような調査を違法とすることはできない（三菱樹脂事件）。

　しかしながら、労働基準法第3条は労働者の信条によって賃金その他の労働条件について差別することを禁止していますので、会社において一定の思想・信条を排除する状況があり、一定の思想・信条をもつ者の賃金が一般の社員と比べ著しく低いなどの場合には、使用者の思想・信条による差別行為があったと推定される場合があります。この場合には、会社が差

別を受けたと主張する社員の勤務成績が極めて低いことや、能力向上の意思がないために人事考課・査定において低位に置かれたことを証明すれば、差別行為は否定されると解されています。これに関し、次の裁判例があります。

① 会社は、A党及び同党員を嫌悪し、会社に対するA党及び同党員の影響を極力防止すべく、A党員である社員に対して、他の社員とは異なる取扱いをしていたことが認められるので、A党員に対する差別意思を有している。会社における人事制度は、実際には、ある程度経年により昇進するいわゆる年功序列的な運用がされてきたものの、基本的には職能制度を前提とするものである。したがって、会社は、各社員の業務実績や業務遂行能力を評価し、これに基づく人事考課により社員の処遇を決定するについて、裁量権を有する。しかし、裁量も全く会社の自由に委ねられるわけではなく、適正な人事考課を前提とする。そして、原告らはいずれも、人事制度の下、同期同学歴者と比較して、不当に不利益に扱われないとの利益を有しているところ、そのような利益を侵害されたといえるには、差別意思をもった人事考課が行われ、その結果、同期同学歴者の平均的な者との間に処遇及び賃金の格差が生じたことを要する。ここでいう平均的な者とは、会社の人事制度及び経験則に照らし、中程度の業務遂行能力を有し、かつ、年功序列に沿った昇進を可能とする程度の勤務実績を有していた者と観念すべきであり、具体的には、本件においては、原告の同期同学歴者の賃金の平均値をもって、平均的な社員の賃金とみるのが相当である。原告らについては、その職務遂行上、否定的な評価も認められるが、原告らがいずれも長期間にわたって他の社員と比較して著しく低い能力・業績しかなく最低評価以外全く考えられないような業務遂行により格差が生じたということはできず、かえって格差が生じたのは、会社が原告らをA党員であることを理由として他の社員よりも低い評価を行い、その結果、賃金面でも低い処遇を行ってきたことによるものである。会社は、経営及び人

事管理において、裁量権を有するものであるが、裁量権も無制限に認められるわけではなく、当然、法令及び公序良俗の範囲内において認められるものであって、これを逸脱し、その結果として社員の権利を侵害する場合は、裁量権の行使が不法行為となることもあり得る。そして、労働基準法3条は、使用者による労働者の信条等を理由とする賃金、労働時間、その他の労働条件について差別的な取扱いをすることを禁止しているが、ここにいう信条には、特定の政治的信念ないし政治的思想を含むものと解される。したがって、信条を理由として差別的な処遇を行うことは、人事に関する裁量権の逸脱であり、違法である。そうすると、会社による原告らに対する処遇は違法であることに帰着するから、これにより、原告らに損害が生じた場合、会社は、不法行為責任に基づき、これを賠償する義務がある（倉敷紡績事件　大阪地裁平成15年5月14日）。

② 　人事考課は、諸般の事情を総合的に評価して行われ、かつ、その性質上会社の裁量を伴うもので、他の社員との比較という相対評価的な側面を否定しきれないことからすれば、一社員にすぎない原告が、人事考課の全貌を把握し、それによって自らが他の社員と比較して「不当な差別的扱い」を受けていることを立証することは不可能である。そこで、差別的扱いの有無の判断に当たっては、原告の賃金査定が同期社員に比して著しく低いこと及び原告の言動等を会社側が嫌忌している事実が認められれば、原告に対する差別の事実が事実上推定され、原告に対する低い人事考課をしたことについて会社の裁量を逸脱していないとする合理的理由が認められない場合には、原告の勤務成績が平均的社員と同様であったにもかかわらず、不当な差別的扱いを受けたと認めるのが相当である。原告が職能資格等級において4等級であるのに対し、他の同期入社の社員はいずれも6等級以上であって、その賃金等においても相当な格差があること、原告がA党の党員であって労働組合の定期大会や職場集会で労働者の立場から積極的に発

言をするのに対し、会社が原告の言動を嫌忌していたことが認められる。原告には人事査定上マイナス要因はあったのであるから、その点を勘案した上で査定がなされることは当然であるものの、人事査定に関し会社側に広い裁量が存することを前提としても、入社して約40年が経過した現在においても原告が4等級に滞留していることについて合理的な理由は認められないから、会社はそもそも原告を昇格させる意思がなかったか、あっても非常に長期間同一等級に滞留させる意思であったとみざるを得ないものであって、その扱いは、原告がA党員であって労働組合の定期大会などで労働者の立場から積極的に意見を述べるなど、会社にとって嫌忌すべき存在であったことを理由とした差別的扱いを含んでいたと推認するのが相当である（松阪鉄工所事件　津地裁平成12年9月28日）。

2）　国籍を理由とする労働条件についての差別的な取扱いの禁止

　会社は、社員の国籍を理由として、労働条件について差別的な取扱をしてはなりません。このため、外国籍であることを隠して応募書類の本籍欄に虚偽を記入した者を解雇することは、国籍を理由とする差別的な取扱いに当たるとする次の裁判例があります。

　　本件の場合、労働契約が成立し、前職場を退職した直後に、合理的な解雇理由がないのにかかわらず、在日朝鮮人であることを理由にこれを解雇したのであるから、労働基準法3条、民法90条に反する不法行為となる（日立製作所事件　横浜地裁昭和49年6月19日）。

　一方、外国人との間で期間の定めのない労働契約を締結しないことについて、合理的な理由があれば、国籍による差別には該当しないとする次の裁判例もあります。

学園では外国人教員を多数雇用するために外国人教員の賃金を日本人教員の賃金よりも高くする必要があったが、終身雇用を前提とする従来の賃金体系では外国人教員にとって魅力があると思えるほどに高額の賃金を提供することはできなかったという状況の下で、外国人契約は、外国人教員を期間の定めのある嘱託社員として扱うことによって従来の賃金体系との整合性を図るとともに、従来の賃金体系からみれば高額の賃金を提供することによって多数の外国人教員を雇用する目的で導入した契約であることからすれば、雇用期間以外はすべて外国人契約と同じ内容で、雇用期間の定めのない契約を締結することはできなかった。そうすると、外国人教員との間で期間の定めのない雇用契約を締結する意思がないものと認められるが、そのことをもって、外国籍又は人種による明らかな差別であると認めることはできないのであって、契約のうち期間を定める部分が憲法14条、労働基準法3条に違反して無効であるということはできない（東京国際学園事件　東京地裁平成13年3月15日）。

（2）女性であることを理由とする賃金についての差別的取扱いの禁止

　労働基準法は、会社が、社員が女性であることを理由として、賃金について、男性と差別的取扱いをすることを禁止しています（同法第4条）。

　一般に、男女間に賃金の格差が存在する場合には、それが不合理な差別であることが推認され、会社側で格差が合理的理由に基づくものであることを示す具体的かつ客観的な事実を立証できない限り、その格差は女子であることを理由として設けられた不合理な差別であると推認されます。男女間の賃金の格差が不合理な差別である場合には、違法な行為となります。また、男女別コース制による賃金の格差や扶養家族の有無によって基本給に男女間で賃金格差をつけること、世帯主・非世帯主の基準で本人給に差を設ける給与制度を適用し男女間で賃金格差をつけること、家族

手当などについて男女で異なる支給基準を設けることなども、違法と解されています。これに関し、次の裁判例があります。

① 会社においては、I表、II表の2種類の賃金表があり、いずれの年度においてもI表は男子に、II表は女子に適用するものとして作成、運用され、かつ女子社員の基本給は、II表という形で、意図的にI表の男子社員の賃金よりも低く設定、運用されてきた。一般に、男女間に賃金格差がある場合、社員の側でそれがもっぱら女子であることのみを理由として格差が設けられたことを立証するのは実際上容易ではないこと等からすれば、男女間に格差が存在する場合には、それが不合理な差別であることが推認され、会社側で格差が合理的理由に基づくものであることを示す具体的かつ客観的な事実を立証できない限り、その格差は女子であることを理由として設けられた不合理な差別である。本件においては、I表の適用されるAの職務と、II表の適用されるBの職務のそれぞれに該当する職場は、必ずしもその区別の基準が明確であるとはいえず、A、Bの職務に、男女が明確に2分されて配置されているわけではない。しかし、II表適用従業員（女子）は、I表適用従業員（男子）の約8割弱の基本給しか支給されていないから、その格差は過大であり、会社に賃金決定の裁量があるとしても、その裁量を逸脱したものと言わざるを得ず、男女の賃金格差に合理的な理由があるとはいえない。したがって、基本給については、不合理な男女差別が存在したものと認められ、会社の行為は、労働基準法第4条に違反する違法なものとして不法行為を構成し、各年度各月又は各期において勤続年数、同年齢の男子社員に支給されるべき賃金等と実際に支給された賃金等との差額が不法行為により生じた損害となる（内山工業事件　岡山地裁平成13年5月23日）。

② 世帯主・非世帯主の基準を設けながら、実際には、男子社員については、非世帯主又は独身の世帯主であっても、女子社員とは扱いを異にし、一貫して実年齢に応じた本人給を支給してきていること、また、

本人給は、本人の生活実態に見合った基準による最低生活費の保障を主たる目的として支給するという趣旨に合致しないこと等から、この基準は、女子社員に対し、女子であることを理由に賃金を差別したものであり、労働基準法第4条の男女同一賃金の原則に反し、無効である。また、一般論として、広域配転義務の存否により賃金に差異を設けることにはそれなりの合理性が認められるが、会社においては、給与規定の改定に当たって、男子社員には勤務地無限定、女子社員には勤務地限定と記入した勤務地確認票を送付していたこと、また、男子社員であっても、必ずしも営業職につくとはいえず、営業職についても広域配転の割合は微々たるものであると認められること等から、当該基準は、真に広域配転の可能性がある故に実年齢による本人給を支給する趣旨で設けられたものではなく、女子社員の本人給が男子社員のそれより一方的に低く抑えられる結果となることを容認して制定され運用されてきたから、女子社員に対し、女性であることを理由に賃金を差別したものであり、労働基準法第4条の男女同一賃金の原則に反し、無効である（三陽物産事件　東京地裁平成6年6月16日）。

③　同期入社であり、年齢がほぼ同じであること、就業規則には、事務職と監督職も同じ事務職員に含まれていること、会社では、男性社員のみ監督となることができ、女性社員は本人の意欲や能力に関わりなく監督になる状況にはなかったこと、各職務の価値に格別の差はないことからすると、本件賃金格差は、女性であることを理由とする差別で、労働基準法第4条に違反して違法であり、民法第709条に基づき、生じた損害を支払う義務がある（京ガス事件　京都地裁平成13年9月20日）。

④　基本給を男子社員4名の平均基本給までに是正すべきであったにもかかわらず、これを放置して適切な是正措置を講じなかったもので、その結果として、原告と男子社員4名の基本給との間に格差が生じたことが認められるから、本件賃金格差は、女子であることのみを理由としたものか又は共稼ぎであって家計の主たる維持者でないことを理由

としたもので、1ヶ月当たりの賃金格差の金額も決して少なくないことを加味すれば、労働基準法第4条に違反する違法な賃金差別というほかはなく、しかも、適切な是正措置を講じなかったことについて過失のあることは免れないから、不法行為に当たる（日ソ図書事件　東京地裁平成4年8月27日）。
⑤　会社は給与規程上の条項を根拠にして、男子行員に対しては、妻に収入があっても、本件家族手当等を支給してきたが、女子行員に対しては、生計維持者であるかどうかにかかわらず、実際に子を扶養するなどしていても夫に収入があると本件家族手当等の支給をしていないから、このような取扱いは男女の性別のみによる賃金の差別扱いである。本件給与規程及びこれによる本件家族手当等の男女差別扱いをして、合理性があるとするような特別の事情もないので、当該条項は強行規定である労働基準法第4条に違反し、民法第90条により無効である（岩手銀行事件　仙台高裁平成4年1月10日）。

（3）性別を理由とする差別的な取扱いの禁止

　男女雇用機会均等法は、募集および採用、配置、昇進、降格、教育訓練、福利厚生、職種および雇用形態の変更、退職の勧奨、定年、解雇ならびに労働契約の更新について性別を理由とする差別的な取扱いを禁止するとともに、一定の事由については、間接差別に該当するとして、合理的な理由がない場合には、これを禁止しています（同法第5条～第8条、同法施行規則第1条、第2条）。

　この禁止の対象には、次のような措置が該当します（労働者に対する性別を理由とする差別の禁止等に関する規定に定める事項に関し、事業主が適切に対処するための指針。平成18年10月11日厚生労働省告示第614号）。

1　募集および採用

(1)　直接差別

① 募集または採用に当たって、その対象から男女のいずれかを排除すること。

② 募集または採用に当たっての条件を男女で異なるものとすること。

③ 採用選考において、能力および資質の有無などを判断する場合に、その方法や基準について男女で異なる取扱いをすること。

④ 募集または採用に当たって男女のいずれかを優先すること。

⑤ 求人の内容の説明など募集または採用に係る情報の提供について、男女で異なる取扱いをすること。

(2)　間接差別

① 募集または採用に当たって、身長、体重または体力を要件とすること。

② コース別雇用管理における「総合職」の募集または採用に当たって、転居を伴う転勤に応じることができることを要件とすること。

2　配置（業務の配分および権限の付与を含む）

① 一定の職務への配置に当たって、その対象から男女のいずれかを排除すること。

② 一定の職務への配置に当たっての条件を男女で異なるものとすること。

③ 一定の職務への配置に当たって、能力および資質の有無などを判断する場合に、その方法や基準について男女で異なる取扱いをすること。

④ 一定の職務への配置に当たって、男女のいずれかを優先すること。

⑤ 業務の配分に当たって、男女で異なる取扱いをすること。

⑥ 権限の付与に当たって、男女で異なる取扱いをすること。

⑦ 配置転換に当たって、男女で異なる取扱いをすること。

3 昇進

（1） 直接差別

① 一定の役職への昇進に当たって、その対象から男女のいずれかを排除すること。

② 一定の役職への昇進に当たっての条件を男女で異なるものとすること。

③ 一定の役職への昇進に当たって、能力および資質の有無などを判断する場合に、その方法や基準について男女で異なる取扱いをすること。

④ 一定の役職への昇進に当たり男女のいずれかを優先すること。

（2） 間接差別

昇進に当たり、転勤の経験があることを要件とすること。

4 降格

① 降格に当たって、その対象を男女のいずれかのみとすること。

② 降格に当たっての条件を男女で異なるものとすること。

③ 降格に当たって、能力および資質の有無などを判断する場合に、その方法や基準について男女で異なる取扱いをすること。

④ 降格に当たって、男女のいずれかを優先すること。

5 教育訓練

① 教育訓練に当たって、その対象から男女のいずれかを排除すること。

② 教育訓練を行うに当たっての条件を男女で異なるものとすること。

③ 教育訓練の内容について、男女で異なる取扱いをすること。

6 福利厚生の措置

住宅資金の貸付け、生活資金、教育資金その他社員の福祉の増進のために行われる資金の貸付け、社員の福祉の増進のために定期的に行われる金銭の給付、社員の資産形成のために行われる金銭の給付および住宅の貸与について、次の取扱いが禁止されている。

① 福利厚生の措置の実施に当たって、その対象から男女のいずれかを排除すること。
② 福利厚生の措置の実施に当たっての条件を男女で異なるものとすること。

7 職種の変更

① 職種の変更に当たって、その対象から男女のいずれかを排除すること。
② 職種の変更に当たっての条件を男女で異なるものとすること。
③ 一定の職種への変更に当たって、能力および資質の有無などを判断する場合に、その方法や基準について男女で異なる取扱いをすること。
④ 職種の変更に当たって、男女のいずれかを優先すること。
⑤ 職種の変更について男女で異なる取扱いをすること。

8 雇用形態の変更

① 雇用形態の変更に当たって、その対象から男女のいずれかを排除すること。
② 雇用形態の変更に当たっての条件を男女で異なるものとすること。
③ 一定の雇用形態への変更に当たって、能力および資質の有無

などを判断する場合に、その方法や基準について男女で異なる取扱いをすること。
④　雇用形態の変更に当たって、男女のいずれかを優先すること。
⑤　雇用形態の変更について、男女で異なる取扱いをすること。

9　退職の勧奨

①　退職の勧奨に当たって、その対象を男女のいずれかのみとすること。
②　退職の勧奨に当たっての条件を男女で異なるものとすること。
③　退職の勧奨に当たって、能力および資質の有無などを判断する場合に、その方法や基準について男女で異なる取扱いをすること。
④　退職の勧奨に当たって、男女のいずれかを優先すること。

10　定年

定年の定めについて、男女で異なる取扱いをすること。

11　解雇

①　解雇に当たって、その対象を男女のいずれかのみとすること。
②　解雇の対象を一定の条件に該当する者とする場合の条件を男女で異なる取扱いをすること。
③　解雇に当たって、能力および資質の有無などを判断する場合に、その方法や基準について男女で異なる取扱いをすること。
④　解雇に当たって、男女のいずれかを優先すること。

12　労働契約の更新

①　労働契約の更新に当たって、その対象から男女のいずれかを排除すること。
②　労働契約の更新に当たっての条件を男女で異なるものとすること。

③　労働契約の更新に当たって、能力および資質の有無などを判断する場合に、その方法や基準について男女で異なる取扱いをすること。
④　労働契約の更新に当たって、男女のいずれかを優先すること。

また、性別を理由とする差別的な取扱いに関し、次の裁判例があります。

1　昇格・昇進

①　人事制度自体の問題としては、昇格試験について、不公正・不公平とすべき事由は見出せないが、評定者となっている幹部職員が、男性社員に対してのみ、人事面、特に人事考課において優遇していたものと推認せざるを得ない。そうすると、同期同給与年齢の男性社員のほぼ全員が課長職に昇格したにもかかわらず、依然として課長職に昇進しておらず、諸般の事情に照らしても、昇格を妨げるべき事情の認められない場合には、昇格試験において、男性社員が受けた人事考課に関する優遇を受けられないなどの差別を受けたため、そうでなければ昇格することができたと認められる時期に昇格することができなかったものと推認する。昇格に関する判断については、会社の経営判断に基づく裁量を最大限に尊重しなければならない。しかし、職能資格制度においては、昇格の有無は、賃金の多寡を直接左右するものであるから、女性であるが故に昇格について不利益に差別することは、女性であることを理由として、賃金について不利益な差別的取扱いを行っているという側面を有する。本件のように資格の付与が賃金額の増加に連動しており、かつ資格を付与することと職位につけることが分離されている場合には、資格の付与における差別は賃金の差別と同様に観念することができる。したがって、女性社員に対しても男性社員と同様の措置を講じられることにより、同期同給与年齢の男性社員と同様な時期に課長職昇格試験に合格していると認められる事情にあるときには、課

長職試験を受験しながら不合格となり、従前の主事資格に据え置かれるというその後の行為は、労働基準法第13条の規定に反し無効となり、労働契約の本質及び同条の規定の類推適用により、課長職の地位に昇格したのと同一の法的効果を求める権利を有する（芝信用金庫事件　東京高裁平成12年12月22日）。
② 　総合職の昇格・昇給の決定に係る人事考課は、その結果が企業の実績を左右する重要なものであるが故に、最終的には会社の総合的な裁量的判断に委ねられるが、人事考課が、専ら性による差別に基づいて行われた場合のように著しく不合理で社会通念上許容できないときは、裁量権を濫用するものとして、違法といわざるを得ない。人事考課は、同期・同学歴の男性社員のうち83％の者が上位の資格にいること等からすると、男女差別に基づくものであり、違法な裁量権の濫用があったが、当時の人事考課が昇格条件を充たすものであったか否かについては判断できず、同期同学歴の男性職員が多数いる資格に昇格できなかったことが、男女差別であるとはいえない。また、窓口補助の発令は、当時総合職の男性社員で窓口補助の発令を受けたものはいないこと等からすれば、女性であることを理由とした不当な差別的取扱いであり、人事権を濫用した。会社は違法な人事考課及び違法な窓口補助の発令によって経済的精神的な損害について不法行為責任を負う（商工組合中央金庫事件　大阪地裁平成12年11月20日）。
③ 　同学歴（高卒）・同年齢の男性社員との間で、ランクの格付け、定期昇給額及びこれらを反映した本給額において著しい格差が存し、女性社員と男性社員との間で、職能資格等級やその昇格、定昇評価ひいてはこれらを反映した本給額において著しい格差が存していたような場合、男性社員との間に格差を生じたことにつき合理的な理由が認められない限り、その格差は女性社員・男性社員の格差と同質のものと推認され、また、この男女間格差を生じたことについて合理的な理由が認められない限り、その格差は性の違いによるものと推認する。業務内

容等をみると、男性社員との格差について、従事した業務や職務遂行状況によって合理的に説明できるとはいえない。男女間の賃金に関する格差について、男女の違いに由来する合理的な理由が存するとは認められず、ランク又は職能資格等級並びに定昇金額の査定において、男性を女性より優遇する扱いをしていた。したがって、女性であることのみを理由として、賃金に関し、男性と差別的な取扱いをした。会社においてはその職務内容が女性とさほど異ならない男性も相当数存在するが、これら男性と女性との間にも賃金等において格差があること等からすると、賃金における男女格差は、従事する職の配置に由来するものとは認められない。さらに、事実上、男女別の昇格基準により昇格の運用管理を行っており、その結果、男女間で著しい格差を生じているのであって、社会的状況を考慮しても、差別的取扱いが社会的に許容されるものとはいえず、行為の違法性は否定されない。よって、賃金に関する男性との差別的取扱いは、違法な行為として、損害を賠償する義務を負う（昭和シェル石油事件　東京地裁平成15年1月29日）。

④　高卒社員につき、会社が入社後男女別に予定する処遇と全国的な異動の有無により男女をコース別に採用し、処遇していたが、このような採用、処遇の仕方は、憲法14条の趣旨に反するものであり、その差別が不合理なものであって公序に反する場合には、民法90条により、違法、無効となる。しかし、当該行為は、労基法3条、4条に違反するとはいえず、また、入社当時、均等法のような法律もなかったこと、企業には労働者の採用について広範な採用の自由があり、入社した当時は一般的には女性について全国的な転勤を行うことは考え難かったといえるから、効率的な労務管理を行うためには男女のコース別の採用、処遇が、不合理な差別として公序に反するとまでいうことはできない。しかし、改正均等法が定めた男女の差別的取扱い禁止は使用者の法的義務であるから、この時点以降において、それ以前に会社に入社した社員について、男女のコース別の処遇を維持していることは、均等法6

条に違反するとともに、公序に反して違法となり無効である。この間、一般職から総合職への職種転換制度を設け、女性社員についても職域の拡大を図る努力をしているが、同制度は一般職と総合職の転換に互換性がないこと、上司の推薦を必要とし一定の試験に合格した者のみの転換を認めていることからすれば、同制度は、女性社員の大半が属する一般職と男性社員の属する総合職との間で差異を設け、また、女性に対して特別の条件を課すものといわざるを得ず、配置に関する会社の労務管理権を考慮しても、職種転換制度の存在により、配置における男女の違いが正当化されるとすることはできない。したがって、違法な男女差別を維持したことについて過失があり、男女差別という不法行為によって被った損害を賠償する義務がある（野村證券事件東京地裁平成14年2月20日）。

⑤　会社は、本件人事資料に基づく差別的取扱いにより、標準者の目安としては、高卒女性事務職では、入社時に評価区分E、37歳時にE＋、49歳時にOEとなるように、一方、高卒男性事務職では、入社時に評価区分B、37歳時に＋49歳時にOBとなるように運用していた。その結果、35歳の平均的な社員において、高卒男性事務職は企画総括職2級以上に昇進するものの、高卒女性事務職は専門執務職2級にとどまり、年収格差が150万円以上に及び、49歳ころになると、高卒男性事務職は管理補佐職に昇進しているのに対し、高卒女性事務職は優秀者であっても企画総括職3級にとどまり、年収において230万円もの大きな差異が生じることになった。これは、高卒事務職において、同等の能力を有する者であっても、男女間で能力評価区分に差をつけるとともに、仮に同じ能力評価区分に該当するとしても、男女間において評価区分及び査定区分において明らかに差別的取扱いをし、それに基づき、昇給・昇進等の運用をしており、このような運用は、本件コース別取扱いと合理的関連を有するとは到底認め難い。したがって、会社が、同じ事務職として採用した社員について、性別のみを理由として、

賃金や昇進・昇格等の労働条件に関し、差別的取扱いをすることは、原則として公序に反し、違法であるから、同種の業務を担当している社員間において性別のみにより賃金や昇進・昇格等の労働条件について差別的取扱いをすることが違法であることはもちろん、社員の個々の能力や適性等の具体的な差異に基づかず、男性社員一般を女性社員一般に比べて重用し、担当させる業務内容や受けさせる教育・研修等につき差別的取扱いをした結果、高卒事務職として採用された女性社員の昇給・昇格について、コース別採用による取扱いとは合理的関連を有せず、性別のみによる不合理な差別的取扱いは公序良俗に反する違法なものである（住友金属工業事件　大阪地裁平成17年3月28日）。

2　退職・定年

① 　男女年齢差のある退職勧奨年齢基準を設定し、これに基づき退職勧奨を行い、最終的には退職手当につき優遇措置を講じなかった一連の行為は、男女差別に基づく継続的な不法行為を構成する（鳥取県教育委員会事件　鳥取地裁昭和61年12月4日）。

② 　使用者が、就業規則等により、男女間の定年年齢について差を設けることは、これについて合理的な理由がない限り、公序良俗に反する行為として民法90条により無効となる。また、雇用機会均等法11条1項は、事業主が労働者の定年について労働者が女子であることを理由として男子と差別的取扱いをすることを禁じており、これに違反した就業規則等は同じく無効になる。これを本件についてみるに、呼称変更は、第1種職員女子について、満65歳定年制の適用を回避し、第1種職員男子との間に格差を設けた満55歳定年制を維持しようとした措置といわざるを得ないところ、定年年齢の10年の格差を合理的に説明できるだけの事情は存せず、第1種職員女子を第2種職員に変更する措置は、性別を理由とする合理性のない差別待遇として、民法90条

及び雇用機会均等法11条1項により無効である(大阪市交通局協力会事件　大阪高裁平成10年7月7日)。

(4) 婚姻・妊娠・出産などを理由とする不利益取扱いの禁止

　男女雇用機会均等法は、次の婚姻・妊娠・出産などを理由とする不利益な取扱いを禁止しています(同法第9条、同法施行規則第2条の2)。

ア　女性社員が婚姻したこと、妊娠したこと、または出産したことを退職理由として予定する定めをすること。

イ　女性社員が婚姻したことを理由として解雇すること。

ウ　次の妊娠または出産に関する事由を理由として、解雇その他不利益な取扱いをすること。

① 　妊娠したこと。

② 　出産したこと。

③ 　産前休業を請求し、または産前産後休業をしたこと。

④ 　坑内業務の就業制限もしくは危険有害業務の就業制限の規定により業務に就くことができないこと、坑内業務に従事しない旨の申し出もしくは就業制限の業務に従事しない旨の申し出をし、またはこれらの業務に従事しなかったこと。

⑤ 　軽易な業務への転換を請求し、または軽易な業務に転換したこと。

⑥ 　事業場において変形労働時間制がとられる場合において1週間または1日について法定労働時間を超える時間について労働しないことを請求したこと、時間外もしくは休日について労働しないことを請求したこと、深夜業をしないことを請求したこと、またはこれらの労働をしなかったこと。

⑦ 　育児時間の請求をし、または育児時間を取得したこと。

⑧ 　妊娠中および出産後の健康管理に関する母性健康管理措置を求め、またはその措置を受けたこと。

⑨　妊娠または出産に起因するつわり、妊娠悪阻、切迫流産、出産後の回復不全などの症状により労務の提供ができないこともしくはできなかったこと、または労働能率が低下したこと。

また、婚姻・妊娠・出産などを理由とする不利益取扱いに関し、次の裁判例があります。

> ①　有期契約である準職員に対して正規職員と並ぶ恒常的存在として基幹的業務を担うことを期待すべき客観的状況が存在し、契約を反復更新して勤務を継続する者に対して給与その他の労働条件面で積極的に評価するにまで至ったこと、採用時には継続雇用を期待される言動がみられたこと等の事情に照らすと、雇用期間満了後も解雇に関する法理を類推適用するのが相当である。雇止めの理由は妊娠したためで、事業主が妊娠や出産を退職の理由として予定したり、解雇の理由としたりすることは、均等法第8条2項及び3項において禁じられており、その趣旨は期間を定めた雇用契約について解雇に関する法理が類推適用される場合にも当然に妥当する。準職員が通常勤務できない場合であっても、それが妊娠したことによる場合には、期間満了による雇止めは更新拒絶権を濫用したものとして、無効である（正光会宇和島病院事件　松山地裁宇和島支部判平成13年12月18日）。
> ②　均等法8条は女性労働者が妊娠又は出産したことを理由とする解雇を禁止しており、教員が学期途中に妊娠した事実をもって解雇理由とするもので不相当であり、その他の解雇理由も、解雇しなければならない程度の服務規律違反の重大性は認められないから、本件解雇は解雇権の濫用として無効である。また、幼稚園の理事の一連の行為は、妊娠を理由とする中絶の勧告、退職の強要及び解雇であり、均等法8条の趣旨に反する違法な行為であり、不法行為責任を免れない（今川学園木の実幼稚園事件　大阪地裁堺支部判決平成14年3月13日）。

(5) パートタイマーについての均衡待遇

　短時間労働者の雇用管理の改善等に関する法律（以下「パートタイム労働法」という）は、パートタイマーについて、正規社員との均衡のとれた待遇の確保などを図ることを通じて、その有する能力を有効に発揮することができるようにすることを目的としており（同法第1条）、パートタイマーの就業形態による区分に応じて、賃金の決定や教育訓練の実施、福利厚生施設の利用などの待遇において、正規社員との均衡のとれた待遇の確保に関する規定を定めています（同法第8条～第11条。詳細は第4章142頁～146頁参照）。

2　正規社員と非正規社員の均衡処遇に関する裁判例

　正規社員と非正規社員の均衡処遇に関する裁判例は、いくつか見られますが、必ずしもその見解が一致しているわけではありません。例えば、非正規社員と正規社員との賃金格差について、労働内容が同一であること、一定期間以上勤務した非正規社員については年功という要素も正規社員と同様に考慮すべきであること、同一（価値）労働同一賃金の原則が公序ではないということのほか賃金格差を正当化する事情がないことから、非正規社員の賃金が、同じ勤続年数の正規社員の8割以下となるときは、許容される賃金格差の範囲を超え、会社の裁量が公序良俗違反として違法となるとした次の裁判例があります。

> 　ライン作業に従事する臨時社員と、同じライン作業に従事する正社員の業務とを比べると、従事する職種、作業の内容、勤務時間及び日数並びにいわゆるQCサークル活動への関与などすべてが同様であること、臨時社員の勤務年数も長い者では25年を超えており、長年働き続けるつもりで勤務しているという点でも正社員と何ら変わりがないこと、臨時社員の採用の際にも、その後の契約更新においても、少なくとも採用される側においては、自己の身分について明確な認識を持ち難

い状況であったことなどにかんがみれば、臨時社員の提供する労働内容は、その外形面においても、帰属意識という内面においても、正社員と全く同一である。したがって、正社員の賃金が年功序列によって上昇するのであれば、臨時社員においても正社員と同様ないしこれに準じた年功序列的な賃金の上昇を期待し、勤務年数を重ねるに従ってその期待からの不満を増大させるのも無理からぬところである。このような場合、使用者においては、一定年月以上勤務した臨時社員には正社員となる途を用意するか、あるいは臨時社員の地位はそのままとしても、同一労働に従事させる以上は正社員に準じた年功序列制の賃金体系を設ける必要があった。しかるに、臨時社員として採用したままこれを固定化し、2ヶ月ごとの雇用期間の更新を形式的に繰り返すことにより、正社員との顕著な賃金格差を維持拡大しつつ長期間の雇用を継続したことは、同一（価値）労働同一賃金の原則の根底にある均等待遇の理念に違反する格差であり、単に妥当性を欠くというにとどまらず公序良俗違反として違法となる。もっとも、均等待遇の理念も抽象的なものであって、均等に扱うための前提となる諸要素の判断に幅がある以上は、その幅の範囲内における待遇の差に使用者側の裁量も認めざるを得ない。したがって、本件においても、臨時社員と正社員の賃金格差がすべて違法となるものではない。前提要素として最も重要な労働内容が同一であること、一定期間以上勤務した臨時社員については年功という要素も正社員と同様に考慮すべきであること、その他本件に現れた一切の事情に加え、同一（価値）労働同一賃金の原則が公序ではないということのほか賃金格差を正当化する事情を何ら立証していないことも考慮すれば、臨時社員の賃金が、同じ勤続年数の女性正社員の8割以下となるときは、許容される賃金格差の範囲を明らかに越え、その限度において会社の裁量が公序良俗違反として違法となる（丸子警報器事件　長野地裁上田支部平成8年3月15日）。

なお、この事件は、①給与を日給制から月給制にする、②今後5年間に毎月5,000円ずつの月給増額で格差を是正する、③一時金の支給月数を正規社員と同じにする、④以後の勤続に対する退職金の計算方法を正規社員と同一にし、以前の勤続に対する退職金は従前の2.5倍に改めるなどで東京高裁で和解が成立し、これにより、5年後には正規社員の90％前後にまで改善されることになりました。

　これに対し、賃金などの労働条件については、契約の自由の原則が支配しているので、労働基準法などに反しない限りは、当事者間の合意によって自由に決まるのが原則であり、期間雇用の非正規社員を正規社員と異なる賃金体系によることは、正規社員と同様の労働を求める場合であっても、一般に契約の自由の範疇であり、何ら違法ではないとする次の裁判例もあります。

　また、公務員について、その給与については職務給の原則が定められているとはいえ、同一労働同一賃金の原則が保障されているわけではない（建設省中部地方建設局事件　名古屋地裁平成12年9月6日）とする裁判例もあります。

> 　同一労働同一賃金の原則が一般的な法規範として存在しているとはいいがたい。すなわち、賃金など労働者の労働条件については、労働基準法などによる規制があるものの、これらの法規に反しない限りは、当事者間の合意によって定まるものである。我が国の多くの企業においては、賃金は、年功序列による賃金体系を基本として、企業によってその内容は異なるものの、学歴、年齢、勤続年数、職能資格、業務内容、責任、成果、扶養家族等々の様々な要素により定められてきた。労働の価値が同一か否かは、職種が異なる場合はもちろん、同様の職種においても、雇用形態が異なれば、これを客観的に判断することは困難であるうえ、賃金が労働の対価であるといっても、必ずしも一定の賃金支払期間だけの労働の量に応じてこれが支払われるものではなく、年齢、学歴、勤続年数、企業貢献度、勤労意欲を期待する企業側の思惑などが考慮され、純粋

に労働の価値のみによって決定されるものではない。このように、長期雇用制度の下では、労働者に対する将来の期待を含めて年功型賃金体系がとられてきたのであり、年功によって賃金の増加が保障される一方でそれに相応しい資質の向上が期待され、かつ、将来の管理者的立場に立つことも期待されるとともに、他方で、これに対応した服務や責任が求められ、研鑽努力も要求され、配転、降級、降格等の負担も負う。これに対して、期間雇用労働者の賃金は、それが原則的には短期的な需要に基づくものであるから、そのときどきの労働市場の相場によって定まるという傾向をもち、将来に対する期待がないから、一般に年功的考慮はされず、賃金制度には、長期雇用の労働者と差違が設けられるのが通常である。そこで、長期雇用労働者と短期雇用労働者とでは、雇用形態が異なり、かつ賃金制度も異なることになるが、これを必ずしも不合理ということはできない。労働基準法3条及び4条も、雇用形態の差違に基づく賃金格差までを否定する趣旨ではないと解される。したがって、同一労働同一賃金の原則が一般的な法規範として存在しているとはいいがたいのであって、一般に、期間雇用の臨時従業員について、これを正社員と異なる賃金体系によって雇用することは、正社員と同様の労働を求める場合であっても、契約の自由の範疇であり、何ら違法ではない（日本郵便逓送事件　大阪地裁平成14年5月22日）。

なお、最高裁判例においては、非正規社員の雇止めに関して、非正規社員の雇用関係は比較的簡易な採用手続で締結された短期的有期契約を前提とするものである以上、雇止めの効力を判断すべき基準は、終身雇用の期待の下に期間の定めのない労働契約を締結している正規社員を解雇する場合とはおのずから合理的な差異がある。したがって、事業上やむを得ない理由により人員削減をする必要があり、その余剰人員を他の事業部門へ配置転換する余地もなく、非正規社員全員の雇止めが必要であると判断される場合には、これに先立ち、期間の定めなく雇用されている正規

社員について希望退職者募集の方法による人員削減を図らなかったとしても、それをもって不当・不合理であるということはできず、希望退職者の募集に先立ち非正規社員の雇止めが行われてもやむを得ない（日立メディコ事件)とするものがあります。

第4章
パートタイマーの雇用

「パートタイマーの雇用」のポイント
1　パートタイマーの雇用の現状
2　パートタイム労働法
3　パートタイマーに関するその他の労務管理上の留意点
4　社会・労働保険の適用
5　税の取扱い

「パートタイマーの雇用」のポイント

(1) パートタイマーの数は雇用者総数の4分の1を占めており、最近では、男性や若者、世帯主が増加しており、基幹的な役割を担うパートタイマーも増えている。

(2) パートタイマーについては、労働基準法、最低賃金法、労働安全衛生法、労災保険法、男女雇用機会均等法、育児・介護休業法、雇用保険法などの法令は適用があるほか、その適正な労働条件や雇用管理の改善、正規社員への転換の促進などに関する措置を講じ、正規社員との均衡のとれた待遇の確保などを図ることを目的として、パートタイム労働法が制定されている。

(3) 労働基準法に定めるもののほか、パートタイマーを雇い入れたときは、昇給、賞与および退職金の有無を、文書の交付などにより明示しなければならない。

(4) パートタイマー用の就業規則を作成・変更しようとするときは、労働基準法の定めに加えて、パートタイマーの過半数代表者の意見を聴くように努めなければならない。また、パートタイマー専用の就業規則を正規社員用とは別に作成せず、かつ、正規社員用の就業規則の適用が除外されていないときは、パートタイマーにも正規社員用の就業規則が適用される。

(5) パートタイム労働法においては、パートタイマーは、①職務内容が正規社員と同一のパートタイマー、②正規社員と同視すべきパートタイマー、③職務内容が正規社員と同一のパートタイマー以外のパートタイマーに区分されて、それぞれに応じた処遇が求められている。

(6) 正規社員と同視すべきパートタイマーについては、賃金の決定や教育訓練の実施、福利厚生施設の利用などの待遇において正規社員と差別的な取扱いをしてはならない。

(7) 正規社員と同視すべきパートタイマー以外の職務内容が正規社員と同一のパートタイマーに対しては、その職務の内容と配置が正規社員の職務の内容と配置の変更の範囲内で行われる期間は、正規社員と同一の方法により賃金を決定するように努めなければならない。また、職務の遂行に必要な能力を付与するための教育訓練で正規社員に対し実施するものは、正規社員と同一のパートタイマーに対しても実施しなければならない。正規社員に対して利用させる給食施設、休憩室および更衣室は、パートタイマーに対しても利用の機会を与えるよう配慮しなければならない。

(8) 職務内容が正規社員と同一のパートタイマー以外のパートタイマーについても、正規社員との均衡を考慮しつつ、パートタイマーの職務の内容や成果、意欲、能力、経験などを勘案して、基本給や賞与、役付手当などを決定するように努めなければならない。また、正規社員に対して利用させる給食施設、休憩室および更衣室は、パートタイマーに対しても利用の機会を与えるよう配慮しなければならない。

(9) 正規社員への転換を推進するため、次のいずれかの措置を講じなければならない。

① 正規社員の募集を行う場合に、現に雇用するパートタイマーに対し、募集の内容を掲示するなどにより周知すること。

② 正規社員を配置する場合に、現に雇用するパートタイマーに対し、その配置の希望を申し出る機会を与えること。

③ 資格のあるパートタイマーを正規社員に転換するための試験制度を設けること。

④ その他のパートタイマーを正規社員への転換を推進するための措置を講ずること。

(10) パートタイマーから求めがあったときは、待遇の決定に当たって考慮した事項を説明しなければならない。

(11) 10人以上のパートタイマーを雇用する事業所においては、短時間

雇用管理者を選任するように努めなければならない。

(12) 都道府県労働局長は、パートタイマーに関する紛争の解決の援助を求められた場合には、必要なときは調査を行い、助言や指導、勧告をして紛争の解決の援助を行う。また、紛争の当事者から申請があった場合には、紛争調整委員会に調停を行わせる。これらを理由として、不利益な取扱いをしてはならない。

(13) 労働日数の少ないパートタイマーには、正規社員の所定労働日数に比例した日数の年休を与えなければならない。期間の定めのある労働契約が更新され実質的には引き続き使用されている場合には、年休付与の要件である継続勤務していることになる。

(14) 1年以上雇用されることが予定されており、週の所定労働時間が同一の事業所において同種の業務に従事する正規社員の4分の3以上であるパートタイムには、雇い入れ時および年1回の定期健康診断を行わなければならない。また、正規社員の概ね2分の1以上4分の3未満の者についても、健康診断を行うことが望ましい。

(15) 1週間の所定労働時間が20時間以上で、1年以上雇用されることが見込まれるパートタイマーは、雇用保険の被保険者となる。1日または1週間の所定労働時間の労働時間が正規社員の4分の3以上で、1ヶ月の所定労働日数が4分の3以上であるパートタイマーは健康保険および厚生年金保険の被保険者となる(1週間の所定労働時間が20時間以上で、1年以上雇用されることが見込まれ、月収が9万8千円以上であるパートタイマー(従業員300人以下の中小零細事業所に雇用される者を除く)を被保険者とする法案が審議中)。

(16) 年収が103万円以下の場合には、所得税(住民税の場合100万円以下)はかからず、配偶者控除が受けられる。また、年収が103万円を超え141万円未満の場合には配偶者特別控除を受けられる。

1 パートタイマーの雇用の現状

　週の就業時間が35時間未満の農林業以外のパートタイマーの数は、平成19年(2007年)には1,346万人となっており、雇用者総数の24.9%と、約4分の1を占めています。その内訳は、女性が約7割を占めていますが、最近では、男性や若者、世帯主が増加しています(総務省・労働力調査)。

　「パートタイム」という働きを選んだ理由としては、「自分の都合のよい時間や日に働きたいから」が50.3%、「勤務時間・日数が短いから」が38.1%、「正規社員として働ける会社がないから」が23.8%となっています。

　また、パートタイマーの職場における役割については、「職務が正規社員とほとんど同じパートタイマーがいる」が51.9%、「責任ある地位にパートタイマーを登用している」が10.7%、「役職に就いているパートタイマーの割合」が6.9%あるなど基幹的な役割を担うパートタイマーが増加しています(厚生労働省・平成18年(2006年)パートタイム労働者総合実態調査)。

　他方、処遇面では、すべての「職務と人材活用の仕組みが正規社員とほとんど同じパートタイマー」の賃金決定方法が正規社員と同じ事業所は14.4%で、実際の賃金水準も同額である事業所が18.0%であるのに対し、6割程度以下の事業所も10.7%ありました(財団法人21世紀職業財団・平成17年(2005年)パートタイム労働者実態調査)。

　このような中で、これまで一般的な就業形態として存在していた正規社員という働き方が相対化され、事業所ごとに多様な就業形態を組み合わせて雇用のニーズを満たすようになってきていて、例えば、経営者や管理職以外はすべてパートタイマーなどの非正規社員である企業や正規社員は管理業務に従事し接客業務はパートタイマーなどが担当する企業も出ています(平成19年10月1日基発第1001016号・職発第1001002号・能発第1001001号・雇児発第1001002号)。

2　パートタイム労働法

　パートタイマーについても、労働基準法、最低賃金法、労働安全衛生法、労災保険法、男女雇用機会均等法、育児・介護休業法、雇用保険法などの法令は適用がありますので、会社はそのことを認識して、これらの法律を遵守する必要があります（「事業主が講ずべき短時間労働者の雇用管理の改善等に関する措置等についての指針（平成19年10月1日厚生労働省告示第326号。以下「パートタイム指針」という）」）。

　これに加えて、パートタイマーの適正な労働条件や雇用管理の改善、正規社員への転換の促進、職業能力の開発向上などに関する措置を講じ、正規社員との均衡のとれた待遇の確保などを図ることを通じて、その有する能力を有効に発揮することができるようにすることにより、その福祉の増進と経済社会の発展に寄与することを目的として、パートタイム労働法が制定されています（同法第1条）。

　就業形態の多様化が望ましいものであるためには、少なくとも就業形態ごとに待遇の公正さが確保されていることが必要であり、多様な就業形態で働く人々が、それぞれの意欲や能力を十分に発揮でき、ひいては労働生産性が向上するような就業環境を実現することが必要となっていますが、現状を見ると、公正な待遇が確保されているとは言い切れず、必ずしもパートタイマーの能力などを十分に引き出せるようなものとはなっていないため、同法は、パートタイマーについての公正な待遇の実現を図ることとそれぞれの能力などを十分に発揮できるような就業環境を整備することを基本的な考え方としています（同通達）。

（1）パートタイマーの範囲

　パートタイム労働法が適用されるパートタイマーは、原則として1週間の所定労働時間が同じ事業所の正規社員の1週間の所定労働時間に比べて

短い者です(同法第2条)。

したがって、名称が「パートタイマー」であっても、その事業所の正規社員と同一の所定労働時間である場合には、パートタイム労働法の対象とはなりません(同通達)。

(2) 会社などの責務

　会社は、パートタイマーについて、その職務の内容、職務の内容や配置の変更の範囲、労働契約期間の定めの有無、経験、能力、成果、意欲などの就業の実態や正規社員との均衡などを考慮して、適正な労働条件の確保や教育訓練の実施、福利厚生の充実などの雇用管理の改善やパートタイマーであることに起因して、待遇に関する透明性・納得性が欠如していることを解消すること、正規社員として就業することを希望する者について、その就業の可能性をすべてのパートタイマーに与えることなど正規社員への転換の促進を図るために必要な措置を講ずることにより、正規社員との均衡のとれた待遇の確保などを図り、パートタイマーがその能力を有効に発揮することができるように努めなければなりません。また、事業主団体も、会社がパートタイマーについて行う雇用管理の改善などに関し、必要な助言や協力などの援助を行うように努めなければなりません(同法第3条第1項、第2項、同通達)。

　労働者の待遇をどのように設定するかは、基本的には契約自由の原則にのっとり、個々の契約関係において当事者の合意により決すべきものですが、現状では、パートタイマーの待遇は必ずしもその働き・貢献に見合っていないほか、他の就業形態への移動が困難であるといった状況も見られるため、パートタイマーの待遇の決定を当事者間の合意のみにゆだねていたのではパートタイマーは「低廉な労働力」という位置づけから脱することができず、パートタイマーの意欲や能力の有効な発揮がもたらされるような公正な就業環境を実現することは難しいことから、同法は、パートタイマーの適正な労働条件の確保、教育訓練の実施、福利厚生の充実その他の雇用管理

の改善および通常の労働者への転換の推進について、会社が適切に措置を講じていく必要があることを明確にしたものです（同通達）。

　また、パートタイマーの多様な就業実態を踏まえ、その職務の内容、職務の成果、意欲、能力、経験などに応じた待遇に関する措置を講ずるように努め、特に、その労働時間および労働日については、パートタイマー本人の事情を十分考慮するとともに、できるだけ所定労働時間を超えて、または所定労働日以外の日に労働させないようにする必要があります（パートタイム指針）。

　このほか、パートタイマーの雇用管理の改善などの措置を講ずるに際して、その雇用する正規社員などの労働条件を合理的な理由なく一方的に不利益に変更することは法的に許されません。また、所定労働時間が正規社員と同一の有期契約社員については、パートタイム労働法の適用はありませんが、同法の趣旨が考慮されるべきことに留意する必要があります。また、雇用管理の改善などに関する措置を講ずるに当たっては、関係労使の十分な話合いの機会を提供するなどパートタイム社員の意見を聴く機会を設けるための適当な方法を工夫するように努める必要があります（パートタイム指針）。

（3）労働条件に関する文書の交付

　労働基準法は、労働契約の締結に際し、使用者は、労働者に対して、労働時間や賃金などの労働条件を明示すること、このうち①労働契約の期間、②就業の場所および従事すべき業務、③始業および終業の時刻、所定労働時間を超える労働の有無、休憩時間、休日、休暇ならびに就業時転換、④賃金の決定、計算および支払方法、賃金の締め切りおよび支払の時期および⑤退職（解雇の事由を含む）については書面で明示することを義務付けています（同法第15条第1項。第2章48〜49頁参照）が、これに加えて、パートタイマーを雇い入れたときは、昇給、賞与および退職金の有無を、文書の交付やパートタイマーが希望した場合はFAXまたは電子メールの送

信により明示しなければなりません。これに違反した者には、10万円以下の過料が科されます（パートタイム労働法第6条第1項、第47条）。

なお、本人の希望により、電子メールやFAXで明示する場合には、後々のトラブルを避けるためにも、電子メールやFAXを受け取ったかどうか、返信してもらうなどして、受信の確認をする必要があります。

また、昇給や賞与の支給を事業所の業績やパートタイマーの勤務成績などによって行うケースで業績などによっては行わない可能性がある場合や、退職手当を勤続年数に基づき支給するケースで、所定の年数に達していないときは支給されない可能性がある場合には、制度は「有り」とした上で、「業績により不支給の場合あり」や「勤続〇年未満は不支給」など支給されない可能性があることを明記する必要があります。

このほか、①所定労働日以外の日の労働の有無、②所定時間外労働・所定日外労働の有無およびその程度、③安全・衛生、④教育訓練、⑤休職などについても、会社は、文書などでパートタイマーに明示するよう努めなければなりません（同法第6条第2項）。

（4）就業規則の作成の手続

就業規則を作成または変更するに当たっては、その事業所に労働者の過半数で組織する労働組合があるときはその労働組合、労働者の過半数で組織する労働組合がないときは労働者の過半数を代表する者の意見を聴き、作成または変更した就業規則は、過半数労働組合などの署名又は記名押印のある意見を記した書面を添付した上で、労働基準監督署長に届け出なければなりません（労働基準法第89条、第90条第2項、第2章84〜85頁参照）が、パートタイマー用の就業規則を作成または変更しようとするときは、これに加えて、その事業所のパートタイマーの過半数を代表する者の意見を聴くように努めなければなりません（パートタイム労働法第7条）。

なお、パートタイマーが、過半数代表者であることもしくは過半数代表者になろうとしたことまたは過半数代表者として正当な行為をしたことを理由とし

て不利益な取扱いをしないようにしなければなりません（パートタイム指針）。

　また、パートタイマー専用の就業規則を正規社員用の就業規則とは別に作成せず、かつ、正規社員用の就業規則の適用が除外されていないときは、パートタイマーにも正規社員用の就業規則が適用される（大興設備開発事件）ことに留意が必要です。

（5）パートタイム労働法におけるパートタイマーの区分

　パートタイム労働法は、パートタイマーを次の3つに区分しています。

ア　職務内容が正規社員と同一のパートタイマー　業務の内容や責任の程度が正規社員と同じであるパートタイマー

イ　正規社員と同視すべきパートタイマー　職務内容が正規社員と同一のパートタイマーのうち、期間の定めのない労働契約（反復して更新されることによって期間の定めのない労働契約と同視することが社会通念上相当と認められる期間の定めのある労働契約を含む）を締結しているもので、慣行などからみて、雇用期間が終了するまでの全期間において、その業務の内容や責任の程度、配置が正規社員の業務の内容や責任の程度および配置と同一の範囲で変更されると見込まれるもの

　したがって、正規社員と同視すべきパートタイマーは、次のいずれにも該当する者をいいます。

①　業務の内容や責任の程度が正規社員と同じであること。

②　慣行などからみて、人材活用の仕組みや運用などが全雇用期間を通じて正規社員と同じであること。

　ここでいう「人材活用の仕組みや運用などが全雇用期間を通じて同じ」とは、パートタイマーが正規社員と職務が同じになってから、退職までの期間、事業所の人事システムや慣行から判断して同じとなる場合をいいます。

③　労働契約の期間が実質的に無期契約となっていること。

　ここでいう「契約期間が実質的に無期契約」とは、期間の定めがな

い労働契約を結んでいる場合だけでなく、反復更新によって実質的に期間の定めのない労働契約と変わらない雇用関係の場合も正規社員と同様の実態にあると判断するもので、業務の客観的内容(恒常的な業務に従事しているのか、臨時的な業務に従事しているのか、正規社員の業務との違いがあるのか)、契約上の地位の性格(契約上の地位が臨時的か)、当事者の主観的態様(継続雇用を期待させる会社側の言動や認識があったか)、更新の手続・実態(反復更新の有無や回数、勤続年数、契約更新時の手続方法)、他の社員の更新状況(同様の地位にある社員に対する雇い止めの有無)などによって判断します(同通達)。

ウ　職務内容が正規社員と同一のパートタイマー以外のパートタイマー

(6) 正規社員と同視すべきパートタイマーに対する差別的取扱いの禁止

正規社員と同視すべきパートタイマーについては、賃金の決定や教育訓練の実施、福利厚生施設の利用などの待遇において差別的な取扱いをしてはなりません(同法第8条)。

(7) 職務内容が正規社員と同一のパートタイマーに対する取扱い

1) 賃金

正規社員と同視すべきパートタイマー以外の職務内容が正規社員と同一のパートタイマーに対しては、その職務の内容と配置が正規社員の職務の内容と配置の変更の範囲内で行われる期間については、正規社員と同一の方法により賃金を決定するように努めなければなりません(同法第9条第2項)。

ここでいう「同一の方法により賃金を決定する」とは、正規社員とパートタイマーとで職務の内容と人材活用の仕組みや運用などが同じであれば、単

位当たりの仕事の対価は同じであるという理念を表したものであり、同一の賃金決定方法にすることにより、両者を同じ職能や職務といった「モノサシ」で評価することが可能になるというものです。具体的には、このようなパートタイマーに正規社員と同じ賃金表を適用することがもっとも望ましいと考えられますが、正規社員が職能給であればパートタイマーも職能給にするなど、同じ評価基準によって賃金を決定することをいいます。

2） 教育訓練の実施

職務の遂行に必要な能力を付与するために必要な教育訓練で正規社員に対し実施するものについては、正規社員と同視すべきパートタイマー以外の職務内容が正規社員と同一のパートタイマーに対しても、すでにその職務を行う能力がある場合などを除き、これを実施しなければなりません（同法第10条第1項）。

ここでいう「職務の遂行に必要な能力を付与するために必要な教育訓練」とは、その職務を遂行するに当たって必要な知識や技術を身につけるための教育訓練をいい、パートタイマーと正規社員の職務の内容が同じ場合には、パートタイマーが既に必要な能力を身につけている場合を除き、正規社員と同様にパートタイマーに対しても実施しなければなりません。例えば、経理業務に従事している正規社員にその職務遂行上必要な簿記の訓練を実施しているときは、同じ職務に従事しているパートタイマーに対しても実施しなければなりません（同通達）。

また、例えばキャリアアップのための教育訓練など職務の遂行に必要な能力を付与する教育訓練に該当しない教育訓練についても、職務の内容の違いの如何にかかわらず、パートタイマーの職務の内容や成果、意欲、能力、経験などに応じ実施するよう努めなければなりません（同条第2項）。

3） 福利厚生施設の利用

正規社員に対して利用させる給食施設、休憩室および更衣室は、パート

タイマーに対しても利用の機会を与えるよう配慮しなければなりません（同法第11条）。

　ここでいう「配慮する」とは、福利厚生施設の定員などの関係で利用の機会が制限される場合を除き、パートタイマーにも利用の機会を与えることが求められるようにすることをいいます。例えば、給食施設の定員の関係で全員に施設の利用の機会を与えられないような場合に増築などをして全員に利用の機会が与えられるようにすることまでは求められませんが、福利厚生施設の利用規程の対象が正規社員に限定されているならパートタイマーにも適用されるよう改定し、パートタイマーと正規社員に同じ機会を与えるなどの具体的な措置が求められます。

　なお、医療、教養、文化、体育、レクリエーションなどを目的とした福利厚生施設の利用やその他の福利厚生の措置についても、パートタイマーの就業の実態、正規社員との均衡などを考慮した取扱いをするように努める必要があります（パートタイム指針）。

（8）職務内容が正規社員と同一のパートタイマー以外のパートタイマーに対する取扱い

1）賃金

　職務内容が正規社員と同一のパートタイマー以外のパートタイマーについても、正規社員との均衡を考慮しつつ、パートタイマーの職務の内容や成果、意欲、能力、経験などを勘案して、職務の内容に密接に関連して支払われる賃金を決定するように努めなければなりません（同法第9条第1項）。

　ここでいう「職務の内容に密接に関連して支払われる賃金」とは、基本給や賞与、役付手当などをいい、通勤手当や退職手当、家族手当、住宅手当、別居手当、子女教育手当などはこれに該当しません。したがって、パートタイマーの基本給や賞与、役付手当などを客観的な基準に基づかない主観や、「パートタイマーは一律〇〇円」といったパートタイマーだからという理由で一律に決定するのではなく、職務の内容や能力のレベルに応じて段階

的に設定するなど、働きや貢献に応じて決定する必要があります。具体的には、職務の複雑度・困難度や責任・権限に応じた賃金の設定や、昇給・昇格制度、人事考課制度の整備、職務手当、役職手当、成果手当の支給など各事業所の実情にあった対応が求められています。

なお、通勤手当や退職手当などの職務の内容に密接に関連して支払われるもの以外の手当についても、その就業の実態、通常の労働者との均衡等を考慮して定めるように努める必要があります（パートタイム指針）。

2) 教育訓練の実施

例えばキャリアアップのための教育訓練など職務の遂行に必要な能力を付与する教育訓練に該当しない教育訓練については、職務の内容の違いの如何にかかわらず、パートタイマーの職務の内容や成果、意欲、能力、経験などに応じ実施するよう努めなければなりません（同法第10条第2項）。

3) 福利厚生施設の利用

正規社員に対して利用させる給食施設、休憩室および更衣室を、パートタイマーに対しても利用の機会を与えるよう配慮しなければなりません（同法第11条）。また、医療、教養、文化、体育、レクリエーションなどを目的とした福利厚生施設の利用やその他の福利厚生の措置についても、パートタイマーの就業の実態、正規社員との均衡などを考慮した取扱いをするように努める必要があります（パートタイム指針）。

（9） 正規社員への転換

正規社員への転換を推進するため、パートタイマーに対して、次のいずれかの措置を講じなければなりません（同法第12条第1項）。

① 正規社員の募集を行う場合に、現に雇用するパートタイマーに対し、募集の内容を掲示するなどにより周知すること。

例えば、ハローワークに正規社員募集の求人票を出すなど正規社員

を募集する場合、あわせてその募集案内を事業所内でも掲示し、既に雇っているパートタイマーに周知することなどです。
② 正規社員を配置する場合に、現に雇用するパートタイマーに対し、その配置の希望を申し出る機会を与えること。
　例えば、正規社員の新たなポストや空席のポストを社内公募する場合、既に雇っているパートタイマーにも応募する機会を与えることなどです。
③ 資格のあるパートタイマーを正規社員に転換するための試験制度を設けること。
　例えば、資格を有するパートタイマーを正規社員へ登用する制度を設け、定期的に試験を実施することなどです。
④ その他のパートタイマーを正規社員への転換を推進するための措置を講ずること。
　例えば、正規社員として必要な能力を取得するための教育訓練を受ける機会を確保するための必要な援助を行うことなどです。

この場合に、パートタイマーから正規社員への転換の要件として、勤続期間や資格などを課すことは、事業所の実態に応じたものであれば問題ありませんが、必要以上に厳しい要件を課した転換の仕組みを設けている場合には、この義務を履行しているとは言えない場合もあります。

また、パートタイマーから契約社員へ転換する制度を設け、さらに、契約社員から正規社員へ転換する制度を設けるといった複数の措置を講じ、正規社員へ転換する道が確保されている場合もこれに該当します。

なお、正規社員への転換を推進するためにも、どのような措置を講じているか、パートタイマーにあらかじめ広く周知するよう努めなければなりません（同通達）。

（10）待遇の決定に当たって考慮した事項の説明

パートタイマーから求めがあったときは、待遇の決定に当たって考慮した事項を説明しなければなりません（同法第13条）。

説明しなければならない具体的な内容は、労働条件の文書の交付、就業規則の作成手続、待遇の差別的な取扱いの禁止、賃金の決定方法、教育訓練、福利厚生施設、正規社員への転換を推進するための措置です。説明に当たっては、例えば賃金の決定方法についての説明を求められた場合、「あなたはパートタイマーだから賃金は○○円だ。」という説明では責任を果たしているとは言えず、例えば、正規社員の仕事内容に比べて、そのパートタイマーの仕事内容が軽易であり責任の程度も低いものであることから、「職務の内容」を勘案して賃金に差を設けているが、仕事内容が変わればパートタイマーであっても賃金がその仕事内容に応じたものに変わるといったような中身のある説明が求められますが、パートタイマーが納得するまで説明することまで求めているものではありません。

　なお、パートタイマーから求めがあったときは、これら以外の待遇に関する事項についても、説明するように努める必要があります。また、パートタイマーが、法に定める待遇の決定に当たって考慮した事項の説明を求めたことを理由として不利益な取扱いをしないようにしなければなりません（パートタイム指針）。

(11) 短時間雇用管理者

　10人以上のパートタイマーを雇用する事業所においては、パートタイマーの雇用管理などの事項を管理するために必要な知識および経験を有している社員を短時間雇用管理者に選任するように努めなければなりません（同法第15条）。

　短時間雇用管理者を選任したときは、その氏名を事業所の見やすい場所に掲示するなどにより、その雇用するパートタイマーに周知させるよう努めなければなりません（パートタイム指針）。

(12) 紛争の解決の援助
1) 苦情の自主的解決

　パートタイマーから労働条件の文書の交付、就業規則の作成手続、待遇の差別的な取扱いの禁止、賃金の決定方法、教育訓練、福利厚生施設、正規社員への転換を推進するための措置について苦情の申出があったときは、苦情処理機関にその処理を委ねることなどにより、苦情の自主的解決に努めなければなりません（同法第19条）。なお、ここでいう苦情処理機関とは、会社を代表する者および社員を代表する者を構成員とする事業所の社員の苦情を処理するための機関をいいます。

　また、これら以外のパートタイマーの待遇に関する事項についても、パートタイマーから苦情の申出を受けたときは、苦情処理の仕組みを活用するなど自主的な解決を図るように努める必要があります（パートタイム指針）。

2) 都道府県労働局長の助言・指導・勧告など

　都道府県労働局長は、パートタイマーに関する紛争の解決の援助を求められた場合には、紛争の当事者から事情を聴き、必要なときは調査を行い、適切に助言や指導、勧告をして紛争の解決の援助を行います。会社は、パートタイマーが都道府県労働局長に紛争の解決の援助を求めたことを理由として、解雇などの不利益な取扱いをしてはなりません（同法第21条）。

3) 紛争調整委員会による調停制度

　パートタイマーに関する紛争の当事者の双方または一方から申請があった場合には、都道府県労働局長は紛争調整委員会に調停を行わせます。会社は、調停の申請をしたことを理由として、解雇などの不利益な取扱いをしてはなりません（同法第22条）。

　この調停は、3人の調停委員が行い、調停のため必要と認めるときは、関係当事者の出頭を求め、その意見を聴くことができます。また、調停案を作成し、関係当事者に対しその受諾を勧告することができます。調停による解

決の見込みがないときは、調停を打ち切ることができます（同法第23条）

（13）パートタイム労働援助センター

次の業務を行うパートタイム労働援助センターとして（財）21世紀職業財団が指定されています（同法第5章）。

① パートタイマーの職業生活に関する情報資料を総合的に収集し、関係者に対して提供すること。
② パートタイマーに関する給付金を支給すること。
③ そのほかパートタイマーの雇用管理の改善などを促進するために必要な業務。

3 パートタイマーに関するその他の労務管理上の留意点

（1）労働時間

労働時間は、事業所が異なる場合にも通算します（労働基準法第38条第1項）。したがって、パートタイマーが複数の会社に勤務する場合には、労働時間を計算して通算しなければなりません（第16章参照）。

また、労働時間が6時間を超える場合には45分、8時間を超える場合には1時間の休憩時間を与えなければなりません（同法第34条第1項）。したがって、所定労働時間が6時間以下である場合には休憩時間を与えなくてよいことになりますが、所定時間を超えて時間外労働をする場合で、労働時間が6時間を超える場合には45分の休憩時間を与えなければなりません。

（2）年次有給休暇

1週間の所定労働時間が30時間未満で、かつ、次の①または②のいずれかに該当する労働日数の少ないパートタイマーについては、正規社員の所定労働日数に比例した表4-1の日数の年次有給休暇を与えなければ

なりません(労働基準法第39条第3項)。
① 1週間の所定労働日数が4日以下の者
② 週以外の期間によって所定労働日数が定められている者については、1年間の所定労働日数が216日以下の者

表4-1 所定労働日数の少ない者に対する
年次有給休暇の付与日数週の所定労働日数

週の所定労働日数	1年間の所定労働日数	勤続年数						
		6ヶ月	1年6ヶ月	2年6ヶ月	3年6ヶ月	4年6ヶ月	5年6ヶ月	6年6ヶ月
4日	169~216日	7日	8日	9日	10日	12日	13日	15日
3日	121~168日	5日	6日	6日	8日	9日	10日	11日
2日	73~120日	3日	4日	4日	5日	6日	6日	7日
1日	48~72日	1日	2日	2日	2日	3日	3日	3日

なお、契約の更新などの際に、契約労働日数が変更された場合の取扱いについては、翌年度に年次有給休暇の権利が発生するかどうかは、それまでの所定労働日数より算定し、新たに発生する年次有給休暇の付与日数は、契約更新日の所定労働日数によります。また、年度途中に所定労働日数が変更された場合には、年次有給休暇は基準日において発生しますので、初めの日数のままとなります(昭和63年3月14日基発第150号)。

(3) 健康診断

労働安全衛生法は、常時使用する社員を雇い入れるときや1年以内ごとに1回定期に、医師による健康診断を行わなければならないと規定しています(同法第66条第1項、労働安全衛生規則第43条、第44条)。

この場合の「常時使用する」とは、労働契約の更新などにより1年以上雇用されることが予定されており、かつ、週の所定労働時間が同一の事業所において同種の業務に従事する正規社員の4分の3以上である者をいいます(昭和59年12月3日基発第641号)ので、これに該当する場合には、雇い入れ時および年1回の定期健康診断を実施しなければなりません。

また、1年以上雇用されることが予定されていて、1週間の所定労働時間が正規社員の概ね2分の1以上4分の3未満の者についても、健康診断を

実施することが望ましい(平成5年12月1日基発第663号)という指導が行われています。

4　社会・労働保険の適用

(1) 労災保険

　労災保険は、社員を1人でも使用している限り、強制適用事業となり、労働保険の成立手続を完了させていない場合であっても、労災保険が適用されますから、適用事業所に使用されるパートタイマーはすべて、労働契約の期間の定めの有無や労働時間の長さ、所定労働日数の如何を問わず、被保険者となります。

　なお、パートタイマーが複数の会社に勤務する場合にも、通勤災害の対象となり、この場合には、後に勤務する会社の保険関係によって処理されます(第16章参照)。

(2) 雇用保険

　次の2つの要件を満たすパートタイマーは、雇用保険の被保険者となります(行政手引)。

① 　1週間の所定労働時間が20時間以上であること。

　　　隔週週休2日制などの場合は1周期における所定労働時間の平均を1週間の所定労働時間とします。

② 　1年以上雇用されることが見込まれること。

　　　期間を定めて雇用される場合で、契約更新の規定がある場合や同様の契約で雇用されている他の者の過去の就労実績などからみて1年以上にわたって契約を反復更新することが見込まれる場合を含みます。

　　　また、季節的に雇用される者または短期の雇用に就くことを常態とする1週間の所定労働時間が30時間未満のパートタイマーなども雇用保険は適用されません(第2章90〜91頁参照)。

（3） 健康保険および厚生年金保険

　パートタイマーが健康保険および厚生年金保険の被保険者となるか否かは、常用的使用関係にあるかどうかを労働日数・労働時間・就労形態・職務内容などを総合的に勘案して判断されますが、そのひとつの目安となるのが労働日数・労働時間で、次の2つの要件を満たすパートタイマーは、健康保険および厚生年金保険の被保険者となります（取扱基準）。

① 　1日または1週間の所定労働時間が正規社員の4分の3以上であること。
② 　1ヶ月の所定労働日数が正規社員の4分の3以上であること。

　ただし、日々雇用される者で1ヶ月を超えないものなどは、健康保険の日雇特例被保険者となり、厚生年金保険の被保険者にはなりません（健康保険法第3条第2項、厚生年金保険法第12条。第2章96頁、99～100頁参照）。

　なお、①または②のいずれかの要件を満たさない場合には、年収によって加入する医療保険や年金保険の種類が変わり、次のような取扱いになります。

ア　年収が130万円以上の場合には、国民健康保険の被保険者および国民年金の第1号被保険者として保険料を負担する。
イ　年収が130万円未満の場合には、健康保険の被扶養者および国民年金の第3号被保険者として保険料の負担はない。

　また、パートタイマーについては、次の4つの要件を満たす者を健康保険および厚生年金保険の被保険者とすることを内容とする法案が国会において審議中です（施行の予定時期は、平成23（2011）年9月1日）。

① 　1週間の所定労働時間が20時間以上であること。
② 　その事業所に継続して1年以上雇用されることが見込まれること。
③ 　報酬の月額が9万8千円以上であること。
④ 　生徒、学生などでないこと。
⑤ 　従業員300人以下の中小零細事業所に雇用される者でないこと。

5　税の取扱い

(1) 所得税

1) 本人の所得税

　パートタイム収入は通常、給与所得となりますので、年収から給与所得控除を差し引いた残額が給与所得の金額となります。給与所得控除は最低で65万円ですから、所得税の場合には基礎控除38万円をプラスした103万円以下でほかに所得がなければ所得税はかかりません。

2) 配偶者控除

　収入がパートタイム収入だけでその収入が103万円以下であれば、給与所得控除の65万円を差し引くと38万円以下となりますので、配偶者の所得税について配偶者控除が受けられます。

3) 配偶者特別控除

　所得税の配偶者特別控除が受けられるのは、次の2つの要件を満たす場合です。
① 年間の所得金額が1千万円以下(給与収入だけの場合には、おおむね年収1,230万円以下)であること。
② 配偶者の所得金額が38万円を超え76万円未満であること。
　このため、①の要件を満たす者の配偶者のパートタイム収入が103万円(38万円+給与所得控除65万円)を超え141万円(76万円+給与所得控除の65万円)未満で、ほかに所得がなければ、所得税の配偶者特別控除を受けることができます。
　配偶者特別控除の控除額は、配偶者の所得の金額により異なっており、表4-2のように38万円から段階的に少なくなっていきます。

表4-2　所得税の配偶者特別控除の控除額

配偶者の収入額	配偶者特別控除の額
103万円を超え105万円未満	38万円
105万円以上110万円未満	36万円
110万円以上115万円未満	31万円
115万円以上120万円未満	26万円
120万円以上125万円未満	21万円
125万円以上130万円未満	16万円
130万円以上135万円未満	11万円
135万円以上140万円未満	6万円
140万円以上145万円未満	3万円
141万円以上	0円

(2) 住民税

1) 本人の住民税

住民税の場合の基礎控除は35万円ですから、給与所得控除の最低額65万円をプラスした100万円以下でほかに所得がなければ住民税の均等割も所得割もかかりません。

2) 配偶者控除

収入がパートタイム収入だけで103万円以下であれば、配偶者の住民税について配偶者控除が受けられます。

3) 配偶者特別控除

住民税の配偶者特別控除が受けられるのは、所得税の配偶者特別控除と同じで、その控除額は、配偶者の所得の金額により、表4-3のように33万円から段階的に少なくなっていきます。

表4-3　住民税の配偶者特別控除の控除額

配偶者の収入額	配偶者特別控除の額
103万円を超え110万円未満	33万円
110万円以上115万円未満	31万円
115万円以上120万円未満	26万円
120万円以上125万円未満	21万円
125万円以上130万円未満	16万円
130万円以上135万円未満	11万円
135万円以上140万円未満	6万円
140万円以上141万円未満	3万円
141万円以上	0円

第5章
アルバイト・契約社員・期間工 などの雇用

「アルバイト・契約社員・期間工などの雇用」のポイント
1 有期労働契約の期間
2 有期労働契約基準
3 有期労働契約の中途での解除
4 有期労働契約の更新の拒否（雇止め）
5 有期労働契約と年次有給休暇
6 有期契約社員の育児休業、介護休業、子の看護休暇
7 社会・労働保険の取扱い
8 税の取扱い

「アルバイト・契約社員・期間工などの雇用」のポイント

(1) 労働契約は、期間の定めのないものを除き、次のいずれかに該当するほかは、原則として3年を超える期間について締結してはならない。
  ① 高度な専門的知識・技術・経験を有する者との労働契約(5年)。
  ② 契約締結時に満60歳以上の者との労働契約(5年)
  ③ 一定の事業の完了に必要な期間を定める労働契約(その事業が完了するまでの期間)。
  ④ 認定職業訓練を受ける者で都道府県労働局長の許可を受けて使用されるものとの労働契約(その受ける職業訓練の訓練課程の期間)。
(2) 有期労働契約基準には、次の事項が定められている。
  ① 有期労働契約の締結に際し、契約の期間の満了後における更新の有無、契約を更新する場合またはしない場合の判断の基準を明示すること。
  ② 契約を3回以上更新し、または1年を超えて継続勤務している者との有期労働契約を更新しない場合には、少なくとも30日前までに予告をすること。
  ③ 契約を3回以上更新し、または1年を超えて継続勤務している者との有期労働契約を更新しない場合に、請求があったときは、証明書を交付すること。
  ④ 契約を1回以上更新し、かつ、1年を超えて継続勤務している者との有期労働契約を更新しようとする場合には、契約期間をできる限り長くすること。
(3) 有期労働契約については、必要以上に短い期間を定めることにより、その労働契約を反復して更新することのないよう配慮しなければ

(4) 会社は、やむを得ない事由がある場合でなければ、期間の定めのある労働契約の期間が満了するまでの間において解雇することができないが、有期労働契約の上限が3年の者は、やむを得ない事由がなくても、労働契約が1年を経過した日以後において会社に申し出ることにより、いつでも退職することができる。

(5) 有期労働契約の更新の拒否が有効か否かについては、それぞれのケースの事実関係に応じて個別に判断されるが、一時的ないし臨時的でない比較的長期的な業務に、「期間を定めて雇用」されながらも何回も更新され、当然次回の更新も期待されるような状況になっており、継続雇用を期待するのもやむを得ない場合には、次期の契約の更新拒否は実質的に解雇に該当するとして解雇権濫用の法理が適用もしくは類推適用される。

(6) 有期労働契約が更新され実質的には引き続き使用されている場合には、年次有給休暇の取扱いについて継続勤務している場合がある。

(7) 有期契約社員が一定の要件を満たすときは、育児休業、介護休業および子の看護休暇を取得することができる。

(8) 昼間学生アルバイトは、雇用保険の被保険者とはならない。また、季節的に雇用される者および短期の雇用に就くことを常態とする短期雇用特例被保険者が離職した場合には、特例一時金が支給される。

　アルバイトや契約社員、期間工などについて明確に定義したものはありませんが、一般にアルバイトの場合には、その多くが正規社員と比べて短期間かつ低賃金となる傾向が強く、また期間の定めのある契約に基づき雇用されており、その特徴としては、①契約面では口頭による口約束の場合があること、②給与は時間給や日当で支払われることが多いこと、③年齢構成は、

24歳以下の若年者（特に学生）が多いが、高齢者も少なくないこと、④勤務時間は正規社員よりは少ないこと、⑤従事する業種は機械設備などよりも労働力に依存することが多い第三次産業が多いことなどが挙げられています。

また、契約社員は、有期の労働契約を結んで職務に従事する民間企業の従業員をいい、期間契約社員、期間社員、有期間社員、期間従業員などとも呼ばれており、その特徴としては、①ある程度の雇用の継続性はあるが、基本的には3ヶ月や半年程度の期間での有期雇用契約であること、②交通費や手当などは正社員などとほぼ同様であるが、退職金などの支払いはないのが一般的であること、③継続的な雇用が保障されていないため、企業の業績などにより、雇用不安を持っていること、④企業内労働組合の中には加入を認めていないものもあることなどが挙げられています。

期間工は、契約社員である工員をいい、自動車工場や電子部品製造工場などで働くことが多く、かつては臨時工、季節工などとも呼ばれていました。主に部品の組立てなどの流れ作業に従事することが多く、かつては農閑期の出稼ぎとして行うことが多かったのですが、その後は、フリーターや日系ブラジル人などが増えています。その特徴は、契約社員と基本的に同じですが、作業は単調で熟練を要せず、また、交代制勤務に加え、残業があるなど勤務時間は不規則であることが多いため、工場周辺に勤務期間中に宿泊する寮などが提供されることが多いという特徴があります。

アルバイトと契約社員や期間工との違いは明確ではありませんが、一般的にはアルバイトの場合には労働契約書を交付されず時給制であることが多いこと、出勤日や勤務時間をある程度選択できることなどの特徴があるのに対し、契約社員や期間工の場合には月給制であることが比較的多く、出勤日や勤務時間が正社員と同様に、フルタイムでの勤務であることが多いという特徴を持っています。

アルバイトにしろ、契約社員や期間工にしろ、有期の労働契約であることが特徴ですので、ここでは有期労働契約の社員と捉えて、見ていくことにします。

1 有期労働契約の期間

（1） 労働契約の上限期間

　労働契約は期間の定めのないものを除き、原則として3年を超える期間について締結してはなりません。これに違反した者は、30万円以下の罰金に処せられます（労働基準法第14条第1項、第120条）。

　有期労働契約の契約期間の上限は従来1年でしたが、現在では3年に延長されています。延長された趣旨は、有期契約社員の多くが契約更新を繰り返すことにより、一定期間継続して雇用されている現状などを踏まえ、有期労働契約が労使双方から良好な雇用形態の1つとして活用されるようにすることにあります。したがって、この延長を契機として、正規社員の退職に伴う採用や新規学卒者の採用について、正規社員採用の方針を有期契約社員のみの採用の方針に変更するなど有期労働契約を期間の定めのない労働契約の代替として利用することは、その趣旨に反するものであり、また、期間の定めのない労働契約を締結している場合に、本人との合意がなければ有期労働契約に変更できないとの方針が示されています（平成15年10月22日基発第1022001号）。

　なお、労働契約の期間の上限を法律で定める目的は、長期間の拘束や足止めの防止にあり、同法第14条第1項に規定する期間を超える期間を定めた労働契約を締結した場合には、同法第13条の規定により、その期間は原則として3年となります。

（2） 労働契約の上限期間に関する特例

　労働契約の上限期間3年の例外には、次のものがあります。
① 　高度な専門的知識・技術・経験を有する者との間に締結される労働契約は、5年です（同法第14条第1項第1号）。
　　この労働契約については、その者の有する高度の専門的知識などを必

要とする業務に就く場合に限って契約期間の上限を5年とすることが可能となるもので、高度の専門的知識を必要とする業務に就いていない場合の契約期間の上限は3年となります(平成15年10月22日基発第1022001号)。

高度な専門的知識・技術・経験を有する者の範囲は、次のとおりです(平成15年10月22日厚生労働省告示第356号)。

① 博士の学位(外国において授与されたこれに該当する学位を含む)を有する者
② 公認会計士・医師・歯科医師・獣医師・弁護士・一級建築士・税理士・薬剤師・社会保険労務士・不動産鑑定士・技術士・弁理士の資格を有する者
③ システムアナリスト試験またはアクチュアリーに関する資格試験に合格した者
④ 特許発明の発明者、登録意匠を創作した者または登録品種を育成した者
⑤ 次のいずれかに該当する年間賃金額が1,075万円以上の者
　i 農林水産業・鉱工業の科学技術、機械・電気・土木・建築に関する科学技術に関する専門的応用能力を必要とする事項についての計画・設計・分析・試験・評価の業務に就こうとする者、システムエンジニアの業務に就こうとする者または衣服・室内装飾・工業製品・広告などの新たなデザインの考案の業務に就こうとする者で、次のいずれかに該当するもの
　　ア 大学卒業後5年以上の経験を有するもの
　　イ 短期大学・高等専門学校卒業後6年以上の経験を有するもの
　　ウ 高等学校卒業後7年以上の経験を有するもの
　ii システムコンサルタントの業務に就こうとする者で、システムエンジニアの業務に5年以上従事した経験を有するもの

⑥ 国、地方公共団体、公益法人などにより知識・技術・経験が優れたものであると認定され、①〜⑤に準ずるものとして厚生労働省労働基準局長が認める者

この範囲は、高度の専門的知識等を限定列挙したものですので、これ以外の者については、高度の専門的知識などを理由に、5年の労働契約を締結することができません。

高度な専門的知識などを有する労働者についての取扱いは、表5−1のような取り扱いになっています（平成15年10月22日基発第1022001号）。

表5−1 高度な専門的知識等を有する者についての取扱い

労働者の種類	取扱い
システムアナリスト試験・アクチュアリー資格試験合格者	「アクチュアリー」とは、確率や数理統計の手法を駆使して、保険料率の算定や配当水準の決定、保険商品の開発および企業年金の設計等を行うものであり、「アクチュアリーに関する資格試験」とは、社団法人日本アクチュアリー会が行うアクチュアリーに関する資格試験を指す。
農林水産業などの技術者	労働省編職業分類における大分類A（専門的・技術的職業）中中分類02（農林水産業・食品技術者）、03（機械・電気技術者）、04（鉱工業技術者（機械・電気技術者を除く。））又は05（建築・土木・測量技術者）　中小分類051（建築技術者）若しくは052（土木技術者）　に分類される者をいう。
システムエンジニアの業務	「情報処理システム」とは、情報の整理、加工、蓄積、検索等の処理を目的として、コンピュータのハードウェア、ソフトウェア、通信ネットワーク、データを処理するプログラムなどが構成要素として組み合わされた体系をいい、「情報処理システムの分析または設計の業務」とは、①ニーズの把握、ユーザーの業務分析などに基づいた最適な業務処理方法の決定およびその方法に適合する機種の選定、②入出力設計、処理手順の設計などアプリケーション・システムの設計、機械構成の細部の決定、ソフトウェアの決定等、③システム稼働後のシステムの評価、問題点の発見、その解決のための改善などの業務をいう。プログラムの設計または作成を行うプログラマーは含まない。
衣服等の新たなデザインの考案の業務	いわゆるデザイナーの業務をいう。「広告」には、商品のパッケージ、ディスプレイなど広く宣伝を目的としたものも含み、考案されたデザインに基づき、単に図面の作成、製品の製作などの業務を行う者は含まない。
システムコンサルタントの業務	事業運営において情報処理システムを活用するための問題点の把握またはそれを活用するための方法に関する考案若しくは助言の業務をいう。
卒業後○年以上の経験	それぞれの学位や資格などを得る以前の経験を含む。
年間賃金額が1,075万円	「支払われることが確実に見込まれる賃金の額」には、個別の労働契約または就業規則などにおいて、名称の如何にかかわらず、あらかじめ具体的な額をもって支払われることが約束され、支払われることが確実に見込まれる賃金はすべて含まれ、所定外労働に対する手当や勤務成績などに応じて支払われる賞与、業績給などその支給額があらかじめ確定されていないものは含まれない。ただ

> し、賞与や業績給でも最低保障額が定められ、その最低保障額については支払われることが確実に見込まれる場合には、その最低保障額は含む。
> 「1年当たり1,075万円以上」とは、契約期間中に支払われることが確実に見込まれる賃金額を1年当たりに換算した額が1,075万円以上であることをいい、次のいずれかに該当する場合である。
> ① 労働契約の開始の日から1年ごとの期間について1,075万円以上であること
> ② 賃金計算期間などに応じて客観的・合理的に定められる任意の日から1年ごとの期間について1,075万円以上であること
> ③ 契約期間中に支払われることが確実に見込まれる賃金の総額を1年に換算した額が1,075万円以上であること
> なお、1年未満の端数となる期間が生じる場合には、当該期間を1年に換算した賃金額が1,075万円以上であることが必要である。また、賃金の額に関する要件は、3年を超える有期労働契約の締結に当たっての要件であり、何らかの事由による休業や欠勤などにより実際の賃金額が減額され得ることは、契約の締結の要件とは関係がない。

② 契約締結時に満60歳以上の者との間に締結される労働契約は5年（同項第2号）
③ 一定の事業の完了に必要な期間を定める労働契約については、その事業が完了するまでの期間。
④ 職業能力開発促進法第24条による認定職業訓練を受ける者で、都道府県労働局長の許可を受けて使用されるものとの間に締結される労働契約については、その受ける職業訓練の訓練課程の期間。

2 有期労働契約基準

　厚生労働大臣は、期間の定めのある労働契約の締結時及びその期間の満了時において紛争が生ずることを未然に防止するため、労働契約の期間の満了に関する通知などの事項についての基準を定めることができます（同条第2項）。これに基づいて定められているのが、有期労働契約基準です。

　有期労働契約基準は、有期契約労働者について適切な労働条件を確保するとともに、有期労働契約が労使双方にとって良好な雇用形態として活用されるようにするためには、有期労働契約の締結、更新及び雇止めに際して発生するトラブルを防止し、その迅速な解決が図られるようにすることが必

要であることから、定められている(平成15年10月22日基発第1022001号)ものであり、有期契約基準について、行政官庁は必要な助言・指導を行うことができます(同条第3項)。

有期労働契約基準では、次の事項が定められています。

(1) 契約締結時の明示事項など

会社は、有期労働契約の締結に際し、期間の満了後における更新の有無を明示しなければなりません。この場合に、契約を更新する場合がある旨明示したときは、契約を更新する場合またはしない場合の判断の基準を明示しなければなりません。また、有期労働契約の締結後にこれを変更した場合には、速やかにその内容を明示しなければなりません。

この場合の「更新の有無」および「判断の基準」の内容は、契約期間満了後の雇用継続の可能性について一定程度予見することが可能となるものであることが必要です。

例えば、「更新の有無」については、①自動的に更新する、②更新する場合があり得る、③契約の更新はしない、などを明示することが考えられます。

また、「判断の基準」については、①契約期間満了時の業務量により判断する、②勤務成績、態度により判断する、③能力により判断する、④会社の経営状況により判断する、⑤従事している業務の進捗状況により判断する、などを明示することが考えられます。

なお、これらの事項については、トラブルを未然に防止するため、できる限り書面により確認する必要があります(労働契約法第4条第2項)。

また、会社が労働契約の締結時に行った「更新の有無」および「判断の基準」についての意思表示の内容を変更する場合には、速やかにその変更した意思表示の内容を明示しなければなりません。この場合、「更新の有無」および「判断の基準」が労働契約の一部となっている場合には、その変更には本人の同意が必要となります。

（2） 雇止めの予告

　契約を3回以上更新し、または1年を超えて継続勤務している者との有期労働契約を更新しない場合には、契約を更新しない旨明示されている場合を除き、少なくとも契約の期間の満了する日の30日前までに、その予告をしなければなりません。

　ここでいう「1年を超えて継続勤務しているとは、①1年以下の契約期間の労働契約が更新または反復更新され、雇用関係が初回の契約締結時から継続して通算1年を超える場合、②1年を超える契約期間の労働契約を締結している場合のいずれかです。

　なお、30日未満の契約期間の労働契約の更新を繰り返して1年を超えた場合の雇止めに関しては、30日前までにその予告をするのが不可能な場合であっても、できる限り速やかにその予告をしなければなりません。

　また、30日前の予告をするか否かと解雇の効力は、区別して考える必要があります。有期労働契約基準は、有期労働契約の終了時の紛争解決についての行政指導の基準を明文化しただけですので、予告をしたことによって、解雇権濫用などの問題がなくなるわけではありませんので、注意が必要です。

（3） 雇止めの理由の明示

　契約を3回以上更新し、または1年を超えて継続勤務している者との有期労働契約を更新しない場合に、本人から更新しない理由について証明書の請求があったときは、遅滞なく交付しなければなりません。また、有期労働契約が更新されなかった場合に、更新しなかった理由について証明書を請求したときも同様です。

　更新しない理由および更新しなかった理由については、契約期間の満了とは別の理由を明示することが必要です。

　例えば、①前回の契約更新時に契約を更新しないことが合意されていたため、②契約締結当初から更新回数の上限を設けており、契約が上限に当

たるものであるため、③担当していた業務が終了または中止したため、④事業縮小のため、⑤業務を遂行する能力が十分ではないため、⑥職務命令に対する違反行為を行ったこと、無断欠勤をしたことなど勤務不良のため、などを明示することが考えられます。

(4) 契約期間についての配慮

　使用者は、契約を1回以上更新し、かつ、1年を超えて継続勤務している者との有期労働契約を更新しようとする場合には、労働契約の実態および労働者の希望に応じて、契約期間をできる限り長くするよう努めなければなりません。

　また、有期労働契約については、社員を使用する目的に照らし、必要以上に短い期間を定めることにより、その労働契約を反復して更新することのないよう配慮しなければなりません（労働契約法第17条第2項）。

3　有期労働契約の中途での解除

　雇用期間が定められている有期労働契約の場合には、期間が満了するまでの間に解除できるのは、次の場合に限られており、それ以外の場合には、労働契約を解除することができないと解されています。

ア　やむを得ない事由があるとき（民法第628条）
イ　会社が破産手続開始の決定を受けたとき（同法第631条）
ウ　相手方が労働契約の債務の履行をしないとき（同法第541条）
エ　会社から明示された労働条件が事実と相違するとき（労働基準法第15条第2項）

　このうち、アのやむを得ない事由については、労使間の信頼関係が破壊される程度の債務不履行、つまり「雇傭契約ヲ締結シタル目的ヲ達スルニ付重大ナル支障ヲ惹起スル事項」（大正11年5月29日大審院判決）を意味すると解されており、社員の側では賃金不払いなどの場合が、会社側では、

例えば長期の無断欠勤、著しい職場規律違背などの行為があった場合が考えられます。

　解雇予告の除外認定の基準、すなわち即時解雇をすることができるのは、①事業所内の窃取、横領、傷害などの刑法犯、②賭博、風紀紊乱などの職場規律違反、③経歴詐称、④転職、⑤2週間以上の無断欠勤、⑥改善の見込みのない出勤不良などの行為がありますが、「期間の定めのない労働契約」については、当初からいつでも解雇が可能であるのに対し、有期労働契約の場合は契約期間の中途でいつでも解約が可能ではありませんので、その中途解約を可能とする基準は、解雇予告の除外認定の基準よりもさらに厳格なものに限られます。

　したがって、会社は、やむを得ない事由がある場合でなければ、期間の定めのある労働契約の期間が満了するまでの間において、社員を解雇することができません（労働契約法第17条第1項）。やむを得ない事由がない場合に解雇した場合には、残余期間の賃金相当額の損害を賠償する義務を負うことになります。

　一方、有期労働契約の上限が3年である社員が、1年を超える有期労働契約を締結する場合には、平成16年（2004年）改正労働基準法の見直しが行われるまでの期間については、その者は、やむを得ない事由がなくても、労働契約が1年を経過した日以後において会社に申し出ることにより、いつでも退職することができます（労働基準法第137条）。ただし、これ以外の場合においては、アからエまでのいずれかに該当しないときには、社員の側にも損害を賠償する義務が発生します。

4　有期労働契約の更新の拒否（雇止め）

　有期労働契約の場合に最も問題となるのは、その更新の拒否、すなわち雇止めの場合で、問題となりやすいのは、期間の定めのある労働契約を期間満了毎に更新してきたときです。

有期労働契約の更新の拒否（雇止め）

　雇止めが有効か否かについては、それぞれのケースの事実関係に応じて個別に判断されますが、一時的ないし臨時的でない比較的長期的な業務に、「期間を定めて雇用」されながらも何回も更新され、当然次回の更新も期待されるような状況になっており、社員が継続雇用を期待するのもやむを得ないと認められる場合には、次期の契約の更新拒否は実質的に解雇と解される場合があります。

　すなわち、短期の契約を数回に亘って更新し、かつ同一作業に従事させる場合は、実質において期間の定めのない契約と同一に取り扱われることになり（昭和24年9月21日基収第2751号）、一般に

① 　雇用に常用性があり、
② 　期間契約の更新がなされ、
③ 　雇用継続の期待を持たせる言動が会社側にあり、
④ 　更新手続が形式的でしかなかった

ような場合には、解雇権濫用法理が適用もしくは類推適用されます。

　有期労働契約の雇止めに関しては、次のような判例があります。

> ① 　実質において、当事者双方とも、期間は一応2ヶ月と定められてはいるが、いずれかから格別の意思表示がなければ当然更新されるべき労働契約を締結する意思であったものと解するのが相当であり、したがって、本件労働契約は期間の満了毎に当然更新を重ねてあたかも期間の定めのない契約と実質的に異ならない状態で存在していたものといわなければならない。したがって、本件雇止めの意思表示はこのような契約を終了させる意思のもとにされたのであるから、実質において解雇の意思表示に当たる。そうである以上、本件雇止めの効力の判断に当たっては、その実質にかんがみ、解雇に関する法理を類推すべきである（東芝柳町工場事件　最高裁第一小法廷昭和49年7月22日）。
> ② 　本件労働契約が期間の定めのない労働契約が存在する場合と実質的に異ならない関係が生じたということもできないが、季節的労務や特定物の製作のような臨時的作業のために雇用されるものではなく、そ

の雇用関係はある程度の継続が期待されていたものであり、本件においても5回にわたり契約が更新されている。ある程度の継続が期待されている雇用関係においては、労働者を契約期間満了によって雇止めするに当たっては、解雇に関する法理が類推され、解雇であれば解雇権の濫用などに該当して解雇無効とされるような事実関係の下に使用者が新契約を締結しなかったとするならば、期間満了後における使用者と労働者間の法律関係は従前の労働契約が更新された場合と同様となる。しかしながら、本件臨時員の雇用関係は比較的簡易な採用手続で締結された短期的有期契約を前提とするものである以上、雇止めの効力を判断すべき基準は、いわゆる終身雇用の期待の下に期間の定めのない労働契約を締結している本工を解雇する場合とはおのずから合理的な差異があるべきである。したがって、本工の希望退職者の募集に先立ち臨時員の雇止めが行われてもやむを得ないというべきである（日立メディコ事件　最高裁第一小法廷昭和61年12月4日）。

③　有期雇用契約について、期間の定めは一応のものであっていずれかから格別の意思表示がない限り当然更新されるべきものとの前提のもとに、雇用契約が存続・維持されてきたものである。期間満了によって本件雇用契約を終了させるためには、雇止めの意思表示及び従来の取扱いを変更して雇用契約を終了させてもやむを得ないと認められる特段の事情の存することが必要である（平安閣事件　最高裁第2小法廷昭和62年10月16日）。

④　労働者の新規採用契約においてその適性を評価し、判断するために期間を設けた場合には、期間の満了により契約が当然に終了する旨の明確な合意が当事者間に成立しているなどの特段の事情が認められる場合を除き、この期間は契約の存続期間ではなく、試用期間であると解するのが相当である（神戸弘陵学園事件　最高裁第三小法廷平成2年6月5日）。

また、自己都合退職者を除き例外なく契約が更新されてきており、更新手続も形式的であるとともに、本雇の欠員には臨時雇の希望者の中から適宜の者を登用して補充しており、制度導入後、直接本雇として雇用された者はいなかったような場合には、短期の更新でも雇止めをするには一定の合理的な理由を必要とする裁判例（龍神タクシー事件　大阪高裁平成3年1月16日）もあります。

5　有期労働契約と年次有給休暇

　年次有給休暇付与の要件である継続勤務は、労働契約の存続期間を意味しており、継続勤務に該当するか否かは勤務の実態に即して実質的に社員としての勤務関係が継続しているか否かにより判断されます。したがって、有期労働契約が更新され実質的には引き続き使用されている場合には、継続勤務しているものと認められ、未消化の年休があれば翌年度に繰り越すことができます。これに関して、次のような裁判例があります。

> それぞれ途中中断することなく引き続き雇用されていたのであるから、労基法39条の適用の上では、継続勤務したものと解すべく、各年度ごとに同条2項の規定に基づいて算出される日数の年休が与えられなければならない。また、当該年度に消化されなかった年休については、当該年度中に権利を行使すべき旨を定めた法令の定めは存しないし、労働者に休息、娯楽及び能力の啓発のための機会を確保し、もって健康で文化的な生活の実現に資するという年休制度の趣旨に照らし、翌年度に繰り越され、時効によって消滅しない限り、翌年度以降も行使できる。そして、この点でも継続勤務したものとして、未消化の年休は翌年度に繰越しが認められる（国際協力事業団事件　東京地裁平成9年12月日）。

　ただし、同じ会社との労働契約であっても、従前の労働契約と新しい労働契約との間において勤務内容・勤務時間等に差がある場合には、契約の更

新がなされても「継続勤務」と認められないとする次のような裁判例もあります。

　実質的勤務状況の上で、正規職員であった時と嘱託員となった後との間に、後者のほうが勤務の態様が著しく軽いというような差異がある場合、例えば勤務日数が大幅に減少したという場合にも継続勤務に該当し有給休暇日数が増加するとすることは、特に年次有給休暇の比例付与が条文上明らかにされていなかった改正前の労働基準法のもとにおいては、年次有給休暇制度の趣旨からしても相当ではなく、むしろ所定勤務日数が大幅に減少したような場合には、有給休暇の日数も減少すると解するほうが妥当であり、また、それが従前の所定労働日数の下でのみ有給休暇を与えられるにすぎない正規職員との間の公平にも適合する。このことは、例えば、週の所定勤務日数が6日であった正規職員が嘱託員に再採用されて週の所定勤務日数がその半分の3日に減少したような場合を考えれば明らかであって、かかる場合は、正規職員と嘱託員との間の勤務関係は実質的には別個であって、両者の間には勤務の継続はなく、勤務年数の通算もない。本件については、原告らは、正規職員当時は週6日勤務していたが、嘱託員としての再採用によって月18日間（週4日相当）のみ勤務すれば足りることになったもので、勤務日数は大幅に減少したものという他はないから、正規職員であった時と嘱託員となった後との間には継続勤務の関係はない。したがって、有給休暇日数については、正規職員であった時の年数は通算されず、また、正規職員当時有していた未消化の有給休暇日数も、定年退職により消滅し、嘱託員としての有給休暇に繰り越されることもない（東京芝浦食肉事業公社事件　東京地裁平成2年9月25日）。

6 有期契約社員の育児休業、介護休業、子の看護休暇

(1) 育児休業

　1歳未満の子を養育する社員は、育児休業の取得を会社に申し出ることができ、会社はこの申出を拒むことができません。ただし、①雇用された期間が1年に満たない社員や②申出の日から1年以内に雇用関係が終了することが明らかな社員、③1週間の所定労働日数が2日以下の社員などについては、過半数労働組合などとの書面による労使協定によって育児休業の対象としないことができます（育児・介護休業法第2条第1号、第6条）。

　この場合に、日々雇い入れられる者を除く有期契約社員も、次の要件を満たす場合には、育児休業の申出をすることができます。

① 　同じ会社に継続して雇用された期間が1年以上あること。
② 　子が1歳に達する日を超えて雇用が継続することが見込まれること。

(2) 介護休業

　負傷、疾病または身体上もしくは精神上の障害により、2週間以上の期間にわたり常時介護を必要とする状態にある次のいずれかに該当する者を介護する社員は、介護休業の取得を会社に申し出ることができ、会社はこの申出を拒むことができません。ただし、①雇用された期間が1年に満たない社員や②申出の日から93日以内に雇用関係が終了することが明らかな社員、③1週間の所定労働日数が2日以下の社員などについては、過半数労働組合などとの書面による労使協定によって介護休業の対象としないことができます（同法第2条、第11条）。

① 　配偶者（内縁関係を含む）、父母および子ならびに配偶者の父母
② 　社員が同居し、かつ扶養している祖父母、兄弟姉妹および孫

　この場合に、日々雇い入れられる者を除く有期契約社員も、次の要件を満たす場合には、介護休業の申出をすることができます。

① 同じ会社に継続して雇用された期間が1年以上あること。
② 介護休業の開始日から93日を経過する日を超えて継続雇用されることが見込まれること。

(3) 子の看護休暇

小学校就学前の子を養育する社員は、会社に申し出ることにより1年に5日まで子の看護のための休暇を取得することができます。ただし、①雇用された期間が6ヶ月に満たない社員や②1週間の所定労働日数が2日以下の社員については、過半数労働組合などとの書面による労使協定によって介護休業の対象としないことができます（同法第16条の2～第16条の3）。

7 社会・労働保険の取扱い

(1) 労災保険

労働契約の期間の定めの有無や所定労働日数の如何を問わず、労災保険の被保険者となります。

(2) 雇用保険

1週間の所定労働時間が20時間以上で、1年以上雇用される見込みがあれば、雇用保険の被保険者となります（行政手引）。ただし、日雇労働被保険者に該当しない日雇労働者や4ヶ月以内の期間の予定の季節的事業に雇用される者などは、雇用保険は適用されません（第2章90～91頁参照）。また、昼間学生アルバイトは、「被保険者とすることが適当でないもの」として被保険者とはなりません（行政手引）。

なお、季節的に雇用される者および短期の雇用に就くことを常態とする短期雇用特例被保険者が離職し、離職の日以前1年間に被保険者期間が通算して6月以上あり、かつ、失業の認定を受けている場合には、基本手当の30日（当分の間は40日）分の特例一時金が支給されます（雇用保険法

第38条～第41条、附則第7条)。

(3) 健康保険および厚生年金保険

　1日または1週間の所定労働時間および1ヶ月の所定労働日数が正規社員の4分の3以上である場合には、健康保険および厚生年金保険の被保険者となります(取扱基準)。ただし、臨時に日々雇用される者で1ヶ月を超えないものや臨時に2ヶ月以内の期間を定めて使用される者でその期間を超えないものなどは、健康保険の日雇特例被保険者となり、厚生年金保険の被保険者にはなりません(健康保険法第3条第2項、厚生年金保険法第12条。第2章95～96頁、99～100頁、第4章153頁参照)。

8　税の取扱い

　給与所得の源泉徴収に当たっては、日雇には、所得税法別表第二および別表第三の丙欄が適用されます(第2章101～103頁、第4章154～155頁参照)。

第6章
定年退職後の嘱託社員の雇用

「定年退職後の嘱託社員の雇用」のポイント
1 定年制と継続雇用
2 高年齢者の雇用の現状
3 定年退職嘱託社員の年次有給休暇
4 定年制、継続雇用などの管理に関するその他の留意点
5 社会・労働保険の取扱い
6 厚生年金保険の適用
7 医療保険

「定年退職後の嘱託社員の雇用」のポイント

(1) 定年制の定めをする場合には、その定年年齢は原則として60歳を下回ることができない。また、65歳未満の定年の定めをしている場合には、社員の65歳までの安定した雇用を確保するため、①定年の引上げ、②継続雇用制度の導入、③定年の定めの廃止のいずれかの高年齢者雇用確保措置を講じなければならない。

(2) 高年齢者雇用確保措置を講じなければならない場合の雇用の上限とする年齢については、平成25年度までに段階的に引き上げることができる。

(3) 継続雇用制度については、その事業所の過半数労働組合などとの書面による協定などにより、継続雇用制度の対象となる高年齢者についての基準を定めることができる。

(4) 定年退職者を嘱託として再雇用などする場合には、実質的には労働関係が継続しているので、定年前の勤続年数を通算して年次有給休暇を与えなければならない。

(5) 雇用保険については、次の取扱いがなされている。

① 短期雇用特例被保険者や日雇労働被保険者に該当する場合を除き、同じ会社に65歳になる前から引き続き65歳になった後も雇用されている者以外の65歳になって以後に雇用される者については、雇用保険は適用されないこと。

② 4月1日において64歳以上の高年齢者を雇用する会社においては、短期雇用特例被保険者および日雇労働被保険者以外の高年齢者については、雇用保険料を納付する必要はないこと。

③ 60歳以降、60歳時点の賃金と比べて75％未満の賃金で引き続き働いている場合には、賃金の減少分を補填するために高年齢雇用継続基本給付金が支給されること。

> ④ 60歳以降、60歳時点の賃金と比べて75％未満の賃金で安定した職業に就いた場合には、賃金の減少分を補填するために高年齢再就職給付金が支給されること。
> (6) 厚生年金は、基礎年金部分と報酬比例部分に分かれるが、男性の場合、基礎年金部分については平成13年から平成25年にかけて受給できる年齢が65歳へ段階的に引き上げられており、報酬比例部分は平成25年から平成37年にかけて受給できる年齢が60歳から65歳へ段階的に引き上げられるが、平成37年までは60歳前半層の全員または一部の高齢者は、60歳以降在職老齢年金を受給することができる。在職老齢年金については、賃金と年金額に応じて年金額の一部または全部の支給が停止される。

1　定年制と継続雇用

（1）定年制

社員の定年制の定めをする場合には、その定年年齢は60歳を下回ることができません（高年齢者雇用安定法第8条）。

ただし、高年齢者が従事することが困難である鉱業（鉱物の試掘、採掘およびこれに附属する選鉱、製錬などの事業）における坑内作業の業務に従事している者については、60歳を下回る定年を定めることができます。

また、定年については、性別や国籍、信条、社会的身分を理由として、差別的な取扱いをしてはなりません（男女雇用機会均等法第6条、労働基準法第3条）。

（2）高年齢者雇用確保措置

65歳未満の定年の定めをしている会社は、社員の65歳までの安定した雇用を確保するため、次のいずれかの高年齢者雇用確保措置を講じなければなりません（同法第9条第1項）。

① 定年の引上げ。
② 継続雇用制度(現に雇用している高年齢者が希望するときは、高年齢者をその定年後も引き続いて雇用する制度)の導入。
③ 定年の定めの廃止。

この高年齢者雇用確保措置を講じなければならない場合の雇用の上限とする年齢については、直ちに65歳にしなければならないのではなく、厚生年金の基礎年金部分について男性が受給できる年齢の引上げに合わせ、平成25年(2013年)度までに段階的に引き上げることができます(同法附則第4条)。

平成19(2007)年4月1日～平成22年3月31日	63歳
平成22(2010)年4月1日～平成25年3月31日	64歳
平成25(2013)年4月1日～	65歳

(3) 継続雇用制度

このうち、(2)②の継続雇用制度は、現に雇用している高年齢者が希望するときは、定年後も引き続き雇用する制度で、次の2つに区分することができます。いずれも、定年年齢の変更をせずに、雇用を延長する制度です。

① 再雇用制

定年に到達した社員をいったん退職させ、その後あらためて嘱託などの身分で再び雇用する制度です。

② 勤務延長制度

定年に到達した社員を退職させることなく引き続き雇用する制度です。

継続雇用制度については、その事業所の過半数労働組合などとの書面による協定(平成21(2009)年3月31日(中小企業の場合には平成23(2011)年3月31日)までは、過半数労働組合などとの書面による協定をするため努力したにもかかわらず協議が調わないときは、就業規則その他こ

れに準ずるもの)により、継続雇用制度の対象となる高年齢者についての基準を定め、その基準に基づく制度を導入したときは、(2)②の措置を講じたものとみなされます(同法第9条第2項、附則第5条)。

2 高年齢者の雇用の現状

平成19年(2007年)の高年齢者雇用状況報告(厚生労働省)によれば、高年齢者の雇用の現状は、次のようになっています。

(1) 常用雇用の高年齢者の数
60歳～64歳までの常用雇用者数は99万5千人(年齢計の常用雇用者数の4.4%)、65歳以上の常用雇用者数は39万人(同1.7%)。

(2) 高年齢者雇用安定法に定める高年齢者雇用確保措置の実施状況
① 高年齢者雇用安定法に定める高年齢者雇用確保措置を実施している企業は92.7%で、未実施の企業は7.3%。
② ①の実施企業のうち、高年齢者雇用確保措置の上限年齢を65歳以上としている企業は77.5%で、63歳または64歳の企業は22.5%。
③ ①の実施企業のうち、定年の定めを廃止した企業が2.1%、定年の引上げをした企業が12.1%、継続雇用制度を導入した企業が85.8%。
④ ③の継続雇用制度を導入した企業のうち、希望者全員を対象とする企業が38.8%、対象者の基準を労使協定で定めた企業が42.3%、対象者の基準を就業規則などで定めた企業が18.9%。
⑤ 希望者全員が65歳まで働ける企業は37.0%。
⑥ 70歳まで働ける企業は11.9%。
⑦ 継続雇用予定者の定年到達予定者に占める割合は76.7%。

3 定年退職嘱託社員の年次有給休暇

　年次有給休暇の権利を取得するためには、6ヶ月間継続勤務することが必要ですが、ここでいう「継続勤務」とは、「労働契約が存続している期間」であり、在籍期間のことをいいます。労働契約が存続しているか否かの判断は、実態で判断され、形式上は労働関係が終了し、別の契約が成立している場合であっても、前後の契約を通じて、実質的に労働関係が継続していると認められる限りは、継続勤務と判断されます。定年退職者を嘱託として再雇用などする場合には、形式的には従前とその後の労働契約とは別個のものですが、実質的には労働関係が継続していますので、定年退職嘱託社員については、定年前の勤続年数を通算して年次有給休暇を与えなければなりません。

4 定年制、継続雇用などの管理に関するその他の留意点

（1）定年制

　定年制は、一般に、老年社員の場合には、要求される労働の適格性が逓減するにかかわらず、給与がかえって逓増することから、人事の刷新・経営の改善等、企業の組織および運営の適正化のために行われるもので、一般的に不合理な制度ということはできないと解されています（秋北バス事件）。

　また、入社当時定年の定めがない会社で、就業規則により定年制を導入することは不合理なものではなく、その定年年齢に合理性があれば、その適用を拒むことはできないと解されています（新潟・土木建築請負会社事件東京高裁平成12年8月23日）。

　ただし、定年制の定めがある場合であっても、任意に中途退職しない限

り定年が延長されるという慣例が確立しており、定年延長の承認手続が形式的なものであるときは、その延長された定年年齢で定年退職となるという取扱いが、事実たる慣習として労働契約の内容を構成し、法的拘束力を有すると評価される場合もあります（日本大学事件　東京地裁平成13年7月25日）。

（2）定年退職者の再雇用

　会社が社員を再雇用するかどうかは、会社の完全な自由意思に任されているものとはいえず、会社が特に必要があると認めた場合に再雇用する旨就業規則に定めた場合であっても、その意思決定に制約を伴うことがあります。特に会社に定年退職後は特段の欠格事由のない限り再雇用するとの労働慣行が確立している場合には、将来定年に達する社員に対しても、特段の欠格事由がないかぎり、再雇用する旨あらかじめ一般的に黙示の意思表示をしているものとみられ、それは再雇用の申込であるので、社員が定年退職後に再雇用の意思表示をすることにより、会社の再雇用の申込に対する承諾があったことになり、それによって直ちに再雇用契約が成立することになります（大栄交通事件　最高裁第二小法廷昭和51年3月8日）。一方、定年後再雇用の労働慣行が確立していたとは認められない場合には、就業規則などで定年退職者に特段の欠格事由がない限り再雇用される権利を与えている場合でなければ、再雇用契約が成立したとは認められない（教王護国寺（東寺）事件　京都地裁平成10年1月22日）と解されています。

　なお、65歳以上の者の再雇用については、年金などを受けていることなどから、解雇権の濫用の法理が類推適用されるといっても、自ら程度の差はあるとする裁判例（大京ライフ事件　横浜地裁平成11年5月31日）もあります。

5　社会・労働保険の取扱い

（1）雇用保険の取扱い
1）雇用保険の適用
　短期雇用特例被保険者（季節的に雇用される者および短期の雇用に就くことを常態とする者）や日雇労働被保険者（日々雇用される者または一定の要件に該当する30日以内の期間を定めて雇用される者で日雇労働被保険者手帳の交付を受けている者）に該当する場合を除き、同じ会社に65歳になる前から引き続き雇用されている者以外の65歳になって以後に雇用される者については、雇用保険は適用されません（雇用保険法第6条）。

2）雇用保険料の取扱い
　保険年度の初日である4月1日において64歳以上の高年齢者を雇用する会社においては、短期雇用特例被保険者および日雇労働被保険者以外の高年齢者については、雇用保険料を納付する必要はありません（労働保険徴収法第11条の2）。

3）高年齢雇用継続給付
　雇用の継続が困難となる事由が生じた場合にその雇用安定を図るための雇用継続給付の中に「高年齢雇用継続給付」がありますが、この高年齢雇用継続給付には、「高年齢雇用継続基本給付金」と「高年齢再就職給付金」があります。

ア　高年齢雇用継続基本給付金
　高年齢雇用継続基本給付金は、60歳以降、60歳時点の賃金と比べて75％未満の賃金で働いている場合に、賃金の減少分を補填するために支

給されます(雇用保険法第61条)。

高年齢雇用継続基本給付金が支給されるためには、次の要件を満たす必要があります。
① 60歳時点の賃金と比較して75％未満の賃金であること。
② 被保険者であった期間が5年以上であること。
③ 低下後の賃金の額が33万7,343円(平成20年(2008年)8月1日以降)未満であること。
④ 60歳以上65歳未満の雇用保険の被保険者であること。
⑤ 60歳以降雇用保険の基本手当(失業等給付)の給付を受けていないこと。

高年齢雇用継続基本給付金の支給期間は、受給者が60歳に達した月から65歳に達する月まで(月の初日から末日まで引き続いて雇用保険の被保険者であり、育児休業基本給付金または介護休業給付金の支給を受けなかった月に限る)の期間です。

また、高年齢雇用継続基本給付金の支給額は表6−1のとおりで、60歳時点の賃金と比較して61％未満に低下したときは、各月の賃金の賃金の15％に相当する額、61％以上75％未満である場合には、その低下率に応じて、各月の賃金の15％に相当する額未満の額が支給されます。

表6−1　高年齢雇用継続基本給付金の給付額

60歳前半期の賃金水準	支給額
60歳時点の賃金の61％未満に低下した場合	低下後の賃金額の15％
60歳時点の賃金の61％以上75％未満に低下した場合	(60歳時点の賃金額×137.25／280)−(低下後の賃金額×183／280)
60歳時点の賃金の75％以上の場合	支給されません。

イ　高年齢再就職給付金

高年齢再就職給付金は、60歳以降、60歳時点の賃金と比べて75％未満の賃金で安定した職業に就いた場合に、賃金の減少分を補填するために支給されます(同法第61条の2)。

高年齢再就職給付金が支給されるためには、次の要件を満たす必要が

あります。
① 60歳時点の賃金と比較して75%未満の賃金であること。
② 被保険者であった期間が5年以上であること。
③ 就職日の前日における支給残日数が100日以上であること。
④ 再就職後の賃金の額が33万7,343円（平成20年（2008年）8月1日以降）未満であること。
⑤ 60歳以上65歳未満の雇用保険の被保険者であること。

　高年齢再就職給付金の支給期間は、就職日の属する月から就職日の翌日から2年（就職日の前日における支給残日数が200日未満である場合には1年）を経過する月で65歳に達する月まで（月の初日から末日まで引き続いて雇用保険の被保険者であり、育児休業基本給付金または介護休業給付金の支給を受けなかった月に限る）の期間です。

　高年齢再就職給付金の支給額は、高年齢雇用継続基本給付金の支給額と同じです。

　なお、高年齢再就職給付金の支給を受けることができる者が、同一の就職につき就業促進手当の支給を受けたときは高年齢再就職給付金は支給されず、高年齢再就職給付金の支給を受けたときは就業促進手当は支給されません。

6　厚生年金保険の適用

（1）厚生年金保険の適用

　70歳以上の者は、厚生年金保険の被保険者にはなりません（厚生年金保険法第12条）。また、厚生年金保険の被保険者となるためには、1日または1週間の所定労働時間および1ヶ月の所定労働日数が正規社員の4分の3以上であることが必要です（取扱基準）。

(2) 在職老齢年金の支給

　厚生年金は、基礎年金部分と報酬比例部分に分かれますが、男性の場合、基礎年金部分については平成13(2001)年から平成25(2013)年にかけて受給できる年齢が65歳へ段階的に引き上げられています。一方、報酬比例部分は平成25(2013)年から平成37(2025)年にかけて受給できる年齢が60歳から65歳へ段階的に引き上げられます。

　このため、平成37(2025)年までは60歳前半層の全員または一部の高齢者は、60歳以降在職しながら受ける在職老齢年金を受給することができます。

　在職老齢年金については、賃金と年金額に応じて年金額の一部または全部の支給が停止されます。具体的には、60歳から65歳までの間は、賃金と年金額の合計額が28万円を上回る場合には賃金の増加2に対し年金額1が停止し、賃金が48万円を超える場合には賃金が増加した分だけ年金額が停止します。また、65歳以降については、賃金と年金額の合計額が48万円を超える場合には賃金の増加2に対し年金額1が停止します。

　なお、在職老齢年金と高年齢雇用継続基本給付金とを併せて受給する場合には、在職老齢年金の額が支給停止となる併給調整制度(0〜6％)があります。

7　医療保険

　適用事業所に使用されている者は、日雇特例被保険者となる場合などを除いて、健康保険の被保険者となりますが、健康保険の被保険者となるためには、1日または1週間の所定労働時間および1ヶ月の所定労働日数が正規社員の4分の3以上であることが必要です(取扱基準)。また、75歳以上の者などは後期高齢者医療制度が適用されます。

第7章
外国人社員の雇用

「外国人社員の雇用」のポイント
1 外国人社員と在留資格
2 雇用対策法の規定
3 労働基準法などの規定
4 社会・労働保険の取扱い
5 税の取扱い

「外国人社員の雇用」のポイント

(1) 外国人は、在留資格の範囲内で我が国での活動ができるが、就労の可否によって分けると次の4つに分類される。

① 永住者、日本人の配偶者等、永住者の配偶者等および定住者は、就労活動に制限がない。

② 外交、公用、教授、芸術、宗教、報道、投資・経営、法律・会計業務、医療、研究、教育、技術、人文知識・国際業務、企業内転勤、興行および技能は在留資格の範囲内で就労が可能であるが、このうち、一般の事務所で雇用されることが多いのは、技術、人文知識・国際業務、企業内転勤、技能である。

③ 特定活動は、許可の内容によって就労の可否が決まるが、この中には技能実習やワーキングホリデーが含まれる。

④ 原則として就労が認められないのは文化活動、短期滞在、留学、就学、研修および家族滞在の6種類であるが、このうち、留学、就学および家族滞在については、あらかじめ法務大臣から資格外活動の許可を受けた場合には、一定の範囲内で短時間の就労が認められている。

(2) 外国人社員を雇用する会社は、外国人社員が我が国の雇用慣行に関する知識や求職活動に必要な雇用情報を十分にもっていないことなどから、その雇用する外国人社員がその有する能力を有効に発揮できるよう、職業に適応することを容易にするための措置の実施など雇用管理の改善に努めるとともに、本人の責任によらない解雇などの会社側の都合によって離職する場合で再就職を希望するときは、求人の開拓などの再就職の援助の措置を講ずるように努めなければならない。

(3) 新たに外国人社員を雇い入れた場合またはその雇用する外国人

労働者が離職した場合などの場合には、外国人社員の氏名、在留資格、在留期間などの事項について、確認し、公共職業安定所長に届け出なければならない。

(4) 不法就労外国人を含め日本国内で就労する外国人社員に対しては、労働基準法などが適用されるが、外国人研修生については、技術、知識の習得を目的としているので、適用されない。また、外国人社員については、次の点に留意する必要がある。

① 国籍、信条または社会的身分を理由として、賃金、労働時間などの労働条件について、差別的な取扱いをしてはならないこと。

② 渡航費用の賃金から天引きについては、会社側が一方的に相殺することは禁止されているが、本人の自由な意思に基づくものであると認められる合理的な理由が客観的に存在していたといえる場合に合意による相殺を行うことは可能であること。

③ 渡航費用の残額の返済がないことを理由にパスポートの返還請求を拒むことは、許されないこと。

④ 不法就労の外国人が労働災害に被災した場合には、労災保険が給付されるが、これに加えて、その災害による損害について、会社に対して賠償を請求できること。

(5) 労災保険は、国籍、在留資格の区分および不法就労の如何を問わず、適用される。そのほかの社会・労働保険については、適法に就労する外国人に対しては原則として日本人と同様の取扱いをすることになっているが不法就労である場合には原則として適用されない。

1　外国人社員と在留資格

　外国人は、「出入国管理及び難民認定法」で定められている在留資格の範囲内で我が国での活動ができます（同法第19条、別表第1〜第2）。現在、この在留資格は大きく分けて、①身分または地位にもとづく在留資格および②活動にもとづく在留資格とがあり、その資格数は総数で27種類あります。これを就労の可否によって分けると大きく4つに分類することができます。

（1）就労活動に制限がない在留資格
　就労活動に制限がない在留資格は、永住者、日本人の配偶者等、永住者の配偶者等および定住者の4種類です（同法別表第2）。これらの在留資格を有する外国人は、何ら制限を受けることなく日本国内で就労することができます。ただし、これらの者のうち、永住者の在留資格については在留期間は無期限ですが、永住者以外の在留資格については在留期間は原則3年または1年の制限が設けられています。

　いわゆる日系2世、3世については、日本人の配偶者等または定住者として在留する限り、就労活動に制限はありませんが、在留期間には制限があります。

（2）在留資格の範囲内で就労が可能な在留資格
　在留資格の範囲内で就労が可能な在留資格は、外交、公用、教授、芸術、宗教、報道、投資・経営、法律・会計業務、医療、研究、教育、技術、人文知識・国際業務、企業内転勤、興行および技能の16種類です（同法別表第1、第1の2）。このうち、外交および公用については任務にあたる期間が在留期間ですが、外交、公用および興行以外の在留資格については在留期間は3年または1年であり、興行の場合の在留期間は1年、6ヶ月または

3ヶ月です。

　これらの在留資格のうち、一般の事務所で雇用されることが多いと考えられるのは、技術（コンピューター技師、自動車設計技師など）、人文知識・国際業務（通訳、語学の指導、為替ディーラー、デザイナーなど）、企業内転勤、技能（中華料理・インド料理のコックなど）です。なお、企業内転勤については、企業が海外の本店または支店から期間を定めて受け入れる社員で、活動は技術、人文知識・国際業務に限られています。

　なお、これらの在留資格を持つ外国人が、他の分野で就労するためには、法務大臣から資格外活動の許可を得なければなりません（同法第19条）。

（3）許可の内容によって就労の可否が決まる在留資格

　許可の内容によって就労の可否が決まる在留資格には、特定活動があります（同法別表第1の5）。特定活動は、法務大臣が個々の外国人について特に指定する活動であり、外交官などの家事使用人やアマチュアスポーツ選手などのほかに技能実習やワーキングホリデーがあります。

1）技能実習

　技能実習は、就労活動が禁止されている研修の在留資格をもつ者が、研修期間終了前の所定の時期に、研修成果、技能実習計画および在留状況の3つの点で適正と評価された場合に、在留資格が研修から特定活動に変更されたものをいいます。

　技能実習は、研修終了後に、より実践的な技能などの修得のための活動を行うことを目的として、研修実施先に雇用された場合にのみ就労することができますが、研修から技能実習に在留資格が変更されたときは、在留期間も延長され、研修期間1年間と技能実習期間2年間とを合わせて最長3年まで在留することができます。ただし、技術・技能・知識などを習得することを目的として日本に滞在することを目的としていますので、研修期間中は座学による研修を必ずプログラムの中に入れなければならず、また、技能実

習については、①原則として転職が認められない、②原則として家族帯同が認められない、③技能実習計画で到達すべき技能水準が定められている、という制限があります。

2) ワーキングホリデー

ワーキングホリデーは、両当事国の青少年の交流を促進し、相互理解を深める機会を拡大するため、一定の期間観光を目的として在留することを認めるもので、その間旅行費用の不足を補うため観光に付随して本来の目的に反しない範囲で就労することが認められるものです。現在、オーストラリア、ニュージーランド、カナダ、韓国、フランス、ドイツ、イギリスの7カ国との間で実施されています。

(4) 原則として就労が認められない在留資格

原則として就労が認められない在留資格は文化活動、短期滞在、留学、就学、研修および家族滞在の6種類です(同法別表第1の3、第1の4)。

これらの在留資格のうち、文化活動、短期滞在および研修については、原則として就労が認められていませんが、留学、就学および家族滞在については、あらかじめ法務大臣から資格外活動の許可を受けた場合には、一定の範囲内で短時間の就労が認められています。資格外活動の許可を得れば、留学については原則として1週28時間(夏休みなどの長期休業期間中は1日8時間)まで、就学については原則として1日4時間まで、家族滞在については、原則として1週28時間まで就労することができます。ただし、風俗営業を営んでいる事業所などでは就労することはできません。

なお、研修については、技術、知識の習得を目的としていますので、社員として雇用されて賃金を受けることはできませんが、研修手当など研修に必要な実費の支給を受けることはできます。

（5） 不法就労外国人に関する取扱い

不法就労をした外国人には、3年以下の懲役または300万円以下の罰金が適用される（同法第70条）ほか、本国などに強制退去をさせられます（同法第24条）。この場合には、その外国人は、5年間日本国内に再入国することはできません（同法第5条）。

また、外国人に不法就労をさせた雇用主なども、不法就労を助長したということで、3年以下の懲役または300万円以下の罰金が課されます（同法第73条の2）。

2　雇用対策法の規定

（1）　外国人社員を雇用する会社の責務

外国人社員を雇用する会社は、外国人社員が我が国の雇用慣行に関する知識や求職活動に必要な雇用情報を十分にもっていないことなどから、その雇用する外国人社員がその有する能力を有効に発揮できるよう、職業に適応することを容易にするための措置の実施など雇用管理の改善に努めるとともに、本人の責任によらない解雇などの会社側の都合によって離職する場合で再就職を希望するときは、求人の開拓などの再就職の援助の措置を講ずるように努めなければなりません（雇用対策法第8条）。

これに関しては、次のような内容の「外国人労働者の雇用管理の改善等に関して事業主が適切に対処するための指針（以下「外国人指針」という）が定められています（同法第9条）。

1　募集および採用の適正化
(1)募集
①　外国人を募集するに当たっては、募集に応じる外国人に対し、採用後に従事すべき業務の内容および賃金、労働時間、就業の場所、労働契約の期間、労働・社会保険関係法令の適用に関する事項について、その内容を明らかにした書面の交付などにより明

示すること。
② 特に、募集に応じる外国人が国外に居住している場合には、来日後に、募集条件に係る相互の理解の齟齬などから労使間のトラブルなどが生じることのないよう、渡航費用の負担、住居の確保などの募集条件の詳細について、あらかじめ明確にするよう努めること。
③ 国外に居住する外国人のあっせんを受ける場合には、職業安定法の定めるところにより、職業紹介事業の許可を受け、または届出を行っている職業紹介事業者から受けるものとし、職業安定法または労働者派遣法に違反する者からはあっせんなどを受けないこと。
④ 求人の申込みに当たり、職業紹介事業者に対し、採用後に従事すべき業務の内容および賃金、労働時間、就業の場所、労働契約の期間、労働・社会保険関係法令の適用に関する事項について、その内容を明らかにした書面の交付などにより、明示すること。
⑤ 職業紹介事業者が職業紹介を行うに当たり、国籍を理由とした差別的な取扱いをすることは職業安定法上禁止されており、職業紹介事業者に対し求人の申込みを行うに当たっては、国籍による条件を付すなど差別的な取扱いをしないよう十分留意すること。

(2) 採用
① 外国人を採用するに当たっては、本人の旅券または外国人登録証明書（資格外活動の許可を受けて就労する外国人については旅券または外国人登録証明書および資格外活動許可書または就労資格証明書）の提示を求めることにより、あらかじめ、外国人が、採用後に従事すべき業務について、在留資格上従事することが認められる者であることを確認し、従事することが認められない者については、採用しないこと。
② 在留資格の範囲内で、外国人社員がその有する能力を有効に

発揮できるよう、公正な採用選考に努めること。特に、永住者、定住者などその身分に基づき在留する外国人に関しては、その活動内容に制限がないことに留意すること。
③　新規学卒者などを採用する際、留学生であることを理由として、その対象から除外することのないようにするとともに、異なる教育、文化などを背景とした発想が期待できる留学生の採用により、企業の活性化・国際化を図るためには、留学生向けの募集・採用を行うことも効果的であることに留意すること。

2　適正な労働条件の確保

(1)　均等待遇

　国籍を理由として、賃金、労働時間その他の労働条件について、差別的な取扱いをしないこと。

(2)　労働条件の明示

①　労働契約の締結に際し、賃金、労働時間など主要な労働条件について、本人が理解できるようその内容を明らかにした書面を交付すること。

②　賃金について明示する際には、賃金の決定、計算、支払の方法などはもとより、これに関連する税金、労働・社会保険料、労使協定に基づく賃金の一部控除の取扱いについても理解できるよう説明し、実際に支給する額が明らかとなるよう努めること。

(3)　適正な労働時間の管理

　法定労働時間の遵守、週休日の確保をはじめ適正な労働時間管理を行うこと。

(4)　労働基準法など関係法令の周知

　労働基準法など関係法令の定めるところによりその内容について周知を行うこと。その際には、分かりやすい説明書を用いるなど外国人社員の理解を促進するため必要な配慮をするよう努めること。

(5) 労働者名簿などの調製

　労働基準法の定めるところにより労働者名簿および賃金台帳を調製すること。その際には、外国人社員について、家族の住所その他の緊急時における連絡先を把握しておくよう努めること。
(6) 金品の返還など
　① 外国人社員の旅券などを保管しないようにすること。
　② 退職の際には、労働基準法の定めるところにより本人の権利に属する金品を返還すること。また、返還の請求から7日以内に出国する場合には、出国前に返還すること。

3　安全衛生の確保
(1) 安全衛生教育の実施

　安全衛生教育を実施するに当たっては、その内容を理解できる方法により行うこと。特に、使用させる機械設備、安全装置、保護具の使用方法などが確実に理解されるよう留意すること。
(2) 労働災害防止のための日本語教育などの実施

　労働災害防止のための指示などを理解することができるようにするため、必要な日本語、基本的な合図などを習得させるよう努めること。
(3) 労働災害防止に関する標識、掲示など

　事業場内における労働災害防止に関する標識、掲示などについて、図解などの方法を用いるなどその内容を理解できる方法により行うよう努めること。
(4) 健康診断の実施など
　① 労働安全衛生法などの定めるところにより健康診断を実施すること。
　② 健康診断の実施に当たっては、健康診断の目的・内容を理解できる方法により説明するよう努めること。
　③ 健康診断の結果に基づく事後措置を実施するときは、健康診

断の結果ならびに事後措置の必要性および内容を理解できる方法により説明するよう努めること。
(5) 健康指導および健康相談の実施
産業医、衛生管理者などを活用して健康指導および健康相談を行うよう努めること。
(6) 労働安全衛生法など関係法令の周知
労働安全衛生法など関係法令の定めるところによりその内容についてその周知を行うこと。その際には、分かりやすい説明書を用いるなど理解を促進するため必要な配慮をするよう努めること。

(4) 労働・社会保険の適用
(1) 制度の周知および必要な手続の履行
① 外国人社員に対し、労働・社会保険に関する法令の内容および保険給付の請求手続などについて、雇入れ時に理解できるよう説明を行うことなどにより周知に努めること。
② 労働・社会保険に関する法令の定めるところに従い、被保険者に該当する外国人社員に関する適用手続など必要な手続をとること。
(2) 保険給付の請求などについての援助
① 外国人社員が離職する場合には、本人への雇用保険被保険者離職票の交付など必要な手続を行うとともに、失業等給付の受給に関する公共職業安定所の窓口の教示その他必要な援助を行うように努めること。
② 外国人社員に労働災害などが発生した場合には、労災保険給付の請求その他の手続に関し、外国人社員からの相談に応ずること、手続を代行することなど必要な援助を行うように努めること。
③ 厚生年金保険については、加入期間が6月以上の外国人社員が帰国する場合には、帰国後加入期間などに応じた脱退一時金の支給を請求し得る旨帰国前に説明するとともに、社会保険事務

所などの関係機関の窓口を教示するよう努めること。

5 適切な人事管理、教育訓練、福利厚生など
(1) 適切な人事管理
① 雇用する外国人が円滑に職場に適応し、その職場での評価や処遇に納得しつつ就労することができるよう、職場で求められる資質、能力などの社員像の明確化、職場における円滑なコミュニケーションの前提となる条件の整備、評価・賃金決定、配置などの人事管理に関する運用の透明化など多様な人材が能力発揮しやすい環境の整備に努めること。その際、公共職業安定所の行う雇用管理に関する助言・指導を踏まえ、適切に対応すること。
(2) 生活指導など
① 日本社会への対応の円滑化を図るため、日本語教育および日本の生活習慣、文化、風習、雇用慣行などについて理解を深めるための指導を行うとともに、外国人社員からの生活上または職業上の相談に応じるように努めること。
(3) 教育訓練の実施など
在留資格の範囲内でその能力を有効に発揮しつつ就労することが可能となるよう、教育訓練の実施その他必要な措置を講ずるように努めるとともに、苦情・相談体制の整備、母国語での導入研修の実施など働きやすい職場環境の整備に努めること。
(4) 福利厚生施設
適切な宿泊の施設を確保するように努めるとともに、給食、医療、教養、文化、体育、レクリエーションなどの施設の利用について、十分な機会が保障されるように努めること。
(5) 帰国および在留資格の変更などの援助
① 在留期間が満了する場合には、雇用関係を終了し、帰国のための諸手続の相談その他必要な援助を行うように努めること。

② 在留資格を変更しようとするときまたは在留期間の更新を受けようとするときは、その手続を行うに当たっての勤務時間の配慮その他必要な援助を行うように努めること。
(6) 労働者派遣または請負を行う事業主に係る留意事項
　① 労働者派遣の形態で外国人を就業させる事業主は、従事する業務の内容、就業の場所、直接指揮命令する者に関する事項など派遣就業の具体的内容を明示すること、派遣先に対し派遣する外国人の氏名、労働・社会保険の加入の有無を通知するなど労働者派遣法の定めるところに従い、適正な事業運営を行うこと。
　② 派遣先は、労働者派遣事業の許可を受けていない者などからは労働者派遣を受けないこと。
　③ 請負を行う事業主は、請負契約の名目で実質的に労働者供給事業または労働者派遣事業を行うことのないよう、職業安定法および労働者派遣法を遵守すること。
　④ 請負を行う事業主は、自ら雇用する外国人の就業場所が注文主の事業所内である場合には、雇用労務責任者などに人事管理、生活指導などの職務を行わせること。

6　解雇の予防および再就職の援助
　事業規模の縮小などを行おうとするときは、外国人社員に対して安易な解雇などを行わないようにするとともに、やむを得ず解雇などを行う場合は、再就職を希望する者に対して、関連企業などへのあっせん、教育訓練などの実施・受講あっせん、求人情報の提供などその在留資格に応じた再就職が可能となるよう、必要な援助を行うように努めること。その際、公共職業安定所と密接に連携するとともに、公共職業安定所の行う再就職援助に関する助言・指導を踏まえ、適切に対応すること。

7　雇用労務責任者の選任

事業主は、常時10人以上外国人社員を雇用するときは、人事課長などを雇用労務責任者として選任すること。

8　職業安定機関、労働基準監督機関その他関係行政機関の援助と協力

職業安定機関、労働基準監督機関その他関係行政機関の必要な援助と協力を得て、この指針に定められた事項を実施すること。

（2）外国人社員の雇用状況の確認・届出

新たに外国人社員を雇い入れた場合もしくはその雇用する外国人社員が離職した場合または平成19年10月1日の時点で現に外国人社員を雇い入れている場合には、表7-1の外国人社員の氏名、在留資格、在留期間などの事項について、同表の方法により確認し、同表の方法および期限に従って、所轄の公共職業安定所長に届け出なければなりません（雇用対策法第28条第1項、外国人指針）。これに違反した者は、30万円以下の罰金に処せられます（同法第38条第1項第2号）。

表7-1　外国人社員の雇用状況の確認・届出

外国人社員の種類	確認し、届け出るべき事項	確認の方法	届出の方法・期限
①雇用保険被保険者資格を有する外国人（③を除く）	氏名、在留資格（資格外活動の許可を受けて就労する者を雇い入れる場合には当該許可の有無を含む）、在留期間、生年月日、性別、国籍のほか、職種、賃金、住所などの雇用保険被保険者資格取得届または雇用保険被保険者資格喪失届に記載すべき当該外国人の雇用状況などに関する事項	ア　資格外活動の許可を受けて就労する外国人以外の外国人については、旅券または外国人登録証明書の提示を求め、確認する。 イ　資格外活動の許可を受けて就労する外国人については、旅券または外国人登録証明書および資格外活動許可書	A　雇入れに関する届出は雇い入れた日の翌月10日までに、雇用保険被保険者資格取得届と併せて届け出る。 B　離職に関する届出は離職した日の翌日から起算して10日以内に、雇用保険被保険者資格喪失届と併せて届け出る。
②雇用保険被保険者資格を有さない外国人	氏名、在留資格（資格外活動の許可を受けて就労する者を雇い入れる場合には当該許可の有無を含む）、在		

(③を除く)	留期間、生年月日、性別、国籍	または就労資格証明書の提示を求め、確認する。	雇入れに関する届出、離職に関する届出ともに、雇入れまたは離職した日の翌月の末日までに、雇用対策法施行規則様式第3号に必要事項を記載の上、届け出る。
③　平成19年10月1日の時点で現に雇い入れている外国人	氏名、在留資格、在留期間、生年月日、性別、国籍		A平成20年10月1日までの間に、雇用対策法施行規則様式第3号に必要事項を記載の上、届け出る。 B離職した場合には、上記の方法・期限に従い届け出る。

（3）行政による指導監督

厚生労働大臣（労働局・公共職業安定所）は、事業主に助言・指導・勧告を行うことができるとともに、外国人の雇用に関する状況の届出に関し立入り検査を行うことができます（同法第33条第1項）。

3　労働基準法などの規定

　労働基準法、労働安全衛生法、労災保険法などの労働保護法規は、日本国内において行われる事業に対しては使用者・労働者の国籍を問わず、また当事者の意思のいかんを問わず、適用されます。したがって、日本国内で事業を行う外国企業や、不法就労外国人を含め日本国内で就労する外国人社員に対しては、労働基準法などが適用されます。

　ただし、外国人研修生については、技術、知識の習得を目的としており、労働基準法の「労働者」ではないので、同法などは適用されません。しかしながら、外国人研修生が、その就業実態から、同法の「労働者」に該当す

るとされる場合もあります(第11章308～311頁参照)。

(1) 国籍、信条、社会的身分を理由とする労働条件についての差別的な取扱いの禁止

会社は、社員の国籍、信条または社会的身分を理由として、賃金、労働時間などの労働条件について、差別的な取扱いをしてはなりません(労働基準法第3条)。

このため、会社は、社員の国籍を理由として、労働条件について差別的な取扱いをしてはなりません。このため、外国籍であることを隠して応募書類の本籍欄に虚偽を記入した者を解雇することは、国籍を理由とする差別的な取扱いに当たるとする裁判例があります。一方、外国人との間で期間の定めのない雇用契約を締結しないことについて、合理的な理由があれば、国籍による差別には該当しないとする裁判例もあります(第3章112～113頁参照)。

(2) 渡航費用の賃金から天引き

賃金は、社員に、原則としてその全額を支払わなければなりません(同法第24条第1項)が、会社が社員に対して有する債権について賃金と相殺できるかについては、一般に、会社側が一方的に相殺することは全額払いの原則に違反します(日本勧業経済会事件　最高裁大法廷昭和36年5月31日)が、社員の自由な意思に基づくものであると認められる合理的な理由が客観的に存在していたといえる場合に合意による相殺を行うことは、全額払いの原則に違反しない(日新製鋼事件　最高裁第二小法廷平成2年11月26日)と解されています。

これに関しては、会社が外国人社員の渡航費用について外国人社員の賃金と相殺したことが全額払いの原則に違反するかについて争われた次の裁判例があります。

労働基準法などの規定

　航空運賃については、外国人社員と会社との間に、10回の分割払いの合意及び毎月の給料から同分割金を精算する旨の合意があったと解される。この精算の合意は、外国人社員の任意によるものと認められ、かつ分割金の内容、金額等に照らし、同原告らの不利益となるものではなく、却って利益な面もあること(渡航費用を自ら用意せずに渡航し、直ちに日本で就労でき、就労しながら返済ができる)、支払いの煩雑を避けうることから合理的であり、労働基準法24条1項の規定にかかわらず有効なものと認められる。また、航空運賃以外の渡航に必要な経費についても、それが外国人社員らが当然負担すべきものであるかぎり、航空運賃と同様に分割で支払う旨の合意と給料から精算する旨の合意があったと解される(株式会社本譲事件　神戸地裁姫路支部平成9年12月3日)。

(3) パスポートの保管と返還

　外国人社員のパスポートを会社は保管しないよう行政指導が行われており、また、会社は、社員が退職した場合に、その請求があったときは、7日以内に本人の権利に属する金品を返還しなければなりません(同法第23条)が、これに関して、次のような裁判例があります。

　会社がパスポートを保管することは、その保管が任意な依頼によるものであり、返還要求に直ちに応ずるものであるかぎり、違法なものということはできない。したがって、返還要求があるまでの期間のパスポートの保管行為は任意な依頼によるものと認められ、違法ということはできない。外国人社員のパスポートの返還請求は正当であり、会社は直ちにこれに応ずるべきであった。渡航費用の残額の返済がないことを理由に同返還を拒むことは、公序良俗に反し許されない。よって、パスポートの返還請求以後の保管行為は違法である(株式会社本譲事件)。

(4) 不法就労外国人の労災事故についての損害賠償

　不法就労の外国人にも労災保険は適用されますので、労働災害に被災した場合には、労災保険が給付されます。これに加えて、その災害による損害について、会社に対して賠償を請求できます。これに関し、次のような判例があり、会社に対する損害賠償請求を認め、逸失利益の算定については、わが国における就労可能期間の認定について、来日目的、事故の時点における本人の意思、在留資格の有無、在留資格の内容、在留期間、在留期間更新の実績および蓋然性、就労資格の有無、就労の態様などの事実的および規範的な諸要素が考慮され、わが国における就労可能期間は日本での実所得を基準に算定しています。

> 　本件は、在留期間を超えて我が国に残留している外国人が、会社で就労中に労災事故に被災して後遺障害を残す傷害を負ったため、使用者である会社などに対して損害賠償を求めるものである。財産上の損害としての逸失利益は、事故がなかったら存したであろう利益の喪失分として評価算定されるものであり、その性質上、相当程度の蓋然性をもって推定される当該被害者の将来の収入等の状況を基礎として算定せざるを得ない。損害の填補、すなわち、あるべき状態への回復という損害賠償の目的からして、算定は、被害者個々人の具体的事情を考慮して行うのが相当である。したがって、一時的に我が国に滞在し将来出国が予定される外国人の逸失利益を算定するに当たっては、当該外国人がいつまで我が国に居住して就労するか、その後はどこの国に出国してどこに生活の本拠を置いて就労することになるか、などの点を相当程度の蓋然性が認められる程度に予測し、将来のあり得べき収入状況を推定すべきことになる。そうすると、予測される我が国での就労可能期間ないし滞在可能期間内は我が国での収入等を基礎とし、その後は想定される出国先での収入等を基礎として逸失利益を算定するのが合理的ということができる。そして、我が国における就労可能期間は、来日目的、事故の時点における本人の意思、在留資格の有無、在留資格の内容、在

留期間、在留期間更新の実績および蓋然性、就労資格の有無、就労の態様等の事実的および規範的な諸要素を考慮して、これを認定するのが相当である。在留期間を超えて不法に我が国に残留し就労する不法残留外国人は、退去強制の対象となり、最終的には我が国からの退去を強制されるものであり、我が国における滞在および就労は不安定なものといわざるを得ない。そうすると、事実上は直ちに摘発を受けることなくある程度の期間滞在している不法残留外国人がいることなどを考慮しても、在留特別許可などによりその滞在および就労が合法的なものとなる具体的蓋然性が認められる場合はともかく、不法残留外国人の我が国における就労可能期間を長期にわたるものと認めることはできない。本件においては、事故後に勤めた製本会社を退社した日の翌日から3年間は我が国において会社から受けていた実収入額と同額の収入を、その後は来日前にパキスタン回教共和国で得ていた収入程度の収入を得ることができたものと認めるのが相当である（改進社事件　最高裁第三小法廷平成9年1月28日）。

4　社会・労働保険の取扱い

外国人社員に対する社会・労働保険の取扱いは、社会・労働保険の種類に応じて異なる取扱いがされています。ただし、外国人研修生については、労働基準法の「労働者」ではないので、社会・労働保険も原則として適用されず、例えば、研修中の事故によるけがなどに対応するために、損害保険に加入しています。

（1）労災保険

労災保険は、国籍、在留資格の区分および不法就労の如何を問わず、適用事業に使用されるすべての労働者に適用されますので、外国人社員にも適用されます（労災保険法第3条）。

（2）雇用保険

雇用保険の取扱いについて在留資格との関係をみますと、一般的に次のようになります。

① 永住者、定住者など

　永住者、日本人または永住者の配偶者等および定住者等の外国人は、適用除外に該当しない限り、その国籍の如何を問わず被保険者となります。

② 外交、公用、技術、研究など

　外交、公用、技術、研究などの在留資格で就労する外国人の場合、受給資格を得ても失業給付を受けられず、被保険者とはなりません（行政手引）。

③ 特定活動

　特定活動のうち、資格外活動の許可を受けて就労する場合には、1週間の所定労働時間が30時間以上であるか、または20時間以上30時間未満で1年以上引き続き雇用される見込みがあるときは、原則として被保険者となります。

　ただし、留学生・就学生については、日本人の昼間学生と同様に、雇用保険の被保険者とはなることができません（平成6年職発第54号、行政手引）。また、ワーキングホリデー制度により就労する者も同様に被保険者となりません。

　このほか、外国公務員や外国の失業補償制度の適用を受けていることが立証された者も被保険者とはなることはできません。

④ 不法就労者および不法残留者

　不法就労者は、たとえ被保険者資格の取得要件を満たしていても、被保険者となることができません。

　なお、被保険者となることのできる在留資格の外国人が現に雇用保険に加入し、その後、失業して基本手当を受給している間に在留期間が満了した場合には、支給残日数があってもその時点で給付は打ち切られま

す。

(3) 厚生年金保険および健康保険

　厚生年金保険および健康保険については、「適法に就労する外国人に対しては、短時間就労者も含めて日本人と同様の取扱いをする（平成4年3月31日　保険発第38号・庁文発第1244号）」とされていますので、1日または1週間の所定労働時間および1月の所定労働日数が同じ事業所の通常の労働者のおおむね4分の3以上である場合に適用されます。

　ただし、不法就労である場合には、厚生年金保険の被保険者資格を取得できません。また、被保険者資格を取得した後に、不法就労であることが判明した場合には、判明した時点より将来に向かって資格を喪失します。

　厚生年金保険の加入要件を満たさない外国人は、満20歳以上であれば国民年金に加入します。

　なお、厚生年金保険または国民年金に加入する外国人が次の要件を満たして帰国した場合で、被保険者資格を喪失したのち、出国後2年以内に請求したときは、脱退一時金が支給されます（厚年保険法附則第29条第1項）。

① 　日本国籍を有していないこと。
② 　国民年金の第1号被保険者としての保険料納付済期間の月数と保険料半額免除期間の月数の2分の1に相当する月数とを合算した月数が6月以上あることまたは厚生年金保険の被保険者期間の月数が6月以上あること。
③ 　日本に住所を有していないこと。
④ 　老齢厚生年金、障害厚生年金、老齢基礎年金、障害基礎年金、障害手当金のいずれの受給権も有したことがないこと。

　なお、不法就労の外国人については、健康保険の被保険者になることはできません。また、国民健康保険は市町村または特別区に住所を有する者を被保険者の要件としていますので、市区町村に外国人登録を行って

いる場合には、国民健康保険が適用されますが不法滞在者の場合には、外国人登録ができないので、国民健康保険は適用されません。

5　税の取扱い

　国内に住所があるかまたは1年以上の居所が有る外国人については、居住者として、国籍を問わず、給与の支払者が源泉徴収し納付します。一方、非居住者の場合には、所定の手続を行うことにより、租税条約によって税率の軽減や源泉徴収の免除が行われる場合があります。

　また、住民税については、原則として1月1日現在、引き続いて1年以上居住している外国人については、居住地に住所があるものとして納税義務があります。

第8章

派遣社員の正しい活用

「派遣社員の正しい活用」のポイント
1　人材派遣業の現状
2　労働者派遣法の規定
3　労働基準法や労働安全衛生法の適用
4　その他の派遣社員の管理
5　社会・労働保険の取扱い

「派遣社員の正しい活用」のポイント

(1) 派遣社員の数は161万人と全雇用労働者の3.0%を占めており、平成14年からの5年間で2.3倍になっている。また、その売上高は約5兆4千億円となっている。製造業務の労働者派遣にも約24万人が就業している。
(2) 労働者派遣事業を行う派遣会社、派遣先および派遣社員の関係は、次のような関係にある。
　① 派遣会社が派遣社員を雇用していること。
　② 派遣会社と派遣先との間に労働者派遣契約が締結され、この契約に基づき、派遣先は派遣社員を指揮命令し、派遣先のために労働に従事させることができること。
　③ 派遣先は派遣社員を指揮命令し、派遣先のために労働に従事させること。
(3) 二重派遣は、職業安定法で禁止する労働者供給事業に該当し、違法である。
(4) 次の業務について、労働者派遣事業を行うことは禁止されている。
　① 港湾運送業務
　② 建設業務
　③ 警備業務
　④ 医療機関における医療関連業務（紹介予定派遣を行うことは可能）
(5) 一般労働者派遣事業は許可制、特定労働者派遣事業は届出制となっている。
(6) 労働者派遣契約について、次のような規制が行われている。
　① 契約の当事者は、契約の締結に当たり、派遣社員の就業条件について定めるとともに、その内容の差異に応じて派遣労働者の

② 契約の締結の際に定める労働者派遣の期間について、厚生労働大臣がその期間の制限を定めた業務についてはその期間を超える定めをしてはならないこと。
③ 海外派遣の契約の締結に際しては、派遣先が講ずべき一定の措置を定めること。
④ 派遣受入期間の制限のある業務（労働者派遣法施行令第4条に定められている26業務、有期プロジェクト業務、日数限定業務および産前産後・育児・介護休業代替業務以外の業務）について、派遣受入期間の制限の抵触日を通知しない派遣先との間に労働者派遣契約を締結してはならないこと。
⑤ 派遣先は、契約の締結に際し、派遣社員を特定することを目的とする行為をしないように努めなければならないこと。
⑥ 派遣先は、派遣社員の国籍、信条、性別、社会的身分、派遣社員が労働組合の正当な行為をしたことなどを理由として、労働者派遣契約を解除してはならないこと。
⑦ 派遣会社は、派遣先が、派遣社員の就業に関し、労働者派遣法や適用の特例が定められている労働基準法などに違反した場合には、労働者派遣を停止し、あるいは労働者派遣契約を解除することができること。

(7) 派遣会社は、次の措置を講じなければならない。
① 雇用する派遣社員などについて、それぞれの希望や能力に応じた就業や教育訓練の機会の確保、労働条件の向上などの雇用の安定を図るための措置を講ずることにより、その福祉の増進を図るように努めること。
② 派遣先がその指揮命令の下に派遣労働者を就業させるに当たり、法令違反がないなどその就業が適正に行われるように必要な措置を講ずるなどの適切な配慮をすること。

③　派遣社員として雇い入れようとするときは、あらかじめその旨を明示すること。また、派遣社員として雇い入れていない社員を新たに労働者派遣の対象としようとするときは、あらかじめその旨を明示し、その同意を得ること。

④　雇用する派遣社員あるいは派遣社員として雇用しようとする者との間で、正当な理由がなく、派遣会社との雇用関係の終了後派遣先に雇用されることを禁ずる旨の契約を締結してはならないこと。また、派遣先との間で、正当な理由がなく、派遣会社との雇用関係の終了後派遣先が派遣社員を雇用することを禁ずる旨の契約を締結してはならないこと。

⑤　労働者派遣をしようとするときは、あらかじめ、派遣社員に対し、労働者派遣をしようとする旨、派遣社員の就業条件および派遣受入期間の制限のある業務の場合には派遣先が派遣受入期間の制限に係る抵触日を明示すること。

⑥　労働者派遣をするときは、派遣社員の氏名、健康保険、厚生年金保険や雇用保険の被保険者資格取得届の提出の有無などを派遣先に通知すること。

⑦　派遣受入期間の制限の抵触日の1月前の日からその前日までの間に、その抵触日以降継続して労働者派遣を行わないことを派遣先と派遣社員に通知すること。また、派遣受入期間の制限の抵触日以降継続して労働者派遣を行わないこと。

⑧　派遣社員に対する助言指導、苦情の処理、個人情報の管理などを行わせるため派遣元責任者を選任すること。

⑨　派遣社員の就業に関し、派遣元管理台帳を作成し、その台帳に派遣社員ごとに所定の事項を記載し、3年間保存すること。

(8)　派遣先は、次の措置を講じなければならない。

①　許可を受け、または届出をした派遣会社以外から、労働者派遣の役務の提供を受けてはならないこと。

② 派遣受入期間の制限のある業務について、新たに労働者派遣を受け入れようとするときは、労働者派遣契約の締結に当たり、あらかじめ、派遣会社に対し、派遣受入期間の制限の抵触日を通知すること。
③ 労働者派遣契約の定めに反することのないように適切な措置を講じること。
④ 派遣社員からその就業に関し苦情の申出を受けたときは、苦情の内容を派遣会社に通知するとともに、密接な連携の下に、誠意をもって、遅滞なく、苦情の適切・迅速な処理を図ること。
⑤ 派遣社員の就業が適正・円滑に行われるようにするため、適切な就業環境の維持、派遣先の診療所、給食施設などの施設の利用について便宜の供与を行うなどの措置を講ずるように努めること。
⑥ 派遣受入期間の制限のある業務について労働者派遣を受け入れる場合には、派遣先の就業の場所ごとの同一の業務について、派遣会社から派遣受入期間の制限を超える期間継続して労働者派遣を受け入れてはならないこと。
⑦ 派遣受入期間の制限のある業務に関し、就業の場所ごとの同一の業務について派遣会社から継続して1年以上労働者派遣を受け入れた場合に、引き続き同一の業務に従事させるため、労働者派遣を受け入れた期間が経過した日以後社員を雇い入れようとするときは、その業務に継続して従事してきた一定の要件を満たす派遣社員を雇い入れるように努めること。
⑧ 派遣受入期間の制限のある業務に関し、派遣受入期間の制限の抵触日以降の労働者派遣の停止に関する通知を受けた場合に、その日以降継続して派遣社員を使用しようとするときは、あらかじめ、派遣先に雇用されることを希望する派遣社員に対し、労働契約の締結を申し込むこと。

⑨　派遣受入期間の制限のない業務に関し、就業の場所ごとの同一の業務について、派遣会社から3年を超える期間継続して同一の派遣社員を受けている場合に、その業務に従事させるため、3年が経過した日以後社員を雇い入れようとするときは、その派遣社員に対し、労働契約の締結を申し込むこと。

⑩　派遣社員の就業に関し、関係法令や労働者派遣契約の定めなどの周知、苦情の処理などを行わせるため、派遣先責任者を選任すること。

⑪　派遣社員の就業に関し、派遣先管理台帳を作成し、派遣社員ごとに就業した日や時間、申出のあった苦情などについて記載し、3年間保存すること。また、記載した就業した日や労働時間の実績などを派遣会社に通知すること。

(9)　派遣社員に対する労働基準法や労働安全衛生法などの適用については、原則として派遣会社が責任を負う立場にあるが、派遣社員については、派遣先が具体的な指揮命令を行い、また実際に働く場の設備、機械などの設置・管理も行っているため、派遣先にも一定の責任を負わせるため、現に派遣先で就業している派遣社員についての労働基準法、労働安全衛生法、じん肺法、作業環境測定法および男女雇用機会均等法の適用の特例などに関する規定が設けている。特例規定のない労働基準法や労働安全衛生法などの規定については、すべて派遣会社が責任を負う。また、労働者派遣契約に定める就業条件に従って、派遣社員を派遣先が指揮命令して働かせたなら、労働基準法や労働安全衛生法などの規定に抵触する場合には、派遣会社は、その労働者派遣をしてはならない。

(10)　派遣社員の活用に当たっては、このほか、次の点に留意する必要がある。

①　派遣会社が企業としての独立性を欠いていて派遣先の労務担当の代行機関と同一視しうるものであるなどその存在が形式的名

目的なものに過ぎず、実際には派遣先において派遣社員の採用、賃金額などの就業条件を決定しているなどの場合には、派遣社員と派遣先との間に黙示の労働契約が認められることがあること。
② 派遣先は、派遣社員を特定することを目的とする行為をしないようにしなければならないが、一般に、派遣先から派遣社員の能力についての質問や試験などが実施されず、もっぱら派遣先の業務内容の説明が行われていたなどの場合には、派遣社員を特定することを目的とする行為とは認められないこと。
③ 労働者派遣終了後に、派遣社員を派遣先が雇用することを正当な理由がないのに禁止する旨の契約を、派遣会社と派遣社員との間または派遣会社と派遣先との間で締結することは禁止されているが、派遣社員を派遣先が雇用するために労働者派遣契約の更新を拒絶した場合には、解約金を支払う旨の契約も無効であること。
④ 派遣会社と派遣先の間の労働者派遣契約と派遣元と派遣労働者の間の労働契約は別個の契約であるから、労働者派遣契約の解除がただちに労働契約の解約につながるものではないこと。
⑤ 派遣先からの就労拒絶を受け入れたことにより派遣労働者の就労ができなくなった場合には、労働者派遣契約上の債務不履行事由が存在する場合を除き、派遣会社は派遣社員に休業手当を支払わなければならないこと。
⑥ 派遣社員が派遣先に実際に損害を与えた場合で、派遣会社に労働者派遣契約に基づく債務の不履行がある場合には、派遣会社が損害賠償責任を負うことがあること。
⑦ 在職していた企業の利益を不当に害する方法で、社員の引き抜きを行った者は、引き抜かれた会社に対して損害賠償責任を負う場合があること。
(11) 労働者派遣をするときは、派遣社員の健康保険、厚生年金保険

および雇用保険の被保険者資格取得届の提出の有無、提出していない場合には、その具体的な理由を、労働者派遣を行う前に、派遣先に通知しなければならない。また、社会・労働保険の適用に関し、次の点に留意しなければならない。

① 派遣会社の労災保険率は、主たる派遣先の事業の種類によって決定されること。また、派遣社員が労働災害などに被災した場合には、派遣先は、派遣社員のけがの状況を把握しておき、その状況を速やかに派遣会社に通知し、派遣会社が派遣社員の労災保険の給付請求に必要な証明を行うことができるようにすること。

② 雇用保険の「短期の派遣就業を反復継続して1年以上行う」には、2ヶ月以上の派遣就業を1ヶ月以内の待機期間を挟んで繰り返し行い、その待機期間を含めた期間全体が1年以上となる見込みの場合などを含むこと。

③ 登録型の派遣社員の待機期間に関する社会保険の取扱いについても、待機期間が1ヶ月以内となる見込みで、次の派遣就業も同じ派遣会社により行われる見込みである場合には、従前の健康保険および厚生年金保険の被保険者資格を継続することができること。

1 人材派遣業の現状

　総務省の平成19年（2007年）就業構造基本調査によれば、派遣社員の数は161万人と全雇用労働者の3.0％を占めており、平成14年（2002年）からの5年間で89万人増加し、2.3倍になっています。また、男女別では、男性が61万人、女性が100万人で、平成14年（2002年）から5年間で、男性は41万人増加し、3倍になるとともに、女性は48万人増加し、1.9倍になっています。

図8-1　派遣社員の数の推移（単位:万人）

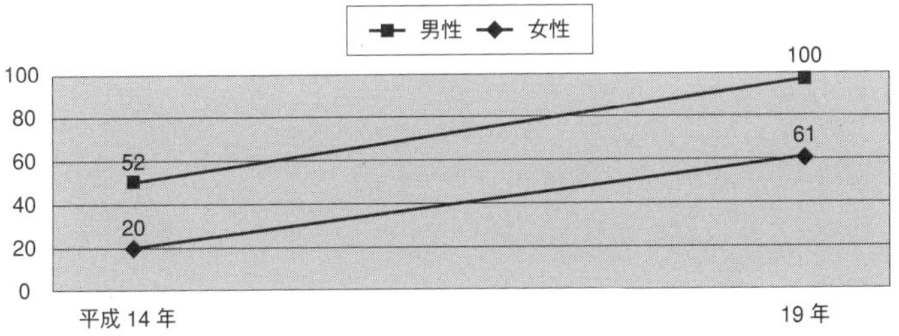

	平成14年	19年
男性	20	61
女性	52	100

出典：総務省　就業構造基本調査

　また、厚生労働省の平成18年度（2006年度）分の「労働者派遣事業の事業報告の集計結果」によれば、労働者派遣事業は、次のような状況にあります。

（1）人材派遣業を行う事業所の数

　一般労働者派遣事業所の数は18,028事業所、特定労働者派遣事業所の数は23,938事業所で、労働者派遣事業所の総数では41,966事業所となっています。このうち労働者派遣の実績のあった事業所は、一般労働者派遣事業が14,191事業所、特定労働者派遣事業が14,520事業所、合計で28,711事業所となっています。

（2）派遣社員の数

　派遣社員の総数は、3,210,468人で、常用雇用換算の数は1,297,454人となっています。その内訳をみると、一般労働者派遣事業では、常用雇用の数が645,767人、過去1年間に雇用されたことのある登録者の数が2,343,967人で、登録者数を常用雇用に換算した数は651,687人となっています。一方、特定労働者派遣事業では、常用雇用が220,734人となっています。

（3）派遣先の数

　派遣先の数は、一般労働者派遣事業では789,523件、特定労働者派遣事業では70,581件で、全体では860,104件となっています。

（4）人材派遣業の売上高

　労働者派遣事業の売上高は、一般労働者派遣事業が4兆4,082億円、特定労働者派遣事業が1兆107億円で、合計5兆4,189億円となっています。

（5）製造業務への人材派遣

　製造業務に労働者派遣を行った事業所は、一般労働者派遣事業が3,347事業所、特定労働者派遣事業では1,854事業所で、全体では5,201事業所となっています。また、製造業務に従事した派遣社員の数は、一般労働者派遣事業では208,805人、特定労働者派遣事業では30,438人、全体では240,179人となっています。

（6）派遣料金

　派遣料金の平均は、一般労働者派遣事業では15,577円、特定労働者派遣事業では22,948円となっています。

（7）派遣社員の賃金

派遣社員の8時間換算の賃金は、一般労働者派遣事業では10,571円、特定労働者派遣事業は15,296円となっています。

（8）海外派遣

海外派遣された派遣社員の数は、1,014人となっています。

（9）紹介予定派遣

紹介予定派遣についての派遣先からの申込人数は126,354人、紹介予定派遣された数は44,891人、紹介予定派遣において職業紹介された数は37,108人、紹介予定派遣で職業紹介を経て直接雇用に結びついた数は27,362人となっています。

2　労働者派遣法の規定

（1）人材派遣業

人材派遣業においては、派遣会社、派遣先および派遣社員の関係は、次のような関係にあります（労働者派遣法第2条第1号）。

① 派遣会社が派遣社員を雇用していること。
② 派遣会社と派遣先との間に労働者派遣契約が締結され、この契約に基づき、派遣先は派遣社員を指揮命令し、派遣先のために労働に従事させることができること。
③ 派遣先は派遣社員を雇用せずに指揮命令し、派遣先のために労働に従事させること。

このため、労働者派遣に該当するためには、少なくとも労働者派遣を行っている期間は、派遣会社と派遣社員との間に雇用関係が継続していることが必要です。一方、派遣先と派遣社員との間には雇用関係があれば、労働者派遣には該当しません。

（2） 紹介予定派遣

　紹介予定派遣は、まず労働者派遣を行い、その終了後に職業紹介を行うという形態の労働者派遣で、派遣先で一定期間派遣労働者として働いた後に派遣先に直接雇用されるために採用される道を開く試験的な労働者派遣で、派遣期間や派遣労働者を特定する行為などで一般の労働者派遣と取扱いに違いがあります。

（3） 二重派遣

　派遣会社が派遣先と労働者派遣契約を締結した場合に、その労働者派遣契約に合った派遣社員がいないため、他の派遣会社から労働者派遣契約に基づき派遣社員の提供を受け、その派遣社員を派遣先に派遣する二重派遣の場合には、派遣会社は派遣先へ派遣する派遣社員について、他の派遣会社から提供を受けており、派遣会社間の契約が労働者派遣契約であれば、この派遣社員を受け入れている派遣会社はその派遣社員を雇用していないことになり、このような雇用していない派遣社員を派遣することは、事実上の支配下にある者を第三者に提供し、その指揮命令下に労働に従事させることになりますので、職業安定法で禁止する労働者供給事業に該当します。

　労働者供給事業については、労働組合などが許可を受けて無料で行う場合を除き全面的に禁止されており、また、労働者供給事業会社から供給される者を自らの指揮命令の下に労働させることも禁止されています。このため、労働者供給事業会社および労働者供給事業会社から供給される者を自らの指揮命令の下に労働させる供給先の双方が1年以下の懲役または100万円以下の罰金に処せられます（職業安定法第44条、第45条、第65条第6号）。

　したがって、二重派遣を行う派遣会社も二重派遣を受け入れる派遣先も違法となり、双方に罰則が適用されます。

（4） 人材派遣業が禁止される業務

次の業務について、労働者派遣事業を行うことは禁止されています。禁止されている業務について労働者派遣事業を行った者は1年以下の懲役または100万円以下の罰金に処せられます（労働者派遣法第4条第1項、第59条第1号）。

① 港湾運送業務
② 建設業務
③ 警備業務
④ 医療機関における医療関連業務（紹介予定派遣を行うことは可能）

（5） 事業に関する規制

人材派遣業には、特定労働者派遣事業と一般労働者派遣事業の2種類があります。特定労働者派遣事業は常時雇用される労働者だけを対象とする労働者派遣事業を、一般労働者派遣事業は特定労働者派遣事業以外の労働者派遣事業をいい（同法第2条第4号、第5号）、両者に区分されて、それぞれに応じた次の規制が行われています。

① 一般労働者派遣事業は、許可制となっており、許可の欠格事由に該当せず、かつ、許可基準に合致する場合に限って、許可されます。許可の有効期間は、新規の場合には3年、更新の場合には5年であり、これらに違反した場合には、許可の取消しや事業の停止命令、改善命令などの対象となるほか、許可を受けずに一般労働者派遣事業を行った者や虚偽などの不正の行為によって許可を受けた者は、1年以下の懲役または100万円以下の罰金に処されます（同法第5条～第15条、第49条、第59条第2号、第3号）。

② 特定労働者派遣事業は届出制となっていますが、欠格事由に該当する場合には、これを行うことができません。欠格事由に該当する場合には事業の廃止命令、同法に違反したなどの場合には事業の停止命令、改善命令などの対象となるほか、厚生労働大臣に届出書を提出しないで特

定労働者派遣事業を行った者は、6月以下の懲役または30万円以下の罰金に処されます（同法第16条～第22条、第49条、第60条第1号）。
③　特定労働者派遣事業および一般労働者派遣事業に共通した規制として、事業報告書および収支決算書の作成・提出、争議行為中の事業所への新たな労働者派遣の禁止、海外派遣の場合の事前の届出、個人情報の適切な管理などが定められており、これに違反した者に対しては30万円以下の罰金などが適用されます（同法第23条～第25条、第61条第2号など）。

(6) 労働者派遣契約に関する規制

労働者派遣契約について、次のような規制が行われています（同法第26条～第28条）。
①　契約の当事者は、契約の締結に当たり、派遣社員の就業条件について定めるとともに、その内容の差異に応じて派遣労働者の人数を定めること。
②　契約の締結の際に定める労働者派遣の期間について、厚生労働大臣がその期間の制限を定めた業務についてはその期間を超える定めをしてはならないこと。
③　海外派遣の契約の締結に際しては、派遣先が講ずべき一定の措置を定めること。
④　派遣受入期間の制限のある業務（同法施行令第4条に定められている26業務、有期プロジェクト業務、日数限定業務および産前産後・育児・介護休業代替業務以外の業務）について、労働者派遣の役務の提供を受ける期間の制限（派遣先が就業の場所ごとの同一の業務についてその過半数労働組合などの意見を聴いた上で1年を超え3年以内の期間を定めた場合にはその期間、そのような定めがない場合には1年）に抵触することとなる最初の日（以下「派遣受入期間の制限の抵触日」という）を通知しない派遣先との間に労働者派遣契約を締結してはならない

こと。
⑤　派遣先は、契約の締結に際し、派遣社員を特定することを目的とする行為をしないように努めなければならないこと。
⑥　派遣先は、派遣社員の国籍、信条、性別、社会的身分、派遣社員が労働組合の正当な行為をしたことなどを理由として、労働者派遣契約を解除してはならないこと。
⑦　派遣会社は、派遣先が、派遣社員の就業に関し、労働者派遣法や適用の特例が定められている労働基準法などに違反した場合には、労働者派遣を停止し、あるいは労働者派遣契約を解除することができること。

(7) 派遣会社の講ずべき措置

派遣会社は、次の措置を講じなければなりません。これらに違反した者は、30万円以下の罰金に処せられる場合があります（同法第30条～第38条、第61条第3号）。

①　雇用する派遣社員あるいは派遣社員として雇用しようとする者について、それぞれの希望や能力に応じた就業や教育訓練の機会の確保、労働条件の向上などの雇用の安定を図るための措置を講ずることにより、その福祉の増進を図るように努めること。
②　派遣先がその指揮命令の下に派遣労働者を就業させるに当たり、法令違反がないなどその就業が適正に行われるように必要な措置を講ずるなどの適切な配慮をすること。
③　派遣社員として雇い入れようとするときは、あらかじめその旨（紹介予定派遣の場合にはその旨）を明示すること。また、派遣社員として雇い入れていない社員を新たに労働者派遣の対象としようとするときは、あらかじめその旨（新たに紹介予定派遣の対象としようとする場合にはその旨）を明示し、その同意を得ること。
④　雇用する派遣社員あるいは派遣社員として雇用しようとする者との間で、正当な理由がなく、派遣会社との雇用関係の終了後派遣先に雇用

されることを禁ずる旨の契約を締結してはならないこと。また、派遣先との間で、正当な理由がなく、派遣会社との雇用関係の終了後派遣先が派遣社員を雇用することを禁ずる旨の契約を締結してはならないこと。
⑤ 労働者派遣をしようとするときは、あらかじめ、派遣社員に対し、労働者派遣をしようとする旨、派遣社員の就業条件および派遣受入期間の制限のある業務の場合には派遣先が派遣受入期間の制限の抵触日を明示すること。
⑥ 労働者派遣をするときは、派遣社員の氏名、健康保険、厚生年金保険や雇用保険の被保険者資格取得届の提出の有無などを派遣先に通知すること。
⑦ 派遣受入期間の制限の抵触日の1月前の日からその前日までの間に、その抵触日以降継続して労働者派遣を行わないことを派遣先と派遣社員に通知すること。また、派遣受入期間の制限の抵触日以降継続して労働者派遣を行わないこと。
⑧ 派遣社員に対する助言指導、苦情の処理、個人情報の管理などを行わせるため派遣元責任者を選任すること。
⑨ 派遣社員の就業に関し、派遣元管理台帳を作成し、その台帳に派遣社員ごとに所定の事項を記載し、3年間保存すること。

(8) 派遣先の講ずべき措置など

派遣先は、次の措置を講じなければなりません。派遣先責任者を選任しなかった者や派遣先管理台帳を作成しなかった者などは、30万円以下の罰金に処せられます(同法第39条~第43条、第61条第3号)。
① 許可を受け、または届出をした派遣会社以外から、労働者派遣の役務の提供を受けてはならないこと。
② 派遣受入期間の制限のある業務について、新たに労働者派遣を受け入れようとするときは、労働者派遣契約の締結に当たり、あらかじめ、派遣会社に対し、派遣受入期間の制限の抵触日を通知すること。

③ 労働者派遣契約の定めに反することのないように適切な措置を講じること。
④ 派遣社員からその就業に関し苦情の申出を受けたときは、苦情の内容を派遣会社に通知するとともに、密接な連携の下に、誠意をもって、遅滞なく、苦情の適切・迅速な処理を図ること。
⑤ 派遣社員の就業が適正・円滑に行われるようにするため、適切な就業環境の維持、派遣先の診療所、給食施設などの施設の利用について便宜の供与を行うなどの措置を講ずるように努めること。
⑥ 派遣受入期間の制限のある業務について労働者派遣を受け入れる場合には、派遣先の就業の場所ごとの同一の業務について、派遣会社から派遣受入期間の制限を超える期間継続して労働者派遣を受け入れてはならないこと。
⑦ 派遣受入期間の制限のある業務に関し、就業の場所ごとの同一の業務について派遣会社から継続して1年以上労働者派遣を受け入れた場合に、引き続き同一の業務に従事させるため、労働者派遣を受け入れた期間が経過した日以後社員を雇い入れようとするときは、その業務に継続して従事してきた一定の要件を満たす派遣社員を雇い入れるように努めること。
⑧ 派遣受入期間の制限のある業務に関し、派遣受入期間の制限の抵触日以降の労働者派遣の停止に関する通知を受けた場合に、その日以降継続して派遣社員を使用しようとするときは、あらかじめ、派遣先に雇用されることを希望する派遣社員に対し、労働契約の締結を申し込むこと。
⑨ 派遣受入期間の制限のない業務に関し、就業の場所ごとの同一の業務について、派遣会社から3年を超える期間継続して同一の派遣社員を受けている場合に、その業務に従事させるため、3年が経過した日以後社員を雇い入れようとするときは、その派遣社員に対し、労働契約の締結を申し込むこと。

⑩　派遣社員の就業に関し、関係法令や労働者派遣契約の定めなどの周知、苦情の処理などを行わせるため、派遣先責任者を選任すること。

⑪　派遣社員の就業に関し、派遣先管理台帳を作成し、派遣社員ごとに就業した日や時間、申出のあった苦情などについて記載し、3年間保存すること。また、記載した就業した日や労働時間の実績、就業した場所、従事した業務を派遣会社に通知すること。

　なお、派遣会社や派遣先が講ずべき措置に関して、その適切・有効な実施を図るために必要な指針（派遣元事業主が講ずべき措置に関する指針（平成11年労働省告示第137号。以下「派遣元指針」という）、派遣先が講ずべき措置に関する指針（平成11年労働省告示第138号。以下「派遣先指針」という）、日雇派遣労働者の雇用の安定等を図るために派遣元事業主及び派遣先が講ずべき措置に関する指針（平成20年厚生労働省告示第36号。以下「日雇派遣指針」という）が公表されています（同法第47条の3）。

3　労働基準法や労働安全衛生法の適用

　派遣社員に対する労働基準法や労働安全衛生法などの適用については、原則として派遣社員を雇用する派遣会社が責任を負う立場にありますが、派遣社員については、派遣先が具体的な指揮命令を行い、また実際に働く場の設備、機械などの設置・管理も行っているため、派遣先にも一定の責任を負わせるため、現に派遣先で就業している派遣社員についての労働基準法、労働安全衛生法、じん肺法、作業環境測定法および男女雇用機会均等法の適用の特例などに関する規定が設けられています（同法第44条～第47条の2）。

　これらの特例規定は、その規定がなければ派遣会社が負わなければならない責任を派遣先に負わせるものですから、このような特例規定のない労働基準法や労働安全衛生法などの規定については、すべて派遣会社が

責任を負います。

また、労働者派遣契約に定める就業条件に従って、派遣社員を派遣先が指揮命令して働かせたなら、労働基準法や労働安全衛生法などの規定に抵触する場合には、派遣会社は、その労働者派遣をしてはなりません。このような労働者派遣を行い、派遣先が労働基準法や労働安全衛生法などに抵触した場合には、具体的に法違反を行った派遣先だけではなく、派遣会社も違法となり、同法の罰則が適用されます。

(1) 労働基準法の適用

派遣社員に対する労働基準法の適用については、労働時間、休憩、休日などの派遣社員の具体的な就業に関する事項について、その枠組みについては派遣会社が設定し、その設定された枠組みの範囲内で派遣先が派遣社員に対し指揮命令を行い、働かせることになります。このため、変形労働時間制の定めや時間外・休日労働の定めなどについては派遣会社が行いますが、労働時間、休憩、休日などの管理については、その定めの範囲内で派遣先が責任を負います。

1) 労働時間

派遣先は、派遣社員についても、派遣会社が36協定を締結していなければ、原則として休憩時間を除き1週間について40時間、1日について8時間を超えて労働させてはなりません（同法第32条）。

変形労働時間制については、1週間単位の非定型的変形労働時間制は派遣社員には適用されませんが、それ以外の1ヶ月単位の変形労働時間制、フレックスタイム制および1年単位の変形労働時間制を派遣社員に適用するためには、派遣会社が、同法に定められた変形労働時間制適用のための要件である労使協定の締結や就業規則への記載、労働基準監督署長への届出などを満たす必要があります（同法第32条の2～第32条の5）。

2) 災害時の時間外・休日労働

　災害その他避けることのできない事由によって、臨時の必要がある場合には、派遣先は、労働基準監督署の許可（事態急迫の場合には事後に遅滞なく届出）を受けて、その必要の限度において、派遣社員に時間外・休日労働をさせることができます（同法第33条）。

3) 36協定による時間外・休日労働

　派遣会社が、その事業所の過半数労働組合などとの書面による労使協定（36協定）をし、労働基準監督署に届け出た場合には、派遣先はその36協定の定めにより派遣社員に時間外・休日労働をさせることができます。

　ただし、36協定については、労働時間の延長の限度などについて限度基準が定められていますので、派遣会社は、36協定の内容について、限度基準に適合しなければなりません（同法第36条）。

4) 休憩

　派遣先は、派遣社員の労働時間が6時間を超える場合には少なくとも45分、8時間を超える場合には少なくとも1時間の休憩時間を労働時間の途中に与えなければなりません。この休憩時間は、原則として、一斉に与え、自由に利用させなければなりません。ただし、派遣先の事業所の過半数労働組合などとの労使協定があるときは一斉に与えなくても差し支えありません（同法第34条）。

5) 妊産婦

① 　妊産婦である派遣社員が請求したときは、派遣先は、変形労働時間制の場合であっても、1週間について40時間、1日について8時間を超えて労働させてはなりません。また、妊産婦である派遣社員が請求した場合には、時間外・休日労働や深夜業をさせてはなりません（同法第66条）。

② 　派遣先は、妊産婦である派遣社員を、重量物を取り扱う業務などの妊

娠、出産、哺育などに有害な業務に就かせてはなりません(同法第64条の3)。

③　派遣先は、妊娠中および申し出をした産後1年以内の女性派遣社員を、坑内で働かせてはなりません(同法第64条の2)。

④　生後満1年に達しない生児を育てる女性派遣社員が、休憩時間のほかに、1日2回それぞれ少なくとも30分、その生児を育てるための時間を請求したときは、派遣先は、この育児時間中に、その女性を使用してはなりません(同法第67条)。

6）　妊産婦以外の女性

①　派遣先は、妊産婦以外の女性についても、重量物を取り扱う業務などの妊娠、出産の機能に有害である業務に就かせてはなりません(同法第64条の3)。

②　派遣先は、妊産婦以外の女性についても、坑内における人力、遠隔操作を除く動力または発破による土石・岩石・鉱物の掘削・掘採の業務およびこれらの業務に付随して行われるずり、資材などの運搬、覆工のコンクリートの打設などの業務に従事させてはなりません(同法第64条の2)。

③　派遣先は、生理日の就業が著しく困難な女性派遣社員が、休暇を請求したときは、その者を生理日に就業させてはなりません(同法第68条)。

7）　年少者

①　派遣先は、満15歳以上で満18歳に満たない派遣社員について、次による場合を除き、時間外・休日労働をさせてはなりません(同法第60条第1項、第3項)。

　　ⅰ　1週間の労働時間が40時間を超えない範囲内において、1週間のうち1日の労働時間を4時間以内に短縮する場合において、他の日の労働時間を10時間まで延長すること。

　　ⅱ　1週間について48時間、1日について8時間を超えない範囲内に

おいて、1ヶ月単位の変形労働時間制又は1年単位の変形労働時間制により労働させること。
② 　労働基準監督署の許可を受けて満15才の未満の派遣社員を修学時間外に使用する場合には、派遣先は、休憩時間を除き修学時間を通算して1週間について40時間、1週間のそれぞれの日について7時間を超えて労働させてはなりません（同法第60条第2項）。
③ 　派遣先は、交替制によって使用する満16才以上の男性を除き、満18才に満たない派遣社員を午後10時から午前5時までの間に使用してはなりません（同法第61条第1項～第4項）。
④ 　派遣先は、労働基準監督署の許可を受けて15才の未満の修学時間外に使用する派遣社員については、午後8時から午前5時までの間に使用してはなりません（同法第61条第4項）。
⑤ 　派遣先は、満18才に満たない派遣社員を、一定の危険な業務、重量物を取り扱う業務、安全、衛生または福祉に有害な業務、坑内労働に就かせてはなりません（同法第62条、第63条）。
　派遣社員に対する労働基準法の適用関係は、表8－1のとおりです。

表8－1　派遣社員に対する労働基準法の適用関係

派遣会社	派遣先
均等待遇	均等待遇
男女同一賃金の原則	
強制労働の禁止	強制労働の禁止
	公民権行使の保障
労働契約	
賃金	
1ヶ月単位の変形労働時間制、フレックスタイム制、1年単位の変形労働時間制の協定の締結・届出、時間外・休日労働の協定の締結・届出、事業場外労働に関する協定の締結・届出、専門業務型裁量労働制に関する協定の締結・届出	労働時間、休憩、休日
時間外・休日、深夜の割増賃金	
年次有給休暇	
最低年齢	
年少者の証明書	労働時間及び休日（年少者）
	深夜業（年少者）

労働基準法や労働安全衛生法の適用

	危険有害業務の就業制限（年少者および妊産婦等）
帰郷旅費（年少者）	坑内労働の禁止（年少者および女性）
産前産後の休業	産前産後の時間外、休日、深夜業
	育児時間
	生理日の就業が著しく困難な女性に対する措置
徒弟の弊害の排除	徒弟の弊害の排除
職業訓練に関する特例	
災害補償	
就業規則	
寄宿舎	
国の援助義務	国の援助義務
申告を理由とする不利益取扱いの禁止	申告を理由とする不利益取扱いの禁止
法令規則の周知義務	法令規則の周知義務（就業規則を除く）
労働者名簿	
賃金台帳	
記録の保存	記録の保存
報告の義務	報告の義務

（2）労働安全衛生法などの適用

　派遣社員に対する安全衛生の確保については、派遣社員の就業に対する具体的な指揮命令や作業環境の重要な要素である設備などの設置・管理に関係しますので、安全管理および就業に伴う具体的な衛生管理については派遣先が、一般的な健康管理については派遣会社がそれぞれ責任を負います。

1）　安全衛生管理体制

　表8-2の労働安全衛生法に基づく安全衛生管理体制の選任または設置に関する社員の人数の要件の適用に当たっては、派遣先においても、派遣社員を含めて人数を計算します。

表8-2　労働安全衛生法に基づく安全衛生管理体制

選任すべき者または設置すべき委員会	選任または設置すべき業種および規模など
① 総括安全衛生管理者(同法第10条)	林業、鉱業、建設業、運送業および清掃業においては常時100人以上、製造業(物の加工業を含む)、電気業、ガス業、熱供給業、水道業、通信業、各種商品卸・小売業、家具・建具・じゅう器卸・小売業、燃料小売業、旅館業、ゴルフ場業、自動車整備業および機械修理業においては常時300人以上、その他の業種においては常時1000人以上の社員を使用する事業所
② 安全管理者(同法第11条)	常時50人以上の社員を使用する林業、鉱業、建設業、運送業、清掃業、物の加工業を含む製造業、電気業、ガス業、熱供給業、水道業、通信業、各種商品卸・小売業、家具・建具・じゅう器等卸・小売業、燃料小売業、旅館業、ゴルフ場業、自動車整備業および機械修理業
③ 衛生管理者(同法第12条)	常時50人以上の社員を使用する事業所
④ 安全衛生推進者(同法第12条の2)	常時10人以上50人未満の社員を使用する林業、鉱業、建設業、運送業、清掃業、物の加工業を含む製造業、電気業、ガス業、熱供給業、水道業、通信業、各種商品卸・小売業、家具・建具・じゅう器等卸・小売業、燃料小売業、旅館業、ゴルフ場業、自動車整備業および機械修理業の事業所
⑤ 衛生推進者(同法第12条の2)	常時10人以上50人未満の社員を使用する④以外の業種
⑥ 産業医(同法第13条)	常時50人以上の社員を使用する事業所
⑦ 作業主任者(同法第14条)	危険または有害な作業で労働災害を防止するため特別の管理を必要とする政令で定める作業
⑧ 安全委員会(同法第17条)	常時50人以上の社員を使用する林業、鉱業、建設業、木材・木製品製造業、化学工業、鉄鋼業、金属製品製造業および輸送用機械器具製造業、道路貨物運送業および港湾運送業、自動車整備業、機械修理業ならびに清掃業ならびに常時100人以上の社員を使用する道路貨物運送業および港湾運送業以外の運送業、木材・木製品製造業、化学工業、鉄鋼業、金属製品製造業および輸送用機械器具製造業以外の物の加工業を含む製造業、電気業、ガス業、熱供給業、水道業、通信業、各種商品卸・小売業、家具・建具・じゅう器等卸・小売業、燃料小売業、旅館業ならびにゴルフ場業の事業所
⑨ 衛生委員会(同法第18条)	常時50人以上の社員を使用する事業所

2) 危険または健康障害を防止するための措置

派遣先は、派遣社員の就業に関し、次の措置を講じなければなりません。

① 次の危険を防止するために必要な措置(同法第20条、第21条)。

　i 機械、器具その他の設備による危険

　ii 爆発性の物、発火性の物、引火性の物などによる危険

　iii 電気、熱などのエネルギーによる危険

　iv 掘削、採石、荷役、伐木などの業務における作業方法から生ずる危

険
- v 労働者が墜落するおそれのある場所、土砂などが崩壊するおそれのある場所などの危険

② 次の健康障害を防止するために必要な措置(同法第22条)。
- i 原材料、ガス、蒸気、粉じん、酸素欠乏空気、病原体などによる健康障害
- ii 放射線、高温、低温、超音波、騒音、振動、異常気圧などによる健康障害
- iii 計器監視、精密工作などの作業による健康障害
- iv 排気、排液または残さい物による健康障害

③ 派遣社員を就業させる建設物などの作業場について、通路、床面、階段などの保全ならびに換気、採光、照明、保温、防湿、休養、避難および清潔その他労働者の健康、風紀および生命の保持のために必要な措置(同法第23条)。

④ 派遣社員の作業行動から生ずる労働災害を防止するために必要な措置(同法第24条)。

⑤ 労働災害発生の急迫した危険があるときの作業の直ちに中止し、派遣社員を作業場から退避させるなどの必要な措置(同法第25条)。

3） 安全衛生教育

① 雇入れ時の安全衛生教育

派遣社員の雇入れ時の安全衛生教育の責任は派遣会社が負います(同法第59条第1項)が、派遣先は、派遣会社が適切に行えるよう、派遣労働者が従事する業務について、派遣先で使用する機械・設備の種類・型式の詳細、作業内容の詳細、派遣先において使用している教材、資料などを派遣会社に対し積極的に提供するとともに、派遣会社から教育の委託の申入れがあった場合には可能な限りこれに応じるよう努めるなど必要な協力や配慮を行わなければなりません(派遣先指針)。

② 作業内容変更時の安全衛生教育
　同じ派遣先において作業内容を変更した場合に行う作業内容変更時の安全衛生教育は、派遣先が行わなければなりません(同条第2項)。
③ 危険または有害業務に従事する際の特別な安全衛生教育
　派遣先は、厚生労働省令で定める危険または有害な業務に派遣社員を就かせるときは、その業務に関する安全または衛生のための特別の教育を行わなければなりません(同条第3項)。

4) 就業制限
　派遣先は、派遣社員をクレーンの運転などの政令で定める業務に就かせるときは、都道府県労働局長の免許または技能講習を修了するなどの資格を有する派遣社員でなければ、その業務に就かせてはなりません(同法第61条)。

5) 作業環境測定
　同法施行令第21条で定める作業場において派遣社員が就業する場合には、派遣先は、作業環境測定を行わなければなりません(同法第65条)。

6) 特殊健康診断
　派遣先は、高圧室内作業など同法施行令第22条で定める有害な業務に従事する派遣社員に対し、特別の項目について特殊健康診断を原則として行わなければなりません。また、派遣先が派遣社員に対して特殊健康診断を行ったときは、派遣先は、健康診断の結果を記載した書面を作成し、派遣会社に送付しなければなりません。また、この場合には特殊健康診断の結果の記録・保存、医師などからの意見の聴取、就業上の措置なども、派遣先が実施しなければなりません(同法第66条第2項など)。

7) じん肺に関する予防・健康管理の措置

じん肺に関する予防や健康管理などの措置については、原則として派遣先が講じなければなりません。

8) 死傷病報告書の提出

派遣社員が労働災害などの就業中または事業所内・付属建物内における負傷、窒息または急性中毒により死亡、休業した場合には、派遣会社も派遣先も双方が労働基準監督署に死傷病報告書を提出しなければなりません（同法第100条第1項）。この場合、派遣先は、提出した死傷病報告書の写しを派遣会社に送付しなければなりません。

派遣社員に対する労働安全衛生法、じん肺法および作業環境測定法の適用関係は、表8-3から表8-5のとおりです。

表8-3 労働安全衛生法の適用関係

派遣会社	派遣先
職場における安全衛生を確保する事業者の責務	職場における安全衛生を確保する事業者の責務
事業者などの実施する労働災害の防止に関する措置に協力する労働者の責務	事業者などの実施する労働災害の防止に関する措置に協力する労働者の責務
労働災害防止計画の実施に係る厚生労働大臣の勧告など	労働災害防止計画の実施に係る厚生労働大臣の勧告など
総括安全衛生管理者の選任など	総括安全衛生管理者の選任など
	安全管理者の選任など
衛生管理者の選任など	衛生管理者の選任など
衛生推進者の選任など	安全衛生推進者の選任など
産業医の選任など	産業医の選任など
	作業主任者の選任など
	統括安全衛生責任者の選任など
	元方安全衛生管理者の選任など
	安全委員会
衛生委員会	衛生委員会
	安全管理者等に対する教育など
	労働者の危険又は健康障害を防止するための措置
	安全管理者等に対する教育など
	事業者の行うべき調査など
	事業者の講ずべき措置
	労働者の遵守すべき事項
	元方事業者の講ずべき措置
	特定元方事業者の講ずべき措置
	定期自主検査
安全衛生教育（雇入れ時、作業内容変更時）	安全衛生教育（作業内容変更時、危険有害業務就業時）

	職長教育 危険有害業務従事者に対する教育 就業制限
中高年齢者などについての配慮 事業者が行う安全衛生教育に対する国の援助	中高年齢者などについての配慮 事業者が行う安全衛生教育に対する国の援助 作業環境を維持管理するよう努める義務 作業環境測定 作業環境測定の結果の評価など 作業の管理 作業時間の制限
健康診断(一般健康診断など、健康診断結果についての意見聴取) 健康診断(健康診断実施後の作業転換などの措置) 健康診断の結果通知 医師等による保健指導 面接指導など	健康診断(有害な業務に係る健康診断など、健康診断結果についての意見聴取) 健康診断(健康診断実施後の作業転換などの措置)
健康教育など 体育活動等についての便宜供与など	病者の就業禁止 健康教育など 体育活動等についての便宜供与など 安全衛生改善計画など 機械等の設置、移転に係る計画の届出、審査など
申告を理由とする不利益取扱いの禁止	申告を理由とする不利益取扱いの禁止 使用停止命令など
報告など 法令の周知 書類の保存など 事業者が行う安全衛生施設の整備などに対する国の援助 疫学的調査など	報告など 法令の周知 書類の保存など 事業者が行う安全衛生施設の整備などに対する国の援助 疫学的調査など

表8−4 じん肺法の適用関係

派遣会社	派遣先
	事業者および労働者のじん肺の予防に関する適切な措置を講ずる責務 じん肺の予防および健康管理に関する教育 じん肺健康診断の実施 じん肺管理区分の決定など
じん肺健康診断の結果に基づく事業者の責務 粉じんにさらされる程度を軽減させるための措置 転換手当 作業転換のための教育訓練 政府の技術的援助など 法令の周知(粉じん作業に係る事業所への派遣終了後) 申告を理由とする不利益取扱いの禁止 報告	じん肺健康診断の結果に基づく事業者の責務 粉じんにさらされる程度を軽減させるための措置 作業の転換作業の転換 作業転換のための教育訓練 政府の技術的援助など 法令の周知 申告を理由とする不利益取扱いの禁止 報告

表8-5　作業環境測定法の適用関係

派遣会社	派遣先
作業環境測定の実施等の総則規定 作業環境測定士名簿の閲覧 雑則 罰則	作業環境測定の実施等の総則規定 作業環境測定士名簿の閲覧 雑則 罰則

（3）男女雇用機会均等法の適用

1）妊娠または出産に関する事由を理由とする不利益な取扱いの禁止

派遣先も、妊娠または出産に関する事由を理由として、女性派遣社員に不利益な取扱いをしてはなりません（男女雇用機会均等法第9条）。

2）セクハラの防止のための措置

派遣先も、派遣社員の就業に関し、職場におけるセクハラ防止のために必要な体制の整備など就業管理上必要な措置を講じなければなりません（同法第11条）。

3）妊娠中および出産後の健康管理

派遣先も、妊産婦である派遣社員の就業に関し、保健指導または健康診査を受けるために必要な時間を確保することができるようにするとともに、保健指導または健康診査に基づく指導事項を守ることができるようにするための措置を講じなければなりません（同法第11条）。

表8-6　男女雇用機会均等法の適用関係

派遣会社	派遣先
事業主の基本的理念 性別を理由とする差別の禁止 性別以外の事由を要件とする措置 女性労働者に係る措置に関する特例 女性社員に対する特例措置（ポジティブ・アクション） 婚姻、妊娠、出産等を理由とする不利益取扱いの禁止 職場における性的な言動に起因する問題に関する雇用管理上の措置 妊娠中および出産後の健康管理に関する措置 事業主に対する国の援助 紛争の解決 雑則	婚姻、妊娠、出産などを理由とする不利益取扱いの禁止 職場における性的な言動に起因する問題に関する雇用管理上の措置 妊娠中および出産後の健康管理に関する措置

4 その他の派遣社員の管理

(1) 派遣先との黙示の労働契約

　労務供給形態の具体的実態により、両者間に事実上の使用従属関係があり、この使用従属関係から両者間に客観的に推認される黙示の意思の合致がある場合には、黙示の労働契約の成立が認められる場合があります（安田病院事件　最高裁第三小法廷平成10年9月8日）。

　労働者派遣などにより派遣先において就労している場合に、派遣社員が派遣先と黙示の労働契約が認められるのは、派遣会社が企業としての独立性を欠いていて派遣先の労務担当の代行機関と同一視しうるものであるなどその存在が形式的名目的なものに過ぎず、実際には派遣先において派遣社員の採用、賃金額などの就業条件を決定している場合や派遣社員の業務の分野・期間が労働者派遣法で定める範囲を超え、派遣先の社員の作業と区別し難い状況となっている場合、派遣先において、派遣社員に対して作業上の指揮命令、その出退勤などの管理を行うだけでなく、その配置や懲戒などに関する権限を行使するなど、実質的にみて、派遣先が派遣社員に対して労務給付請求権を有し、賃金を支払っていると認められる事情がある場合です。これについては、次のような裁判例があります。

① 派遣労働者と派遣先との労働契約が成立したといえるためには、単に両者の間に事実上の使用従属関係があるというだけではなく、諸般の事情に照らして、派遣労働者が派遣先の指揮命令の下に派遣先に労務を提供する意思を有し、これに関し派遣先がその対価として派遣労働者に賃金を支払う意思が推認され、社会通念上、両者間で労働契約締結する意思表示の合致があったと評価するに足りる特段の事情が存在することが必要である。派遣元が企業としての実体を有せず、派遣先の組織の一部と化したり、派遣先の賃金の支払の代行機関となっていて、派遣元の実体が派遣先と一体と見

られ、法人格否認の法理を適用しうる場合またはそれに準ずるような場合には、派遣労働者と派遣先の間に労働契約が成立していると認めることができるが、本件においては、派遣元は派遣先と独立して意思決定を行っており、また、賃金の支払の代行機関でもないので、黙示の労働契約が成立していると認めることはできない（いよぎんスタッフサービス事件　高松高裁平成18年5月18日）。

②　労働契約も、黙示の意思の合致によっても成立しうるのであって、労働者が派遣元との間の派遣労働契約に基づき派遣元から派遣先に派遣された場合でも、派遣元が形式的存在に過ぎず、派遣労働者の労務管理を行っていない反面、派遣先が派遣労働者の採用、賃金額その他の就業条件を決定し、配置、懲戒などを行い、派遣労働者の業務内容・期間が労働者派遣法で定める範囲を超え、派遣先の正規職員の作業と区別し難い状況となっており、派遣先が派遣労働者に対して労務給付請求権を有し、かつ賃金を支払っていると認められる事情がある場合には、労働者派遣契約は名目的なものに過ぎず、派遣労働者と派遣先との間に黙示の労働契約が成立したと認める余地がある。本件においては、派遣先の派遣元に対する出資比率、筆頭株主および役員等の共通性から密接な関係にあるといえるが、派遣元は派遣先と別個独立して営業しており、派遣先も派遣先に限定されていないこと、派遣先への派遣状況などに鑑みて、形式的とはいえず、一体であるとは認められない。また、派遣先の役員を兼任している者が派遣元の役員という立場で面接を行っているが、これをもって直ちに派遣先が実質的に採用試験を行ったと認めることはできない。派遣先は、業務指示、労働時間管理をしていたことが認められるが、本件労働契約の内容と異なる別部署へ配置転換したり、あるいは懲戒・解雇等をする権限を持っていたと認めるに足りる証拠はない。したがって、本件においては、派遣先との間で黙示の労働契約が成立したと認めることはできない（一橋出版事件

東京高裁平成18年6月29日)。

(2) 派遣社員の特定

派遣先は、派遣社員を特定することを目的とする行為をしないように努めなければなりません(労働者派遣法第26条第7項)。また、派遣会社は、派遣先による派遣社員を特定する行為に協力してはなりません(派遣元指針)が、一般に、派遣先から派遣社員の能力についての質問や試験などが実施されず、もっぱら派遣先の業務内容の説明が行われていたなどの場合には、派遣社員を特定することを目的とする行為とは認められません。これに関して、次の裁判例があります。

> 派遣元が、派遣先に法務専門職として原告を含む数名がいることを伝えた上、派遣先において、原告と派遣先の法務チームの2名とを引き合わせたことなどは、派遣労働者を特定することを目的とする行為であったことを疑わせる事実といえる。しかし、原告に対し「顔合わせ」であるとの説明がされていたこと、派遣先による原告の能力についての質問や試験などが実施されず、もっぱら派遣先の業務内容の説明が行われていたことと、原告が来たときは原告が派遣されることが決まっており、原告以外に派遣先に法務職の派遣労働者として引き合わされた者はいなかったことを併せ考えると、採否を決めるための面接であるなど、派遣労働者を特定することを目的とする行為であったとは、認めるに足りない(パーソンズ等事件　東京地裁平成14年7月17日)。

(3) 労働者派遣終了後の派遣先による派遣社員の雇用

労働者派遣法第33条は、労働者派遣終了後に、派遣社員を派遣先が雇用することを正当な理由がないのに禁止する旨の契約を、派遣会社と派遣社員との間または派遣会社と派遣先との間で締結することを禁止していますが、この規定は、派遣社員の職業選択の自由を具体的に保障しようとする趣旨で設けられたものであり、これに違反する契約は無効と解されてい

ます。また、派遣社員を派遣先が雇用するために労働者派遣契約の更新を拒絶した場合には、解約金を支払う旨の契約は、形式的にはこの規定に違反していなくても、派遣会社が、派遣先との間で、正当な理由がなく、派遣先が派遣社員を派遣会社との雇用関係の終了後雇用することを禁ずる結果となるので、実質的にこの規定に違反し、無効であると解されています。これに関して、次の裁判例があります。

> 労働者派遣法は、派遣元と派遣労働者及び派遣元と派遣先との間で、正当な理由がなく、派遣労働者が派遣元との雇用関係の終了後、派遣先であった者に雇用されることを制限する旨の契約を締結することが許されることになると、憲法第22条により保障されている派遣労働者の職業選択の自由を実質的に制限し、派遣労働者の就業の機会を制限する結果となって、同法の立法目的が達成されなくなることから、派遣元と派遣労働者の間のみならず、派遣元と派遣先との間においても、このような契約を締結することを禁止し、もって派遣労働者の職業選択の自由を特に雇用制限の禁止という面から具体的に保障しようとする趣旨に基づいて設けられた規定である。したがって、労働者派遣法第33条に違反して締結された契約条項は、私法上の効力が否定され、無効なものと解される。また、同法の立法目的及び同法第33条の規定の趣旨などに照らせば、形式的には、同条に違反してはいない契約条項であっても、派遣元が、派遣先との間で、正当な理由がなく、派遣先が派遣労働者を派遣元との雇用関係の終了後雇用することを禁ずる結果となる契約条項を締結することも、実質的に、同条に違反するから、そのような契約条項も、私法上の効力が否定され、無効なものと解する。本件契約中の本件解約条項は、憲法第22条により保障されている派遣労働者の職業選択の自由を実質的に制限し、派遣労働者の就業の機会を制限する結果を生じさせ、同法の立法目的の達成を著しく阻害する。すなわち、本件解約条項は、実質的に、派遣元が、派遣先との間で、正当な理由がなく、派遣先が派遣労働者を派遣元との

雇用関係の終了後雇用することを禁ずる結果となる契約条項であって、労働者派遣事業につき、このような結果をもたらす契約条項の締結を禁止して派遣労働者の職業選択の自由を保障しようとする趣旨に基づく労働者派遣法第33条第2項の適用若しくは類推適用を回避することを目的として設けられた約定といわざるを得ないから、同条項に実質的に違反する(ホクトエンジニアリング事件　東京地裁平成9年11月26日)。

(4) 労働者派遣契約の解約と派遣社員の就業機会の確保

　労働者派遣契約がその期間途中において解約され、派遣社員が就業機会を失った場合には、派遣会社および派遣先は、それぞれの立場において、派遣社員の就業機会の確保に努めなければなりません。すなわち、労働者派遣契約の契約期間が満了する前に契約の解除が行われた場合には、派遣先は、関連会社での就業をあっせんするなどにより、派遣会社は派遣先と連携して、派遣社員の新たな就業機会の確保を図らなければなりません(派遣先指針、派遣元指針)。これに関連して、損害賠償の請求が行われた次の裁判例があります。

① 派遣元が、派遣労働者との間で、契約期間途中で解約する代わりに新たな就職先を紹介する旨の合意を締結していたにもかかわらず、その債務を履行しなかったとして損害賠償を求められたことについて、「派遣元は、派遣労働者との合意に基づく義務として、少なくとも9月1日から11月30日までの間働くことができ、本件労働契約と同程度ないしそれ以上の賃金その他の労働条件を内容とする労働契約を締結できる相当な見込みのある、新たな就職先を紹介する必要がある。派遣元は、派遣労働者に対して、会社を紹介し、責任者による採用面接を受けることができるよう段取りをしている。そして、同社の採用面接において、責任者は、本件労働契約に比べて高額の賃金と、他の点でも特に問題のない労働条件を提示した上で派遣労働

者をすぐにでも採用したいと告げているから、派遣元は、派遣労働者との合意に基づく義務を果たした（エキスパート・スタッフ事件　東京地裁平成9年11月11日）。」

② 派遣元と契約し、派遣先との業務委託契約に基づいて派遣先で就労する予定であった者が、研修受講後、業務委託契約の破棄により、派遣元から解雇されたことについて、「本件においては、労働契約の効力発生の始期を入社式の日とする解約権留保付き労働契約が成立したものと認められる。留保解約権に基づく採用内定の取消しは、当該事由を理由として採用内定を取り消すことが解約権留保の趣旨・目的に照らして客観的に合理的と認められ、社会通念上相当として是認できる場合に許される。本件においては、派遣先が派遣元に対し、派遣先で就労することを拒絶したのであるから、労働契約に基づき、派遣先で就労することは社会通念上不能となっている。派遣元が客観的に労働者が就労させることが不能となった労働契約を存続させる意思を有していたとは考えられないので、このような事態になった場合にも、解約権が留保されていたものと推認することが合理的である。したがって、留保解約権に基づき採用内定を取り消したことは、解約権留保の趣旨・目的に照らして客観的に合理的と認められ、社会通念上相当として是認できるから、解約権の行使は適法かつ有効である。しかしながら、派遣先での就労が不能となった場合、留保解約権を行使せざるを得ないことは容易に推測できたのであるから、その可能性の存在を告知して労働契約に応ずるか否か選択する機会を与える信義則上の義務を負っていたから、派遣元はその義務を怠っており、この義務違反と相当因果関係を有する損害について賠償する義務がある（パソナ（ヨドバシカメラ）事件　大阪地裁平成16年6月9日）。

（5） 派遣契約の満了と労働契約の終了

　派遣会社と派遣先の間の労働者派遣契約と派遣元と派遣労働者の間の労働契約は別個の契約ですから、労働者派遣契約の解除がただちに労働契約の解約につながるものではありません。仮に、労働者派遣契約の解除に伴い労働契約を解約しようとする場合にはそれは解雇となりますから、解雇の事由と手続が必要となり、労働基準法第20条に定める解雇予告などが必要なほか、正当な事由が必要です。これに関連して、次の裁判例があります。

　　登録型の労働契約である場合には、労働契約が反復継続したからといって、解雇権濫用の法理が類推適用される場合に当たると認められないが、仮に解雇権濫用の法理が類推適用される場合に当たるとしても、その労働契約の前提となる労働者派遣契約が期間満了により終了した事情は、当該労働契約が終了となってもやむを得ないといえる合理的な理由に当たる（いよぎんスタッフサービス事件）。

（6） 派遣先における就労拒否と休業手当の支払

　派遣会社の責めに帰すべき事由による休業の場合には、その休業期間中、平均賃金の100分の60以上の休業手当を派遣社員に支払わなければなりません（労働基準法第26条）。この派遣会社の「責めに帰すべき事由」に該当するかについては、休業になることを避けるために最善の努力をしたかどうかが判断の基準となり、不可抗力以外の場合には派遣会社の責めに帰すべき事由による休業に該当します。これに関して、次の裁判例があります。

　　派遣先から就労を拒絶されたため、派遣労働者を交替させたことによって、派遣労働者が就労できなかった場合には、派遣元に対する賃金請求権は消滅するが、派遣先からの就労拒絶を受け入れたことにより派遣労働者の就労ができなくなった場合には、労働者派遣契約上の債務不履行事由が存在する場合を除き、労働基準法第26条の「使用

者の責めに帰すべき事由による休業」に該当し、派遣労働者は派遣元に休業手当の支払を求めることができる(三都企画事件　大阪地裁平成18年1月16日)。

(7) 派遣社員に対する年休の付与

　派遣会社は、その雇入れの日から起算して6ヶ月間継続勤務し全労働日の8割以上出勤した派遣社員に対して、原則として10労働日の有給休暇を与えなければなりません(労働基準法第39条第1項)。ここでいう「全労働日」とは、1年の総暦日数のうち派遣社員が労働契約上労働義務を課せられている日数をいいますので、派遣社員の場合には、派遣会社から派遣先において就業すべきであると指示された日が全労働日となります。このため、派遣社員の就業日を基準にして、一定時間就業しなければ年休権を取得しないとの扱いは、同条に違反します。これに関して、次の裁判例があります。

　労働基準法第39条第1項は、雇入れの日から起算して6箇月継続勤務し全労働日の8割以上出勤した労働者に対し10労働日の有給休暇を与えなければならない旨規定しているところ、本件においては6箇月継続勤務したということができる。全労働日の8割以上の出勤という要件については、当時派遣元は、派遣労働者について、その就業日を基準にして、半年間で800時間就業しなければ年休権を取得しないとの扱いをしていた。しかし、労働基準法第39条第1項の規定が全労働日の8割以上の出勤を年休権取得の要件としたのは、労働者の勤怠の状況を勘案して、特に出勤率の低い者を除外する趣旨であると解されるから、派遣労働者の場合には、使用者から派遣先において就業すべきであると指示された全労働日、すなわち派遣先において就業すべき日とされている全労働日をもって全労働日とするのが相当である。したがって、派遣元の取扱いは、労働基準法第39条第1項の規定に違反する(ユニ・フレックス事件　東京地裁平成11年8月17日)。

（8）派遣先から派遣会社への損害賠償の請求

　派遣社員が派遣先に実際に損害を与えた場合で、派遣会社に労働者派遣契約に基づく債務の不履行がある場合や派遣社員に損害賠償能力がない場合には、民法第715条に基づき派遣社員に対する使用者責任として、派遣会社が損害賠償責任を負うことがあります。派遣会社が損害賠償責任を負う根拠としては、次のようなことが考えられます。

① 　派遣社員は派遣会社との間で労働契約を締結し、その雇用関係を維持しながら、派遣会社の命令によって一時的に派遣先の下に派遣され、その指揮監督下で労働するものであること。
② 　賃金は派遣会社から派遣社員に支給されること。
③ 　派遣会社は派遣先から派遣料を受けて利益を得ていたこと。

　また、派遣先が指揮監督していたことによる責任については、過失相殺によって斟酌されます。これに関して、次の裁判例があります。

① 　本件現金取扱い業務が本件労働者派遣基本契約に基づく業務内容であること、派遣労働者は、派遣元に雇用されて派遣先へ派遣され、派遣元から給与の支払いを受けていたこと、派遣元の派遣担当者が定期的に派遣先を訪れ、派遣労働者の仕事振りを見て監督していたこと、実質的な派遣料（派遣料から同人への給与を控除した額で給与の約半額にも及ぶ）は、派遣元による派遣労働者の指導監督の対価の意味もあると考えられること、派遣元は派遣先から派遣労働者の住民票の提出の要請があったのに拒んだこと、本件契約第7条で損害補償を規定することなどからすると、同人の本件領得行為は、本件契約に基づく派遣業務としての派遣元の職務の執行につきなされたものと解される。また、派遣元において、派遣労働者の選任およびその職務執行の監督について相当の注意を尽くしているとは到底言えない。派遣労働者の内訳書への転記が正確になされているかについて、同人の派遣先の上司の監視、確認がその都度厳格になされていれば、本件領得を未然に妨げた可能性が高いと考え

られるけれども、他方、各種給付金は、社内従業員が支給の額や時期を予測できるものが多いため、領得された場合ほどなく苦情が出されることから(本件領得も受給該当者の苦情が発覚の端緒となった)一定の監視が及んでいると言えること、内訳書への記載も経理担当者が隣にいる机の上で作成されていること、過去において各種給付金の領得の事故はなかったこと、故意に各種給付金を領得した派遣労働者に対する本件損害賠償請求につき派遣先の過失相殺を認めるのは相当でないところ、派遣元は、派遣労働者から住民票の提出も受けないで雇用して派遣し、派遣後は派遣労働者を監督し派遣料を得ていたことに照らすと、派遣元に対する損害賠償請求につき派遣先の過失相殺を認めるのも相当でない(パソナ事件　東京地裁平成8年6月24日)。

② 　派遣労働者は派遣元との間で労働契約を締結して派遣元の指揮監督を受ける労働者となったものであり、その雇用関係を維持しつつ、派遣元の命令によって一時的に派遣先の下に派遣され、その指揮監督下で労働することになったのであるが、労働の対価である賃金は、派遣元から支給される一方で、派遣元は派遣先から派遣料を受けて利益を得ていたものであるから、派遣元は民法第715条が被用者の加害行為につき責任を負わせることとしている使用者に当たる。派遣先が指揮監督していたことは、派遣元の使用者責任を否定するものではなく、過失相殺によって斟酌されるべきである。本件においては、5割の過失相殺が認められる(テンプロス・ベルシステム24事件　東京地裁平成15年10月22日)。

(9) 派遣社員の転職勧誘・引き抜き行為

　在職していた企業の利益を不当に害する方法で、社員の引き抜きを行った者は、引き抜かれた会社に対して損害賠償責任を負う場合があります。この場合に、社会的に認められない引き抜き行為であるか否かは、会社内

部の地位や待遇、人数、社員の転職が及ぼす影響、転職の勧誘に用いた方法（退職時期の予告の有無、秘密性、計画性など）を総合的に考慮して判断されます。これに関して、特定労働者派遣事業の会社が、元社員で幹部職にあった者が、在職中及び退職後に、同業の会社と共謀して、違法な方法により80名の派遣スタッフを大量に引き抜いたとして、元社員および同業の会社に対し、引き抜き行為によって被った損害賠償を請求した次の裁判例があります。

> 従業員は、使用者に対し、労働契約に付随する信義則上の義務として就業規則を遵守するなど労働契約上の債務を誠実に履行し、使用者の正当な利益を不当に侵害してはならない義務を負い、従業員がこの義務に違反した結果、使用者に損害を与えた場合は、これを賠償すべき責任を負う。労働市場における転職の自由の点からすると、従業員が他の従業員に対して同業他社への転職のため引き抜き行為を行ったとしても、これが単なる転職の勧誘にとどまる場合には、違法ではない。仮にそのような転職の勧誘が、引き抜きの対象となっている従業員が在籍する企業の幹部職員によって行われたものであっても、企業の正当な利益を侵害しないよう配慮がされている限り、これをもって労働契約の誠実義務に違反しない。しかし、企業の正当な利益を考慮することなく、企業に移籍計画を秘して、大量に従業員を引き抜くなど、引き抜き行為が単なる勧誘の範囲を超え、著しく背信的な方法で行われ、社会的相当性を逸脱した場合には、このような引き抜き行為を行った従業員は、労働契約上の義務に違反したものとして、債務不履行責任ないし不法行為責任を免れない。そして、当該引き抜き行為が社会的相当性を逸脱しているかどうかの判断においては、引き抜かれた従業員の当該会社における地位や引き抜かれた人数、従業員の引き抜きが会社に及ぼした影響、引き抜きの際の勧誘の方法・態様などの諸般の事情を考慮すべきである。また、従業員が勤務先の会社を退職した後

に当該会社の従業員に対して引き抜き行為を行うことは原則として違法性を有しないが、その引き抜き行為が社会的相当性を著しく欠くような方法・態様で行われた場合には、違法な行為と評価されるのであって、引き抜き行為を行った元従業員は、当該会社に対して不法行為責任を負う。元従業員は、金沢営業所の責任者というべき地位にあり、その営業活動において中心的な役割を果たすいわゆる幹部社員であった。ところが、在職中に就職が内定していながらこれを秘し、突然退職届を提出した上、退職に当たって何ら引継ぎ事務も行わず、また、派遣スタッフに対して営業所が閉鎖されるなどと虚偽の情報を伝え、金銭供与をするなどして転職を勧誘し、しかも、在職中と同じ派遣先企業への派遣を約束するなどして原告が受ける影響について配慮することなく引き抜き行為を行ったのであって、その態様は計画的かつ極めて背信的である。これらの事情からすると、本件勧誘行為は、単なる転職の勧誘にとどまらず、社会的相当性を著しく逸脱した違法な引き抜き行為であり、従業員として誠実に職務を遂行すべき義務に違反するもので、元従業員としても著しく社会的相当性を逸脱した方法により行った勧誘行為であって、不法行為に該当する。したがって、引き抜き行為によって生じた損害を連帯して賠償する義務を負う。企業が同業他社の従業員に対して自社へ転職するよう勧誘するに当たって、単なる転職の勧誘の範囲を超えて社会的相当性を逸脱した方法で従業員を引き抜いた場合、当該企業は、同業他社の労働契約上の債権を侵害したものとして、不法行為責任に基づき、引き抜き行為によって同業他社に生じた損害を賠償する義務がある(フレックスジャパン・アドバンテック事件大阪地裁平成14年9月11日)。

5　社会・労働保険の取扱い

　派遣会社は、労働者派遣をするときは、派遣社員の健康保険、厚生年金保険および雇用保険の被保険者資格取得届の提出の有無、提出していない場合には、その具体的な理由を、労働者派遣を行う前に、書面の交付（またはファクシミリや電子メールの送信）により、派遣先に通知しなければなりません（労働者派遣法第35条、同法施行規則第27条の2）。この場合の具体的な理由は適用基準を満たしていないことが具体的に分るものであることが必要であり、また、被保険者資格の取得届の手続中である場合には手続の具体的な状況を記載しなければなりません。

　また、派遣社員に対する社会・労働保険の取扱いについては、次の点に留意する必要があります。

（1）労災保険

　派遣会社の労災保険率は、主たる派遣先の事業の種類によって決定されます。また、派遣社員が労働災害などに被災した場合には、派遣会社の労災保険により給付を受けますが、派遣社員が労災保険の給付請求をするにあたっては、派遣会社がけがをした日・時間・場所、けがをするに至った状況などについて証明しなければなりません。派遣社員が被災した場所は派遣先ですから、派遣会社は被災時の状況を直接把握することができませんので、派遣先は、派遣社員のけがの状況を把握しておき、その状況を速やかに派遣会社に通知し、派遣会社が派遣社員の労災保険の給付請求に必要な証明を行うことができるようにする必要があります（第2章88～89頁参照）。

（2）雇用保険

　派遣社員についても、短期の派遣就業を反復継続して1年以上行うこと

が見込まれ、かつ、1週間の所定労働時間が20時間以上である場合には、雇用保険の被保険者となります（第2章90～91頁、第4章152頁参照）が、この「短期の派遣就業を反復継続して1年以上行う」には、次の場合を含みます（行政手引）。

① 2ヶ月以上の派遣就業を1ヶ月以内の待機期間を挟んで繰り返し行い、その待機期間を含めた期間全体が1年以上となる見込みの場合
② 1ヶ月以内の派遣就業を数日程度の待機期間を挟んで繰り返し行い、その待機期間を含めた期間全体が1年以上となる見込みの場合

（3）健康保険および厚生年金保険

　原則2ヶ月を超える雇用期間があり（2ヶ月以内の契約で雇用される場合には、所定の契約期間を超え引き続き雇用される場合）、1日または1週間の所定労働時間および1ヶ月の所定労働日数が正規社員の4分の3以上である派遣社員は、健康保険および厚生年金保険の被保険者となります（第2章95～96頁、98～99頁、第4章153頁参照）が、登録型の派遣社員の待機期間に関する社会保険の取扱いについては、原則として、医療保険は従来の健康保険を任意継続するかまたは国民健康保険に加入するかどちらかを選択すること、年金保険は国民年金の第3号被保険者に該当する場合を除き、国民年金の第1号被保険者への種別変更を行うことになります。ただし、待機期間が1ヶ月以内となる見込みで、次の派遣就業も従前と同じ派遣会社により行われる見込みである場合には、従前の健康保険および厚生年金保険の被保険者資格を継続することができます。

　なお、次のいずれかに該当する者は、健康保険の日雇特例被保険者となり、失業前2ヶ月間に印紙保険料が通算して26日分納付されている場合には、保険給付が受けられます。

① 臨時に2ヶ月以内の期間を定めて使用される者でその期間を超えないもの
② 臨時に日々雇用される者で1ヶ月を超えないもの

③　季節的業務に4ヶ月を超えない期間使用される予定の者
④　臨時的事業の事業所に6ヶ月を超えない期間使用される予定の者

第9章

派遣店員・出向社員の
正しい活用

「派遣店員・出向社員の正しい活用」のポイント
1 派遣店員の活用
2 出向社員の活用

「派遣店員・出向社員の正しい活用」のポイント

(1) 派遣店員は、派遣する会社の業務命令により派遣され、その指揮命令を受けて、派遣する会社のために働いており、単に働く場所が派遣する会社の指示を受けた派遣先であるに過ぎないので、労働者派遣法に定める「労働者派遣事業」には該当しない。ただし、実態として、派遣先であるデパート、スーパー・マーケットなどが派遣店員を指揮命令して、派遣先の業務に従事させている場合には、労働者派遣事業に該当する場合がある。この場合に、派遣店員などが派遣先の指揮命令を受けているか否かについては、「請負区分基準」に準じて判断される。

(2) 派遣店員に対し、労働基準法や社会・労働保険などの使用者としての責任を負うのは、派遣店員などを派遣している会社である。

(3) 在籍出向の場合には、出向社員は出向元および出向先の双方との間に雇用関係があるので、一般に労働者供給の1類型に該当するが、その目的が、①関係会社において雇用機会を確保するため、②経営指導や技術指導の実施のため、③人材開発の一環として、④企業グループ内の人事交流の一環として行われる限りは事業とは評価されないので、労働者供給事業には該当せず、違法ではないが、在籍出向を偽装して、事業として行っている場合には、職業安定法違反の問題が生じることがある。

(4) 転籍の場合には、転籍する社員は転籍元との雇用関係は終了し、転籍先とのみ雇用関係があり、職業紹介に該当する場合もあるが、事業として行われていなければ、職業安定法の規制の対象とはならない。

(5) 在籍出向については、このほか、次の管理が必要である。
① 出向元が社員に出向を命ずることができる場合において、その

出向の命令が、その必要性、対象者の選定その他の事情に照らして、その権利を濫用したと認められる場合には、その命令は、無効となること。
② 出向命令が有効であるためには、出向義務を明確にし、出向先での労働条件の基本事項が定められたり、出向の実情や採用時の説明と同意、他の労働者の同種出向の受入れなどによって出向が労働契約の内容となっていることが必要であること。
③ 出向期間が長期化しても、出向元との労働契約の存続自体が形がい化していないときは、出向延長措置を講ずることに合理性があり、これにより出向社員が著しい不利益を受けていない事情の下では、出向延長措置は権利の濫用には当たらないこと。
④ 出向元が出向社員に対し、出向元への復帰を命ずることについては、出向元へ復帰させないことを予定して出向が命じられ、出向社員がこれに同意した結果、将来再び出向元の指揮監督の下に労務を提供することはない旨の合意が成立したものとみられるなどの特段の事由がない限り、その同意を得る必要はないこと。
⑤ 出向社員に対する過重労働の防止に関する措置については、出向社員を指揮命令する出向先があるが、出向元にも出向先の職場環境に配慮すべき義務がある。
(6) 転籍については、このほか、次の管理が必要である。
① 転籍は、一般に、転籍元を退職することによってその雇用関係を終了させ、転籍先との間に新たに雇用関係を生じさせることで、転籍元との関係においては、新しい労働契約の締結を停止条件とする労働契約の合意解除に相当すること。
② 転籍元がその労働協約や就業規則を根拠に転籍を命じることはできず、原則として転籍する社員との個別の合意が必要であること。
③ 会社が転籍を命じている社員に対し転籍関係を解消して転籍

元への復帰を命ずる場合には、原則として転籍した社員の個別の同意が必要となること。
(7)　転籍した社員に対する社会・労働保険の適用は、転籍先で行われるが、在籍出向の場合には、次のような取扱いになる。
①　労災保険については、出向の目的および出向元と出向先とがその出向社員の出向について行った契約ならびに出向先における出向社員の労働の実態などに基づいて、その労働関係の所在を判断して、決定する。
②　雇用保険については、その者が生計を維持するに必要な主たる賃金を受ける1の雇用関係についてのみ被保険者となる。
③　健康保険および厚生年金保険については、出向社員は、出向元および出向先のどちらにも保険関係が発生し、双方に事業所勤務届を出すことになるが、標準報酬月額は、双方を合算する。ただし、保険者が異なる場合には、1つの保険者を選択する。

1　派遣店員の活用

(1)　派遣店員の就業形態

　デパートへの派遣店員やスーパー・マーケットに商品の販売促進のために派遣するマネキンなどは、派遣する会社の側がその社員をデパートやスーパー・マーケットなどに赴かせて、派遣する会社の業務に従事させています。また、メーカー会社が自社の社員を販売代理店にメンテナンスサービスのための要員として派遣する場合もあります。
　これらの派遣店員などは、派遣する会社の業務命令により派遣され、その指揮命令を受けて、派遣する会社のために働いており、単に働く場所が派遣する会社の指示を受けた派遣先であるに過ぎません。

図9—1　派遣店員

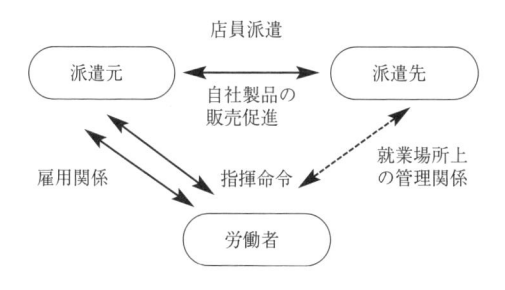

```
            店員派遣
  派遣元 ←―――――――→ 派遣先
    ＼   自社製品の    ／
     ＼  販売促進    ／
      ＼         ／ 就業場所上
   雇用関係  指揮命令   の管理関係
        ＼    ／
         労働者
```

（2）派遣店員と人材派遣業の関係

　派遣店員などは、働く場所であるデパートやスーパー・マーケットなどの指揮命令を受けることはありませんので、労働者派遣法に定める「労働者派遣事業」には該当しません。したがって、派遣店員などを派遣するのに、同法による許可や届出は必要ありません。

　ただし、実態として、派遣先であるデパート、スーパー・マーケットなどが派遣店員を指揮命令して、派遣先の業務に従事させている場合には、同法の労働者派遣事業に該当する場合があります。

　この場合に、派遣店員などが派遣先の指揮命令を受けているか否かについては、「労働者派遣事業と請負により行われる事業との区分に関する基準（昭和61年労働省告示第37号。以下「請負区分基準」という）」の次の基準に準じて判断されます（昭和61年6月6日基発第333号）。

(1)　次のいずれにも該当することにより、業務の遂行に関する指示その他の管理を自ら行うものであること。
① 　社員に対する業務の遂行方法に関する指示その他の管理を自ら行うこと。この判断は、社員に対する仕事の割り付け、順序、緩急の調整などについて、会社が自ら行うものであるか否かを総合的に勘案して行う。
② 　社員の業務の遂行に関する評価などに関する指示などの管理を自ら行うこと。この判断は、社員の業務の遂行に関する技術的

な指導、勤惰点検、出来高査定などについて、会社が自ら行うものであるか否かを総合的に勘案して行う。
(2) 次のいずれにも該当することにより、労働時間などに関する指示などの管理を自ら行うものであること。
① 社員の始業および終業の時刻、休憩時間、休日、休暇などに関する指示その他の管理（これらの単なる把握を除く）を自ら行うこと。この判断は、その業務の実施日時（始業および終業の時刻、休憩時間、休日など）について、事前に会社が派遣先と打ち合わせているか、業務中は派遣先から直接指示を受けることのないよう書面が作成されているか、それに基づいて会社側の責任者を通じて具体的に指示が行われているか、会社側が業務時間の実績把握を行っているか否かを総合的に勘案して行う。
② 社員に時間外・休日労働をさせる場合における指示などの管理（労働時間などの単なる把握を除く）を自ら行うこと。この判断は、社員の時間外・休日労働は会社側の責任者が業務の進捗状況などをみて自ら決定しているか、業務量の増減がある場合には、事前に注文主から連絡を受ける体制としているか否かを総合的に勘案して行う。
(3) 次のいずれにも該当することにより、会社における秩序の維持、確保などのための指示などの管理を自ら行うものであること。
① 社員の服務上の規律に関する指示などの管理を自ら行うこと。この判断は、社員の派遣先の事業所への入退場に関する規律、服装、職場秩序の保持、風紀維持のための規律などの決定、管理について、会社側が自ら行うものであるか否かを総合的に勘案して行う。なお、安全衛生、機密の保持などを目的とするなどの合理的な理由に基づいて派遣先が社員の服務上の規律に関与することがあっても、直ちにこの要件に該当しないと判断されるものではない。

②　社員の配置などの決定および変更を自ら行うこと。この判断は、社員の勤務場所、直接指揮命令する者などの決定および変更について、会社側が自ら行うものであるか否かを総合的に勘案して行う。なお、勤務場所については、業務の性格上、実際に就業することとなる場所が移動することなどにより、個々具体的な現実の勤務場所を会社側が決定または変更できない場合は業務の性格に応じて合理的な範囲でこれが特定されれば足りる。

　特に、派遣店員などが派遣している会社の事業とは無関係の業務の応援を派遣先から求められるなどの場合には、実質的に労働者派遣事業に該当する場合があります。

（3）派遣店員に対する労働基準法などの適用

　派遣店員などに対し、労働基準法などの使用者としての責任を負うのは、派遣店員などが派遣している会社です。ただし、出退勤の管理などを委任されている派遣先が労働基準法に違反する行為をしたときには、派遣店員などを派遣している会社のために行為をした者として、労働基準法上の使用者の責任を負う場合があります（「派遣・出向等複雑な労働関係に対する労働基準法等の適用について」（昭和59年10月18日労働基準法研究会報告書））。

　また、社会・労働保険などについても、派遣店員などを派遣している会社の事業について、適用されます。

2　出向社員の雇用

（1）出向とは

　出向は、一般的にいえば、出向社員が出向元と何らかの関係を保ちながら、出向先との間の新たな雇用関係に基づき、相当期間継続して出向先

で仕事をする形態をいいます。また、出向社員と出向元との関係から、①在籍出向（出向社員は出向元と出向先の双方と雇用関係があり、単に「出向」と呼ばれることが多い）と②転籍（出向社員は出向先とのみ雇用関係がある）に区分されています。

1）　在籍出向

　在籍出向は、「出向元が、出向社員との間の労働契約に基づく関係を継続すること、出向先が出向社員を使用することおよび出向先が出向社員に対して負う義務の範囲について定めた出向契約を出向先との間で締結し、出向社員が、出向契約に基づき、出向元との間の労働契約に基づく関係を継続しつつ、出向先との間の労働契約に基づく関係の下に、出向先に使用されて労働に従事すること」をいいます。

　したがって、出向社員は出向元および出向先の双方との間に雇用関係があります。この場合、出向元との関係では、出向労働者は出向中は休職となり身分関係のみが残っているものや身分関係だけでなく出向中も出向元が出向労働者に賃金の一部を支払っているものなど様々です。また、出向先との関係では、出向元と出向先との間の出向契約によって、出向先は出向社員を雇用しています。

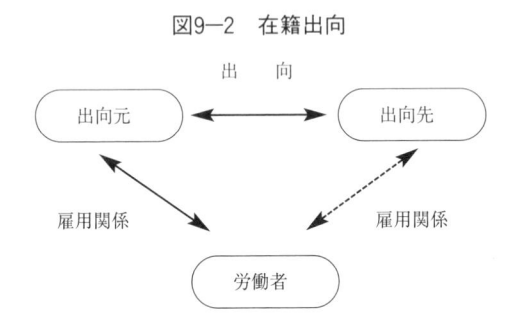

図9−2　在籍出向

2）　転籍

　転籍の場合には、転籍する社員は転籍元との雇用関係は終了し、転籍先とのみ雇用関係があります。

（2） 労働者派遣法や職業安定法との関係
1） 在籍出向

　在籍出向は、出向元との間に雇用関係があるだけではなく、出向元と出向先との間の出向契約により、出向社員を出向先に雇用させることを約して行われているため、「自己の雇用する労働者を、当該雇用関係の下に、当該他人に対し、当該労働者を当該他人に雇用させることを約して、他人の指揮命令を受けて、当該他人のために労働に従事させる」ものであるために、労働者派遣には該当しません（労働者派遣法第4条第1号）。なお、この判断は、出向、派遣という名称によることなく、出向先と出向社員との間の実態、具体的には、出向先における賃金支払、社会、労働保険への加入、懲戒権の保有、就業規則の直接適用の有無、出向先が独自に労働条件を変更することの有無をみることにより行います（業務取扱要領）。

　一方、在籍出向は、一般に労働者供給（供給契約に基づいて労働者を他人の指揮命令を受けて労働に従事させることをいい、労働者派遣法に規定する労働者派遣に該当するものを含まない。職業安定法第4条第6項）の1類型に該当します。

　同法第44条は、労働組合などが、厚生労働大臣の許可を受けて無料で行う場合（同法第45条）を除くほか、何人も、労働者供給事業を行い、またはその労働者供給事業を行う者から供給される労働者を自らの指揮命令の下に労働させてはならないと規定していますが、在籍出向を行う目的が、①関係会社において雇用機会を確保するため、②経営指導や技術指導の実施のため、③人材開発の一環として、④企業グループ内の人事交流の一環として行われる限りは、出向が形式的に繰返し行われたとしても、社会通念上、事業として行われていると評価されることはありません。職業安定法で原則禁止されているのは労働者供給事業であって、労働者供給ではないので、出向が事業として行われていなければ、違法ではありません。

　これに対し、在籍出向を偽装して、事業として行っている場合には、職業安定法違反の問題が生じます。これが偽装出向です。事業として行ってい

るのではないかと問題になった場合には、出向に伴う利益の有無などを含めて、一定の目的と計画に基づいて経営する経済的活動として行われるか否かについて、総合的に判断されます。

2) 転籍

　転籍については、転籍元が転籍する労働者と転籍先との間の雇用関係の成立をあっせんするものとして、職業紹介に該当する場合もあります。

　転籍の場合にも、在籍出向の場合と同様に、事業として行われているか否かが問題となりますが、その目的が、①関係会社において雇用機会を確保するため、②経営指導や技術指導の実施のため、③人材開発の一環として、④企業グループ内の人事交流の一環として行われる限りは、出向が形式的に繰返し行われたとしても、社会通念上、事業として行われると評価されることはなく、職業安定法による職業紹介事業に対する規制の対象とはなりません。ただし、転籍を偽装している場合には、職業安定法違反の問題が生じます。

(3) 出向の管理

1) 在籍出向

① 出向権の濫用

　在籍出向については、出向元が社員に出向を命ずることができる場合において、その出向の命令が、その必要性、対象者の選定その他の事情に照らして、その権利を濫用したと認められる場合には、その命令は、無効となります（労働契約法第14条）。

　ここでいう「その他の事情」としては、出向先での賃金、労働時間、休暇などの待遇、出向期間、更に、復帰の仕方や復帰後の待遇など出向者側の事情が考えられます。

② 出向の定め

　出向については、労働契約の当事者以外の者に対して雇用関係を生じ

させるため、就業規則などに出向を命じることができるとの明確な定めがない限り出向命令権は認められません。このため、出向命令が有効であるためには、就業規則などで出向義務を明確にし、出向先での労働条件の基本事項が、就業規則などで定められたり、出向の実情や採用時の説明と同意、他の労働者の同種出向の受入れなどによって出向が労働契約の内容となっていることが必要です。これに関しては、次の裁判例があります。

> 出向は、出向元会社の従業員である身分を保有しながら、すなわち休職という形のまま、出向先会社で勤務する雇傭状態であって、指揮命令権の帰属者を変更することである。これは本来重要な、しかも多くの場合不利益な労働条件の変更であり、労働協約の内容として定められていない場合は、労働者個人との合意のもとに行われるべきものである。つまり、一定の労働条件の枠の中においてのみ労務を提供するにとどまる労働契約の中では、出向について特別の約定を定めていない限り(すなわち、労働者の同意のない限り)、使用者は労働者に対して出向を当然に命令することはできない。仮に就業規則に契約の効力の変更を認める見解によるとしても、就業規則に明白に出向義務を規定する必要があるといわなければならない。会社においてその従業員が、出向命令に服しており、労働組合も出向命令権自体を否定していないとしても、これだけで出向会社における出向期間、給与体系その他の労働条件について確たる定めがあると認められないから到底確立した慣行が存し、黙示的にこれに同意していたものとは認められない。従って、本件出向を命じた義務命令は労働契約を超えた事実上の命令であって、出向者の承諾のない限り効力をもたず、命令を拒んだことに由来する本件懲戒解雇は、違法であって、無効といわなければならない(日東タイヤ事件　東京高裁昭和47年4月26日。

③　出向の延長

　出向期間が長期化しても、出向元との労働契約の存続自体が形がい化

していないときは、出向元との労働契約が終了する転籍と同視することはできず、出向延長措置を講ずることに合理性があり、これにより出向社員が著しい不利益を受けていない事情の下では、出向延長措置も権利の濫用には当たりません。これに関しては、次の判例があります。

> ⅰ 本件出向命令は、構内輸送業務のうち鉄道輸送部門の一定の業務を協力会社に業務委託することに伴い、委託される業務に従事していた者にいわゆる在籍出向を命ずるものであること、ⅱ 入社時および本件出向命令発令時の就業規則には、「会社は従業員に対し業務上の必要によって社外勤務をさせることがある。」という規定があること、ⅲ 労働協約である社外勤務協定において、社外勤務の定義、出向期間、出向中の社員の地位、賃金、退職金、各種の出向手当、昇格・昇給などの査定その他処遇などに関して出向労働者の利益に配慮した詳細な規定が設けられていること、という事情の下においては、その個別的同意なしに、従業員としての地位を維持しながら出向先においてその指揮監督の下に労務を提供することを命ずる出向命令を発令することができる。本件出向命令は、業務委託に伴う要員措置として行われ、当初から出向期間の長期化が予想されたものであるが、社外勤務協定は、業務委託に伴う長期化が予想される在籍出向があり得ることを前提として締結されているものであるし、在籍出向と転籍との本質的な相違は、出向元との労働契約関係が存続しているか否かという点にあるから、出向元との労働契約関係の存続自体が形がい化しているとはいえない本件の場合に、出向期間の長期化をもって直ちに転籍と同視することはできず、個別的同意を要しない。また、ⅰ 鉄道輸送部門の一定の業務を委託することとした経営判断が合理性を欠くものとはいえないこと、ⅱ 委託される業務に従事していた従業員につき出向措置を講ずる必要があったこと、ⅲ 出向措置の対象となる者の人選基準には合理性があり、具体的な人選についても不当性をうかがわせるような事情はないこと、ⅳ 労務提供先は変わるものの、その従事する業務内容や勤務場所には何らの

変更はなく、社外勤務協定による出向中の社員の地位、賃金、退職金、各種の出向手当、昇格・昇給等の査定その他処遇などに関する規定などを勘案すれば、その生活関係、労働条件等において著しい不利益を受けるものとはいえないことなどの事情にかんがみれば、本件出向命令は権利の濫用に当たらない(新日本製鐵事件　最高裁第2小法廷平成15年4月18日)。

④　出向からの復帰

　出向元が出向社員に対し、出向元への復帰を命ずることについては、出向元へ復帰させないことを予定して出向が命じられ、出向社員がこれに同意した結果、将来再び出向元の指揮監督の下に労務を提供することはない旨の合意が成立したものとみられるなどの特段の事由がない限り、その同意を得る必要はありません。この場合の復帰命令は、指揮監督の主体を出向先から出向元へ変更するものですが、出向社員が出向元の指揮監督の下に労務を提供するということは、もともと出向元との当初の労働契約において合意されており、出向社員が出向元の指揮監督の下に労務を提供するという当初の労働契約における合意自体には何らの変容を及ぼさず、合意の存在を前提とした上で、一時的に出向先の指揮監督の下に労務を提供する関係となっていたにすぎないからです。これに関しては、次の判例があります。

　労働者が使用者(出向元)との間の雇用契約に基づく従業員たる身分を保有しながら第三者(出向先)の指揮監督の下に労務を提供するという形態の出向(いわゆる在籍出向)が命じられた場合において、その後出向元が、出向先の同意を得た上、出向関係を解消して労働者に対し復帰を命ずるについては、特段の事由のない限り、当該労働者の同意を得る必要はない。この場合における復帰命令は、指揮監督の主体を出向先から出向元へ変更するものではあるが、労働者が出向元の指揮監督の下に労務を提供するということは、もともと出向元との当初の雇

用契約において合意されていた事柄であって、在籍出向においては、出向元へ復帰させないことを予定して出向が命じられ、労働者がこれに同意した結果、将来労働者が再び出向元の指揮監督の下に労務を提供することはない旨の合意が成立したものとみられるなどの特段の事由がない限り、労働者が出向元の指揮監督の下に労務を提供するという当初の雇用契約における合意自体には何らの変容を及ぼさず、合意の存在を前提とした上で、一時的に出向先の指揮監督の下に労務を提供する関係となっていたにすぎないからである。本件では、出向先への出向は、業務上の都合により出向元へ復帰を命ずることがあることを予定して行われたもので、出向元の指揮監督の下において労務を提供するという当初の雇用契約における合意がその後変容を受けるに至ったとみるべき特段の事情の認められない。そうであれば、復帰を命ずる際に改めて同意を得る必要はなく、復帰命令は有効である（古河電気工業・原子燃料工業事件　最高裁第2小法廷昭和60年4月5日）。

⑤　出向社員の過重労働の防止

　出向社員に対する過重労働の防止に関する措置については、出向社員を指揮命令する出向先があると考えられますが、出向元にも出向先の職場環境に配慮すべき義務があると考えられています。これについては、事業協同組合に入社し、会社に所長として出向していた者が、会社が受注した国道拡幅のための擁壁工事が進捗せず、工事が遅れたことを気に病んで自殺したことに関する次の裁判例があります。

　本件工事の責任者として、本件工事が遅れ、本件工事を工期までに完成させるため工事量を大幅に減少せざるを得なくなったことに責任を感じ、時間外勤務が急激に増加するなどして心身とも極度に疲労したことが原因となって、発作的に自殺をした。会社は、本件工事を請け負い、本件工事遂行のため所長として本件工事現場に派遣していたのであるから、適宜本件工事現場を視察するなどして本件工事の進捗状況をチ

ェックし、工事が遅れた場合には作業員を増加し、また、健康状態に留意するなどして、工事の遅れ等により過剰な時間外勤務や休日出勤をすることを余儀なくされ心身に変調を来し自殺することがないよう注意すべき義務があったところ、これを怠り、本件工事が豪雪等の影響で遅れているのに何らの手当もしないで事態の収拾を任せきりにした結果、自殺させたものであるから、会社には過失が存する。しかし、組合については、在籍のまま会社に出向させているとはいえ、休職扱いにしているうえ、本件工事を請け負ったのが会社であって組合としては本件工事の施工方法等について会社等を指導する余地はなかったと認められるから、自殺について組合に責任があるとは認められない（協成建設工業ほか事件 札幌地裁平成10年7月16日）。

2）転籍

① 転籍の意義

　転籍とは、一般に、転籍元を退職することによってその雇用関係を終了させ、転籍先との間に新たに雇用関係を生じさせることで、転籍元との関係においては、新しい労働契約の締結を停止条件とする労働契約の合意解除に相当します。これに関しては、次の裁判例があります。

　転籍とは、元の会社を退職することによってその従業員としての身分を失い、移籍先の会社との間に新たに雇傭関係を生ぜしめることで、元の会社との関係においていわば新労働契約の締結を停止条件とする労働契約の合意解除に相当するものであるから、従業員はその合意解除契約締結の自由が保障されなければならないのである。すなわち、転籍は、移籍先との新たな労働契約の成立を前提とするものであるところ、この新たな労働契約は元の会社の労働条件ではないから、元の会社がその労働協約や就業規則において業務上の都合で自由に転籍を命じうるような事項を定めることはできず、従ってこれを根拠に転籍を命じることはできないのであって、そのためには、個別的に従業員との合意が必

要である(ミロク製作所事件　高知地裁昭和53年4月20日)。

② 転籍の根拠

　労働契約の合意解除に相当する場合には、転籍した社員はその労働契約の合意解除について契約締結の自由が保障されなければなりませんから、原則として、転籍元がその労働協約や就業規則を根拠に転籍を命じることはできず、転籍する社員との個別の合意が必要です。これに関しては、次の判例があります。

　転属は、労働者の承諾があって、初めて効力を生ずるものというべく、本件転属がA会社との間の労働契約上の地位の譲渡であり、A会社とB会社との間の本件転属に関する合意が成立した以上、Xがこれを承諾すれば、A会社との間の労働契約上の地位は直ちにB会社に移転する。B会社で支障なく就労できることが本件転属承諾の要素となっていたことは明白であり、XはB会社で就労させてもらえるものと信じて本件転属を承諾したのに、当時すでにB会社ではその就労拒否を決定していたのであるから、本件承諾は要素に錯誤があり、無効といわざるを得ない(日立製作所横浜工場事件　最高裁第1小法廷昭和48年4月12日)。

③ 転籍からの復帰

　会社が転籍を命じている社員に対し、転籍関係を解消して転籍元への復帰を命ずることは、転籍の場合、転籍元との労働契約は解消されており、復帰することはないと考えられますので、転籍元の指揮命令の下に労務を給付するという当初の労働契約における合意は消滅しており、再び転籍元で労務を給付させるためには、グループ内出向が在籍、転籍を問わず自由に行われているような場合など特段の事由がある場合を除き、原則として転籍した社員の個別の同意が必要となります。これに関しては、次の裁判例があります。

> A会社の従業員であった労働者がA会社を任意退職してB会社に移籍後、B会社から雇用解除の通知を受けたとして、A会社とB会社の出向契約解除によって、A会社の従業員としての地位に復帰したとして、A会社の従業員としての地位保全の仮処分を求めたことについて「A会社に退職願を提出して同社を任意退職し、B会社に転籍したものであって、B会社から雇用契約を解除されたからといって、A会社の従業員としての地位に復帰することはない（日鐵商事事件　東京地裁平成6年3月17日）」。

（4）出向社員に対する社会・労働保険の適用

　転籍の場合には、転籍元との雇用関係が終了し、転籍先のみとの間に新たに雇用関係が生じますので、転籍した社員に対する社会・労働保険の適用は転籍先で行われますが、在籍出向の場合には、出向元、出向先のいずれで適用するのかが問題となります。

1）労災保険

　労災保険については、出向社員の保険関係が、出向元と出向先とのいずれにあるかは、出向の目的および出向元と出向先とがその出向社員の出向について行った契約ならびに出向先における出向社員の労働の実態などに基づいて、その労働関係の所在を判断して、決定することとされており、その場合に、出向社員が、出向先の組織に組み入れられ、出向先の他の社員と同様の立場（身分関係および賃金関係を除く）で、出向先の指揮監督を受けて労働に従事している場合には、たとえ、出向社員が、出向元と出向先との契約などにより、出向元から賃金を受けている場合であっても、出向先が支払う賃金として、賃金総額に含め、保険料を納付する旨を申し出た場合には、出向先から受ける賃金とみなし、出向社員を出向先の保険関係によるものとして取り扱います（昭和35年11月2日基発第932号）。

2)　雇用保険

　雇用保険については、同時に2以上の雇用関係にある者については、その者が生計を維持するに必要な主たる賃金を受ける1の雇用関係についてのみ被保険者となりますので、在籍出向の場合にも主たる賃金を受ける雇用関係について被保険者となります。ただし、主たる賃金を受ける雇用関係の判断が困難な場合には、その者の選択する雇用関係によっても差し支えありません（行政手引）。

3)　健康保険および厚生年金保険

　健康保険および厚生年金保険については、出向社員は、出向元および出向先のどちらにも保険関係が発生し、双方に事業所勤務届を出すことになりますが、この場合でも、標準報酬月額は、双方の報酬を合算します。ただし、保険者が異なる場合や社会保険事務所が異なる場合には、「保険者選択届」を提出して、1つの保険者を選択します。

第10章

業務請負会社(社外工)の正しい活用

「業務請負会社(社外工)の正しい活用」のポイント
1 偽装請負とならないために
2 業務請負社員に対する注文者や元方事業者などの責任
3 業務請負会社の労務管理に関するその他の問題点

「業務請負会社(社外工)の正しい活用」のポイント

(1) 偽装請負は、一般的に言えば、業務請負として請負契約の形式により事業を行う建前を取りながら、その実態が労働者派遣事業に該当するものをいい、労働者派遣法や労働基準法、労働安全衛生法、男女雇用機会均等法などの適用の特例など8つの法律に違反する可能性があるとともに、適正な労働条件や安全衛生が確保されないおそれのある悪質な違法行為である。

(2) 業務請負事業は、業務を処理するという仕事の完成を行う事業で、業務請負会社の社員は、業務請負会社の指揮命令を受けて、業務請負会社のために働くが、労働者派遣事業の場合には、派遣会社が派遣社員を雇用しているが、派遣社員は派遣先の指揮命令を受けて、派遣先のために働く。

(3) 業務請負事業と労働者派遣事業との区分を明確にするために請負区分基準が定められており、業務請負事業が労働者派遣事業に該当せず、適正なものであるためには、請負区分基準の次の3つの要件を満たさなければならない。

① 業務請負社員の業務の遂行について、業務請負会社が直接指揮監督を行うこと。

② その業務を業務請負会社の業務として注文主から独立して業務を処理すること。

③ 業務請負会社がその有する能力に基づきその責任で処理すること。

(4) 偽装請負問題の解決のためには、次のような取組みが必要である。

① 労働者派遣法などについての理解の促進

② 適法な業務請負事業を活用するために、業務請負会社に必要

な能力があるか否かを検証し、これらの能力を十分備えた請負会社を活用すること。
　③　業務請負会社側との品質管理などに関する事前協議
(5)　業務請負社員に対する注文者や元方事業者などの労働安全衛生法上の責任には次のようなものがある。
　①　施工方法、工期などについて、安全で衛生的な作業の遂行をそこなうおそれのある条件を附さないように配慮すること。
　②　造船業や建設業においては、次の特別の安全衛生管理体制を整備すること。
　　　i　統括安全衛生責任者
　　　ii　元方安全衛生管理者(建設業)
　　　iii　店社安全衛生管理者(建設業)
　　　iv　安全衛生責任者
　③　注文者は、その請負会社に対し、注文した仕事に関し、その指示に従って請負会社の社員が働いたならば、労働安全衛生法令に違反する指示をしてはならないこと。
　④　元方事業者は、請負会社やその社員が、注文した仕事に関し、労働安全衛生法令に違反しないよう必要な指導を行わなければならず、請負会社やその社員が、その仕事に関し、労働安全衛生法令に違反していると認めるときは、是正のため必要な指示を行わなければならないこと。
　⑤　建設業の元方事業者は、土砂などが崩壊するおそれのある場所などにおいて請負会社の社員が作業を行うときは、請負会社が講ずべきその場所の危険を防止するための措置が適正に講ぜられるように技術上の指導など必要な措置を講じること。
　⑥　造船業および建設業の元方事業者は、元方事業者およびすべての請負会社が参加する協議組織を設置し、その会議を定期的に開催するなどの措置を講じること。

⑦　製造業の元方事業者は、元方事業者と請負会社との間、請負会社相互間の連絡調整を随時行うなどの措置を講じること。

⑧　化学物質の製造・取扱設備の改造、修理、清掃などでその設備を分解する作業またはその設備の内部に立ち入る作業の注文者は、請負会社に対し、製造設備の中の化学物質の危険有害性、作業の注意事項、安全衛生確保のための措置、事故発生時の応急措置などの危険・有害情報を提供すること。

⑨　造船業および建設業の仕事を自ら行う注文者は、くい打機などをその仕事を行う場所においてその請負会社の社員に使用させるときは、定められた基準に適合したものとすること。

⑩　建設業の特定工事の仕事が数次の請負契約によって行われる場合の元方事業者は、救護に関する措置を講じること。

⑪　建設業の元方事業者は、大型建設機械作業に関する連絡・調整などを行うこと。

(6)　建設業が数次の請負によって行われる場合には、原則として元請会社が災害補償の責任を負う。

(7)　請負により、他社に派遣されて就労している場合に、注文者と黙示の労働契約が成立しているためには、請負会社が企業としての独立性を欠いていて注文者の労務担当の代行機関と同一視しうるものであるなどその存在が形式的名目的なものに過ぎず、注文者が採用や賃金額などを決定している場合、あるいは実質的にみて注文者がその社員に賃金を支払い、労務提供の相手方が注文者であることが必要である。

(8)　請負契約に基づき社員の派遣を受けていた会社が派遣を受けた社員をその会社の業務に従事させ、基本的労働条件について雇用主と部分的に同視できる程度に現実的かつ具体的に支配、決定できる地位にある場合には、使用者として団体交渉に応じなければならない。

(9) 元請会社が下請会社の会社に対して直接指揮監督を行うなど雇用主と同視し得る関係にある場合には、元請会社が請負会社の社員に対し安全配慮や過重労働の防止の義務を果たすことが求められる。
(10) 業務請負会社の労務管理に関しては、このほか、退職した社員の競業避止義務に関する裁判例がある。

　製造業の業務請負事業で働く労働者の数について、厚生労働省では、平成16年時点で、865,200人であると推計しています。

1　偽装請負とならないために

　業務請負会社の活用に関し、現在最も重要な問題として指摘されているのは、偽装請負問題です。

（1）偽装請負の問題点

　偽装請負は、一般的に言えば、業務請負として請負契約の形式により事業を行う建前を取りながら、その実態が労働者派遣事業に該当するものをいいます。

　例えば、一般労働者派遣事業を行うには、許可を受ける必要があり、許可を受けないで一般労働者派遣事業を行うことは、違法です。

　仮に、労働者派遣事業の許可を受けている場合であっても、労働者派遣事業を行う場合には、労働者派遣契約を締結する際の就業条件の記載や労働者派遣に当たって派遣労働者に就業条件を明示することなどが義務付けられていますので、請負契約を結びながら、実質的に労働者派遣事業を行い、これらの義務を行っていない場合にも、違法です。

　また、労働者派遣を受け入れる場合には、許可を受けているなどの適法に事業を行っている派遣会社から労働者派遣を受け入れなければなりません（同法第24条の2）ので、偽装請負を受け入れている会社も違法です。

さらに、労働者派遣法は、派遣社員の適正な労働条件や安全と健康を確保するために、労働基準法、労働安全衛生法、男女雇用機会均等法などの適用の特例などを定め、派遣先にこれらの法律に基づく使用者としての責任を負わせています。

　偽装請負の場合には、実質的には労働者派遣事業に該当しますので、派遣先がこれらの法律に基づく使用者としての責任を負わなければ適正な労働条件や安全衛生を確保することが困難になりますが、契約の形式が請負契約である場合に、実質的には派遣先である発注者がこれらの使用者としての責任を果たしているとは考えられません。このような事態は、労働基準法や労働安全衛生法などの違反や労働災害などの増加につながり、適正な労働条件や安全衛生が確保されないおそれがあります。

　このほか、業務請負事業の実情をみると、社会保険の加入や年次有給休暇の付与が十分に行われていないものがあります。厚生年金や健康保険の加入要件を満たしていながら加入させない場合には厚生年金保険法や健康保険法に違反し、労働基準法に定める年次有給休暇の付与要件を満たしている者に年次有給休暇を付与しないことは、同法に違反します。

　このように、偽装請負は、労働者派遣法をはじめ8つの法律に違反する可能性があるとともに、適正な労働条件や安全衛生が確保されないおそれのある悪質な違法行為です。

（2）業務請負事業と人材派遣業の違い

　民法では、請負について、「当事者の一方がある仕事の完成を約束し、相手方がその仕事の結果に対してその当事者に報酬を与えることを約することによって、その効力を生ずる」（同法第632条）と定めています。したがって、業務請負契約とは、業務を処理するという仕事の完成を行い、これに対して報酬を支払うことを契約の主たる内容としています。

　この請け負った業務を処理するに当たり、業務請負会社はその社員に行わせますが、この場合に、業務請負会社の社員は、業務請負会社の指

揮命令を受けて、業務請負会社のために働きます。

図10−1　業務請負における法律関係

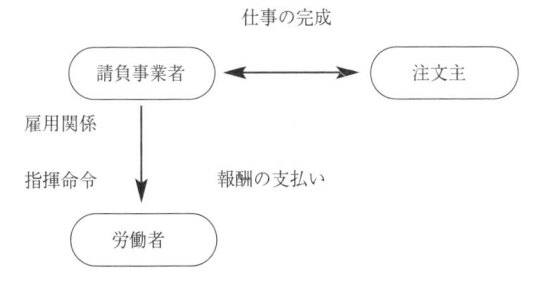

```
              仕事の完成
    請負事業者 ←――――――→ 注文主
       │
  雇用関係│
       │
  指揮命令│    報酬の支払い
       ↓
     労働者
```

　これに対し、人材派遣業の場合には、派遣会社が派遣社員を雇用していますが、派遣社員は派遣先の指揮命令を受けて、派遣先のために働きます（第8章221頁参照）。

（3）請負区分基準

　業務請負事業と労働者派遣事業とでは、その性格を異にしていますが、両者間の区分を明確にするために請負区分基準が定められており、業務請負事業が労働者派遣事業に該当せず、適正なものであるためには、請負区分基準の要件を満たさなければなりません。

　請負区分基準により、業務請負事業が労働者派遣事業に該当しないためには、次の3つの要件を満たす必要があります。

① 業務請負社員の業務の遂行について、業務請負会社が直接指揮監督を行うこと。

② その業務を業務請負会社の業務として注文主から独立して業務を処理すること。

③ 業務請負会社がその有する能力に基づきその責任で処理すること。

　請負区分基準では、このような考え方に基づいて、次のような基準を示しています。

請負の形式による契約により行う業務に自己の雇用する労働者を従事させることを業として行う事業主であっても、その業務の処理に関し次の1および2のいずれにも該当する場合を除き、労働者派遣事業を行う事業主とする。

1　次の(1)から(3)までのいずれにも該当することにより自己の雇用する労働者の労働力を自ら直接利用するものであること。

(1)　次の①および②のいずれにも該当することにより業務の遂行に関する指示その他の管理を自ら行うものであること。
　①　労働者に対する業務の遂行方法に関する指示その他の管理を自ら行うこと。この判断は、労働者に対する仕事の割り付け、順序、緩急の調整などにつき、その事業主が自ら行うものであるか否かを総合的に勘案して行う。「総合的に勘案して行う」とは、これらのうちいずれかの事項を事業主が自ら行わない場合であっても、これについて特段の合理的な理由が認められる場合は、直ちにその要件に該当しないとは判断しない(以下同様)という趣旨である。

〔製造業務の場合〕
　　受託者は、一定期間において処理すべき業務の内容や量の注文を注文主から受けるようにし、その業務を処理するのに必要な労働者の数などを自ら決定し、必要な労働者を選定し、請け負った内容に沿った業務を行っていること。受託者は、作業遂行の速度を自らの判断で決定することができること。また、受託者は、作業の割り付け、順序を自らの判断で決定することができること。

〔車両運行管理業務の場合〕
　　あらかじめ定められた様式により運行計画(時刻、目的地など)を注文主から提出させ、運行計画が安全運転の確保、人員体制などから不適切なものとなっている場合には、受託者がその旨を注文主に申し入れ変更できるものとなっていること。

〔医療事務受託業務の場合〕

　受託業務従事者が病院などの管理者または病院職員などから、その都度業務の遂行方法に関する指示を受けることがないよう、受託するすべての業務について、業務内容やその量、遂行手順、実施日時、就業場所、業務遂行に当たっての連絡体制、トラブル発生時の対応方法などの事項について、書面を作成し、管理責任者が受託業務従事者に対し具体的に指示を行うこと。

〔バンケットサービスの場合〕

　受託者は、バンケットコンパニオンがホテルなどから業務の遂行に関する指示を受けることのないよう、あらかじめホテルなどと挨拶、乾杯、歓談、催し物などの進行順序ならびにそれぞれの時点におけるバンケットコンパニオンが実施するサービスの内容およびサービスの実施に際しての注意事項を打ち合わせ、取り決めていること。

② 労働者の業務の遂行に関する評価などに関する指示その他の管理を自ら行うこと。この判断は、労働者の業務の遂行に関する技術的な指導、勤惰点検、出来高査定などについて、事業主が自ら行うものであるか否かを総合的に勘案して行う。

〔医療事務受託業務の場合〕

　受託者は、管理責任者を通じた定期的な受託業務従事者や病院などの担当者からの聴取またはこれらの者との打ち合わせの機会を活用し、受託業務従事者の業務の遂行についての評価を自ら行っていること。

(2) 次の①および②のいずれにも該当することにより労働時間などに関する指示その他の管理を自ら行うものであること。

① 労働者の始業および終業の時刻、休憩時間、休日、休暇などに関する指示その他の管理（これらの単なる把握を除く）を自ら行う

こと。この判断は、受託業務の実施日時(始業および終業の時刻、休憩時間、休日など)について、事前に事業主が注文主と打ち合わせているか、業務中は注文主から直接指示を受けることのないよう書面が作成されているか、それに基づいて事業主側の責任者を通じて具体的に指示が行われているか、事業主自らが業務時間の実績把握を行っているか否かを総合的に勘案して行う。

〔製造業務の場合〕

受託業務の行う具体的な日時(始業および終業の時刻、休憩時間、休日など)については、事前に受託者と注文主とで打ち合わせ、業務中は注文主から直接指示を受けることのないよう書面を作成し、それに基づいて受託者側の現場責任者を通じて具体的に指示を行っていること。受託業務従事者が実際に業務を行った業務時間については、受託者自らが把握できるような方策を採っていること。

② 労働者の労働時間を延長する場合または労働者を休日に労働させる場合における指示その他の管理(労働時間などの単なる把握を除く)を自ら行うこと。この判断は、労働者の時間外、休日労働は事業主側の責任者が業務の進捗状況などをみて自ら決定しているか、業務量の増減がある場合には、事前に注文主から連絡を受ける体制としているか否かを総合的に勘案して行う。

〔製造業務の場合〕

受託業務の業務量の増加に伴う受託業務従事者の時間外、休日労働は、受託者側の現場責任者が業務の進捗状況などをみて決定し、指示を行っていること。

〔バンケットサービスの場合〕

宴席が予定した時間を超えた場合の請負契約に定められたサービス提供の終了時間の延長についてのホテルなどとの交渉および延長することとした場合のバンケットコンパニオンへの指示につ

いては、現場に配置している責任者が行っていること。

(3)　次の①および②のいずれにも該当することにより企業における秩序の維持、確保などのための指示その他の管理を自ら行うものであること。
①　労働者の服務上の規律に関する事項についての指示その他の管理を自ら行うこと。この判断は、労働者の事業所への入退場に関する規律、服装、職場秩序の保持、風紀維持のための規律などの決定、管理につき、事業主が自ら行うものであるか否かを総合的に勘案して行う。なお、安全衛生、機密の保持などを目的とするなどの合理的な理由に基づいて相手方が労働者の服務上の規律に関与することがあっても、直ちにこの要件に該当しないと判断されるものではない。

〔医療事務受託業務の場合〕

　職場秩序の保持、風紀維持のための規律などの決定、指示を受託者が自ら行う（衛生管理上など別途の合理的理由に基づいて病院などが労働者の服務上の規律に関与する場合を除く）ほか、聴取および打合せの際に、あるいは定期的な就業場所の巡回の際に、勤務場所での規律、服装、勤務態度などの管理を受託者が自ら行っていること。また、あらかじめ病院などの担当者に対して、この旨の説明を行っていること。

②　労働者の配置などの決定および変更を自ら行うこと。この判断は、労働者の勤務場所、直接指揮命令する者などの決定および変更につき、事業主が自ら行うものであるか否かを総合的に勘案して行う。なお、勤務場所については、その業務の性格上、実際に就業する場所が移動することなどにより、個々具体的な現実の勤務場所を事業主が決定または変更できない場合は業務の性格に応じて合理的な範囲でこれが特定されれば足りる。

〔製造業務の場合〕

　　自らの労働者の注文主の工場内における配置も受託者が決定すること。また、業務量の緊急の増減がある場合には、前もって注文主から連絡を受ける体制にし、受託者が人員の増減を決定すること。

〔バンケットサービスの場合〕

　　業務に従事するバンケットコンパニオンの決定についてはホテルなどによる指名や面接選考などを行わずバンケット業者自らが決定すること。また、同一の宴席におけるバンケットサービスを複数のバンケット業者が請け負う場合には、異なるバンケット業者のバンケットコンパニオンが共同して1つのサービスを実施することのないよう、あらかじめ各バンケット業者が担当するテーブルやサービス内容を明確に区分していること。

2　次の(1)から(3)までのいずれにも該当することにより請負契約により請け負った業務を自己の業務として契約の相手方から独立して処理するものであること。

(1)　業務の処理に要する資金につき、すべて自らの責任の下に調達し、かつ、支弁すること。

(2)　業務の処理について、民法、商法その他の法律に規定された事業主としてのすべての責任を負うこと。この判断に当たり、資金についての調達、支弁の方法は特に問わないが、事業運転資金などはすべて自らの責任で調達し、かつ、支弁していることが必要である。

〔医療事務受託業務の場合〕

　　受託業務の処理により、病院などおよび第三者に損害を与えたときは、受託者が損害賠償の責任を負う旨の規定を請負契約に定めていること。

〔車両運行管理業務の場合〕

自動車事故などが発生し、注文主が損害を被った場合には、受託者が注文主に対して損害賠償の責任を負う(または求償権に応ずる)旨の規定を契約書に明記するとともに、その責任を負う意思および履行能力を担保するため、受託者が自動車事故などの任意保険に加入していること。

〔給食受託業務の場合〕

　　　契約書などに食中毒などが発生し損害賠償が求められるなど注文主側が損害を被った場合には、受託者が注文主に対して損害賠償の責任を負う(または求償権に応ずる)旨の規定を明記していること。

(3)　次の①または②のいずれかに該当するものであって、単に肉体的な労働力を提供するものでないこと。

①　自己の責任と負担で準備し、調達する機械、設備もしくは器材(業務上必要な簡易な工具を除く)または材料もしくは資材により、業務を処理すること。この要件は、機械、設備、資材などの所有関係、購入経路などの如何を問うものではないが、機械、資材などが相手方から借り入れまたは購入されたものについては、別個の双務契約(契約当事者双方に相互に対価的関係をなす法的義務を課する契約)による正当なものであることが必要である。なお、機械、設備、器材などの提供の度合については、単に名目的に軽微な部分のみを提供するにとどまるものでない限り、請負により行われる事業における一般的な社会通念に照らし通常提供すべきものが業務処理の進捗状況に応じて随時提供使用されていればよい。

〔製造業務の場合〕

　　　注文主からの原材料、部品などの受取りや受託者から注文主への製品の受渡しについて伝票などによる処理体制が確立されていること。また、注文主の所有する機械、設備などの使用につい

ては、請負契約とは別個の双務契約を締結しており、保守および修理を受託者が行うかないしは保守および修理に要する経費を受託者が負担していること。

〔車両運行管理業務の場合〕

　運転者の提供のみならず、管理車両の整備(定期整備を含む)および修理全般、燃料・油脂などの購入および給油、備品および消耗品の購入、車両管理のための事務手続、事故処理全般などについても受託することで注文主の自動車の管理全体を行っているものであり、また、受託業務の範囲を契約書に明記していること。

②　自ら行う企画または自己の有する専門的な技術もしくは経験に基づいて、業務を処理すること。この要件は、事業主が企業体として有する技術、技能などに関するものであり、業務を処理する個々の労働者が有する技術、技能などに関するものではない。

(4) 偽装請負問題の解決のために

偽装請負問題の解決のためには、次のような取組みが必要であると考えられます。

① 労働者派遣法などについての理解の促進

違法な労働者派遣をなくし、偽装請負問題を解決するためには、労働者派遣法や職業安定法などの関係法令の内容についての理解を深めることが必要です。

② 業務請負会社の能力の検証

適法な業務請負事業を活用するためには、業務請負会社が請負区分基準に従って業務を処理することができる能力があるものでなければなりません。この場合、特に、請負会社がその業務を行うことができるだけの技術的な能力や経験があること、社員に請負業務を適切に処理させることがで

きる安全衛生などを含めた管理能力や人材養成能力があることが必要になります。このため、適法な業務請負事業を活用するためには、業務請負会社にこれらの能力があるか否かを検証し、これらの能力を十分備えた請負会社を活用することが必要です。

この点では、例えば、業務請負事業の工程管理や事業所の責任者に関する研修を受講し、業務請負事業に関し必要となる知識を有する責任者が配置されていたり、安全衛生などに関し専門的な団体の会員である業務請負会社において労働安全衛生などに関し必要な研修などを受講している責任者などを配置することができる業務請負会社などが望ましいと考えられます。

③　業務請負会社側との品質管理などに関する事前協議

業務請負事業においては、その請け負った業務を請負会社が独立して処理します。このため、注文者側は、注文者としての注文を行う場合や注文者、他の請負事業者との間の業務調整、労働安全衛生法上の連絡調整などを行う場合を除いては、直接業務請負の社員に対し作業上の指示を行うことはできませんので、品質管理などについて、事前に十分に業務請負会社と協議し、遺漏のないようにしておく必要があります。

2　業務請負社員に対する注文者や元方事業者などの責任

(1) 注文者や元方事業者などの安全衛生に関する責任

労働災害が発生する要因の1つとして発注の内容が問題となる場合があります。また、1つの工場などの構内や建設現場などで複数の会社の社員が混在して作業をしている場合には、各会社間で作業の手順や順序を連絡・調整することなどが必要になります。このため、労働安全衛生法は、注文者などに対して、注文の方法や連絡・調整などについて講ずべき措置を

定めています。

1)　適正な発注
　建設工事の注文者などの仕事を他人に請け負わせる者は、施工方法、工期などについて、安全で衛生的な作業の遂行をそこなうおそれのある条件を附さないように配慮しなければなりません（同法第3条第3項）。

2)　造船業および建設業における特別の安全衛生管理体制
　重層的な請負関係の下で元方事業者（第2章 77頁参照）の社員と請負会社の社員が混在して仕事をする造船業や建設業においては、次の特別の安全衛生管理体制が義務付けられています。
①　統括安全衛生責任者
　その場所で作業する者の数が50人以上である造船業および建設業の元方事業者においては、統括安全衛生責任者を選任し、元方事業者の講ずべき措置を統括管理させなければなりません（同法第15条）。
②　元方安全衛生管理者
　建設業を行う統括安全衛生責任者を選任した元方事業者は、一定の学歴と実務経験を有するその事業所に専属の者のうちから元方安全衛生管理者を選任し、その者に元方事業者の講ずべき措置のうち技術的事項を管理させなければなりません（同法第15条の2）。
③　店社安全衛生管理者
　ずい道などの建設、人口が集中している地域内における道路上などの場所において行われる橋梁の建設、圧気工法による作業を行う者の数が20人から29人または主要構造部が鉄骨造などである建築物の建設の作業を行う者の数が20人から49人である建設業の元方事業者は、建設工事に係る請負契約を締結している事業所ごとに、一定の学歴または実務経験を有する者のうちから、店社安全衛生管理者を選任し、元方事業者として行う労働災害防止のための事項を担当する者に対する指導などを行わ

せなければなりません(同法第15条の3)。
④　安全衛生責任者
　統括安全衛生責任者を選任すべき元方事業者以外の自らその仕事を行う請負会社は、安全衛生責任者を選任し、その旨を元方事業者に通報するとともに、その者に統括安全衛生責任者との連絡などを行わせなければなりません(同法第16条)。

3)　注文者や元方事業者などの講ずべき措置など
　請負会社の社員などの労働災害を防止するために、発注者や元方事業者などに、次の措置を講ずることが義務付けられています。
①　注文者の指示
　注文者は、その請負会社に対し、注文した仕事に関し、その指示に従って請負会社の社員が働いたならば、労働安全衛生法令に違反する指示をしてはなりません(同法第31条の4)。
②　元方事業者の法令順守の指導および指示
　元方事業者は、請負会社やその社員が、注文した仕事に関し、労働安全衛生法令に違反しないよう必要な指導を行わなければなりません。また、請負会社やその社員が、その仕事に関し、労働安全衛生法令に違反していると認めるときは、是正のため必要な指示を行わなければなりません。この場合には、請負会社やその社員は、この指示に従わなければなりません(同法第29条)。
③　建設業の元方事業者による技術上の指導
　建設業の元方事業者は、土砂などが崩壊するおそれのある場所などにおいて請負会社の社員が作業を行うときは、請負会社が講ずべきその場所の危険を防止するための措置が適正に講ぜられるように、技術上の指導など必要な措置を講じなければなりません(同法第29条の2)。
④　造船業および建設業の元方事業者の協議組織の設置運営
　造船業および建設業の元方事業者は、その社員および請負会社の社員

の作業が同一の場所において行われることによって生ずる労働災害を防止するため、元方事業者およびすべての請負会社が参加する協議組織を設置し、その会議を定期的に開催するなどの措置を講じなければなりません（同法第30条）。

　仕事を請け負ってその仕事を自ら行う請負会社も、これらの措置に応じて、元方事業者が設置する協議組織に参加するなど必要な措置を講じなければなりません。また、元方事業者が講ずる措置の実施を確保するためにする指示に従わなければなりません（同法第32条第1項）。

⑤　製造業の元方事業者の講ずべき措置

　製造業の元方事業者は、その社員および請負会社の社員の作業が同一の場所において行われることによって生ずる労働災害を防止するため、元方事業者と請負会社との間、請負会社相互間の連絡調整を随時行うなどの措置を講じなければなりません（同法第30条の2）。

　この場合に、その仕事を請け負ってその仕事を自ら行う請負会社は、これらの措置に応じて、必要な措置を講じなければなりません（同法第32条第2項）。

　また、次の内容の「製造業における元方事業者による総合的な安全衛生管理のための指針」が策定されています。

1　総合的な安全衛生管理のための体制の確立および計画的な実施
(1)　作業間の連絡調整などを統括管理する者の選任
　元方事業者の労働者および請負事業者の労働者を合わせた労働者数が常時50人以上である場合には、作業間の連絡調整などを統括管理する者を選任し、統括管理させること。
(2)　安全衛生に関する計画の作成および実施
　元方事業者は、請負事業者に対して実施する事項を含め労働災害防止対策として実施すべき主要な事項を定めた安全衛生計画を作成し、請負事業者に周知するとともに、安全衛生計画に沿って労働

災害防止対策を実施すること。
2　作業間の連絡調整の実施
　元方事業者は、混在作業による労働災害を防止するため、随時、元方事業者と請負事業者との間や請負業者相互間における作業間の連絡および調整を行うこと。
3　請負事業者との協議を行う場の設置および運営
　元方事業者は、請負事業者の数が少ない場合を除き、請負事業者との安全衛生協議会を設置し、定期的に開催するとともに、その労働者に協議会における協議結果を周知させること。
4　作業場所の巡視
　元方事業者は、定期的に、混在作業による労働災害を防止するため必要な範囲について作業場所を巡視すること。
5　請負事業者が実施する安全衛生教育に対する指導援助
　元方事業者は、必要に応じ、請負事業者が行う安全衛生教育について、場所や資料の提供などを行うこと。
6　元方事業者による請負事業者の把握
(1)　請負事業者の責任者などの把握
　元方事業者は、請負契約の成立後速やかに、請負事業者に対し、作業間の連絡調整などを統括管理する元方事業者に属する者との連絡等を行う責任者の選任状況および安全管理者などの選任状況を通知させ、これを把握しておくこと。
(2)　労働災害発生のおそれのある機械などの持込み状況の把握
　元方事業者は、請負事業者が防爆構造の電気機械器具、車両系荷役運搬機械、車両系建設機械など労働災害発生のおそれのある機械・設備を持ち込む場合には、請負事業者に、事前に通知させて、これを把握しておくとともに、定期自主検査、作業開始前点検などを確実に実施させること。
7　機械・設備を使用させて作業を行わせる場合の措置

元方事業者は、請負業者に自らが管理する機械・設備を使用させる場合には、機械・設備について、法令上の危害防止措置が適切に講じられていることを確認するとともに、機械・設備についてその危険性などに関する調査などを実施した場合には、リスク低減措置を実施した後に見込まれる残留リスクなどの情報を請負事業者に対して提供すること。

　また、機械・設備の定期自主検査、作業開始前点検などを請負に確実に実施させるとともに、定期自主検査の結果や作業環境測定結果の評価、労働者の特殊健康診断の結果などにより、機械・設備の補修その他の改善措置を講じる必要がある場合は、請負事業者に必要な権限を与え改善措置を講じさせるかまたは元方事業者が請負事業者と協議の上これを講じること。

8　作業環境管理

　元方事業者は、作業環境測定結果の評価に基づいて請負事業者が実施する作業環境の改善、保護具の着用などについて、必要な指導を行うこと。

9　健康管理

　元方事業者は、請負事業者の労働者の健康診断の受診率を高めるため、自社の労働者に対して実施する健康診断と請負事業者がその労働者に対して実施する健康診断を同じ日に実施することができるよう日程調整する、請負事業者に対して健康診断機関を斡旋するなどの措置を講じること。また、必要に応じ、請負事業者に対し健康管理手帳制度の周知その他有害業務の健康管理措置の周知などを行うこと。

10　仕事の注文者としての配慮

　元方事業者は、労働者の危険および健康障害を防止するための措置を講じる能力がない事業者、必要な安全衛生管理体制を確保することができない事業者など労働災害を防止するための事業者責任

を遂行することのできない事業者に仕事を請け負わせないようにすること。

11　請負会社の講ずべき措置
　請負会社は、元方事業者が講ずるこれらの措置に対応して、次の措置を講ずるとともに、安全衛生協議会の協議事項の周知を行い、自ら行うべき事項についてはその責任で実施しなければなりません。
(1)　元方事業者との連絡などを行う責任者の選任
(2)　元方事業者が行う作業間の連絡調整を社員に周知させ、確実に実施すること。
(3)　安全衛生協議会への参加
(4)　請負会社が選任する責任者や安全管理者などの選任状況の元方事業者への通知
(5)　労働災害発生のおそれのある機械・設備の持込み状況の元方事業者への通知
(6)　元方事業者がその社員の健康診断の実施日に合わせて請負会社の社員に健康診断を実施することができるよう日程調整した場合は、その日に健康診断を受診させることにより、労働者の受診率を高めるようにすること。

⑥　化学物質の危険有害情報の提供
　爆発性・発火性・酸化性・引火性・可燃性のある化学物質の製造・取扱設備や引火点が65度以上の物を引火点以上の温度で行う製造・取扱設備、特定化学物質の製造・取扱設備の改造、修理、清掃などでその設備を分解する作業またはその設備の内部に立ち入る作業の注文者は、請負会社に対し、製造設備の中の化学物質の危険有害性、作業の注意事項、安全衛生確保のための措置、事故発生時の応急措置などの危険・有害情報を文書または電磁的記録で提供しなければなりません。また、これらの作業を請け負った請負会社は、これらの措置が講じられていないことを知ったときは、速やかにその旨を注文者に申し出なければなりません。また、注文者

が講ずる措置の実施を確保するためにする指示に従わなければなりません（同法第31条の2）。

⑦ 造船業および建設業の注文者の講ずべき措置

造船業および建設業の仕事を自ら行う注文者は、くい打機およびくい抜機、軌道装置、型わく支保工、アセチレン溶接装置などの建設物、設備または原材料を、その仕事を行う場所においてその請負会社の社員に使用させるときは、これらの建設物、設備または原材料について、定められた基準に適合したものとしなければなりません（同法第31条）。

また、これらの建設物、設備または原材料を使用する請負会社は、これらの措置が講じられていないことを知ったときは、速やかにその旨を注文者に申し出るとともに、注文者がこれらの措置を講ずるために行う点検、補修その他の措置を拒み、妨げ、または忌避してはなりません。また、注文者が講ずる措置の実施を確保するためにする指示に従わなければなりません（同法第32条第4項）。

⑧ 建設業の元方事業者による労働者の救護に関する措置

建設業の特定工事の仕事が数次の請負契約によって行われる場合の元方事業者は、その場所において作業に従事するすべての者に関し、救護に関し必要な機械、設備の備付けおよび管理、救護に関し必要な事項についての訓練、救護の安全に関する事項の定め、作業に従事する者の人数および氏名の常時確認、救護の安全に関する技術的事項を管理する者の選任などの措置を講じなければなりません（同法第30条の3）。

また、請負契約を締結し、その仕事を自ら行う請負会社は、救護に関する訓練に協力するとともに、元方事業者が講ずる措置の実施を確保するためにする指示に従わなければなりません（同法第32条3項）。

⑨ 建設業の元方事業者による大型建設機械作業に関する連絡・調整など

建設業の複数の会社の社員が1つの場所において機体重量が3トン以上のパワー・ショベルなどの大型建設機械作業を行う場合、仕事を自ら行う

元方事業者などは、その場所において作業に従事するすべての労働者の労働災害を防止するため、元方事業者とその請負会社との間および請負会社相互間における作業の内容や指示の系統、立入禁止区域について必要な連絡および調整を行わなければなりません（同法第31条の3）。

（2） 建設業の請負事業における元請会社の災害補償に関する責任

建設業が数次の請負によって行われる場合には、元請会社が災害補償の責任を負います。ただし、元請会社および下請会社が、下請会社の請負事業に関して請負事業の一括の適用を受けることについて、原則として10日以内に、下請会社が責任を負うことについて認可を受けたときは、その請負事業については、その下請会社が災害補償の責任を負います（労働基準法第87条、労働保険徴収法第8条）。

（3） 注文者との黙示の労働契約

請負により、他社に派遣されて就労している場合に、注文者と黙示の労働契約が成立しているためには、労働者派遣の場合と同様、請負会社が企業としての独立性を欠いていて注文者の労務担当の代行機関と同一視しうるものであるなどその存在が形式的名目的なものに過ぎず、注文者が採用や賃金額などを決定している場合、あるいは実質的にみて注文者がその社員に賃金を支払い、労務提供の相手方が注文者である場合です。これに関し、次のような裁判例があります。

① 社外労働者と受入企業間に黙示の労働契約が成立していると認められるためには、社外労働者が受入企業の事業場において同企業から作業上の指揮命令を受けて労務に従事していること、実質的にみて派遣企業ではなく受入企業が社外労働者に賃金を支払い、社外労働者の労務提供の相手方が派遣企業ではなく受入企業であることが必要である。本件においては、実質的にみれば、受入企

業から作業上の指揮命令を受けて労務に従事しており、派遣企業ではなく受入企業が賃金を支払い、労務提供の相手方は受入企業ということができる。そうすると、受入企業との間に黙示の労働契約が成立していた（ナブテスコ事件　神戸地裁明石支部平成17年7月22日）。

②　一般に、労働契約は、使用者が労働者に賃金を支払い、労働者が使用者に労務を提供することを基本的要素とするのであるから、黙示の労働契約が成立するためには、社外労働者が受入企業の事業場において同企業から作業上の指揮命令を受けて労務に従事するという使用従属関係を前提にして、実質的にみて、当該労働者に賃金を支払う者が受入企業であり、かつ、当該労働者の労務提供の相手方が受入企業であると評価することができることが必要である。本件においては、派遣先は、当初から、派遣させた労働者を使用してその労務の提供を受け、これに対し賃金を支払う意思を有し、労働者も、派遣先の指揮命令の下で、これに対して労務を提供し、その対価として賃金を受け取る意思があり、したがって、実質的にみて、両者間には、就労開始の時点で、黙示の労働契約が成立したものと認めることができる（センエイ事件　佐賀地裁武雄支部平成9年3月28日）。

③　原告の供給する労務は専門的な知識や技術を必要とするものではあるが、労務供給の形態が、労務の供給を受けるポンプ据付会社の定める就業時間に従い、同社の現場総責任者の監督や指示に従いながら労務を供給することが求められるものであることや、その対価も月額という時間の長さによって決められていることからすると、原告と会社との間の本件契約は、原告をポンプ据付会社に派遣するためにその前提として締結した雇用契約である。なお、ポンプ据付会社に原告に対し賃金等の対価を支払うべき義務を負っていないことからしても、ポンプ据付会社と原告との間には雇用関係がないことは明ら

かであり、当事者間に新たに雇用関係が生じるいわゆる出向とは異なる（三和プラント工業事件　東京地裁平成2年9月11日）。

④　原告は会社に面接のうえ採用されたわけではなく、会社の録画班に派遣されていた交替要員として単に会社に派遣されてきたものであり、会社は原告という特定の人物に着目して業務を遂行させるようになったものではなく、単に派遣されている従業員のうちの1人が交替したと捉えていたにすぎないこと、下請会社は、その就業規則において独自に勤務時間、休暇などを定め、出勤表を用意するなどして原告らの勤務状況の把握に努め、現場責任者などを介して従業員の評価を行うと共に、原告らに対し、賃金、一時金などを直接支払っており、その従業員を被保険者として各種社会保険に加入しており、また原告らの属する東京地区労組は下請会社に対し労働条件の改善等の諸要求を掲げてこれと交渉していることに鑑みると、下請会社は原告ら従業員の雇用主として独自に指揮命令権を有し、労務管理を行っており、原告らに対し、賃金等労務の対価を支払っているものというべきであって、原告が、少なくとも下請会社の支配関係を離れて、直接会社の指揮命令の下に拘束を受けて就労する状態にあり、直接原告と会社との間に黙示の労働契約が成立していたということはできない（テレビ東京事件　東京地裁平成元年11月28日）。

⑤　労働契約といえども、黙示の意思の合致によっても成立しうるものであるから、事業場内下請労働者（派遣労働者）の如く、外形上親企業（派遣先企業）の正規の従業員と殆んど差異のない形で労務を提供し、したがって、派遣先企業との間に事実上の使用従属関係が存在し、しかも、派遣元企業がそもそも企業としての独自性を有しないとか、企業としての独立性を欠いていて派遣先企業の労務担当の代行機関と同一視しうるものであるなどその存在が形式的名目的なものに過ぎず、かつ、派遣先企業が派遣労働者の賃金額その他の労働条件を決定していると認めるべき事情のあるときには、派遣労

働者と派遣先企業との間に黙示の労働契約が締結されたものと認めるべき余地がある。本件においては、派遣労働者は、事業場内下請労働者として放送会社に派遣され、その作業の場所を放送会社社屋内と限定されて労務を提供していたから、放送会社の職場秩序にしたがって労務提供をなすべき関係にあったばかりでなく、その各作業が放送会社の行う放送業務と密接不可分な連繋関係においてなさるべきところから、各作業内容につき放送会社社員から具体的な指示を受けることがあり、また作業上のミスについても放送会社の担当課長から直接注意を受けるなど放送会社から直接作業に関し指揮、監督を受けるようになっていたものであって、放送会社との間にいわゆる使用従属関係が成立していたものであり、したがって、この使用従属関係の形成に伴い、放送会社が派遣労働者に対し、一定の使用者責任、例えば安全配慮義務などを課せられる関係にあったことは否定することができない。しかし、会社は、放送会社から資本的にも人的にも全く独立した企業であって、放送会社からも派遣労働者からも実質上の契約主体として契約締結の相手方とされ、現に従業員の採用、賃金その他の労働条件を決定し、身分上の監督を行っていたものであり、したがって、放送会社の労務担当代行機関と同一視しうるような形式的、名目的な存在に過ぎなかったというのは当たらない。また、放送会社は、会社が派遣労働者を採用する際にこれに介入することは全くなく、かつ、業務請負の対価として支払っていた本件業務委託料は、派遣労働者の人数、労働時間量にかかわりなく、一定額と約定していたから、放送会社が派遣労働者の賃金額を実質上決定していたということはできない。したがって、放送会社と派遣労働者との間に黙示の労働契約が締結されたものと認める根拠は見出し得ない(サガテレビ事件　福岡高裁昭和58年6月7日)。

(4) 請負会社の社員との団体交渉

　会社がその雇用する社員の代表者と団体交渉をすることを正当な理由がなくて拒むことは、不当労働行為として禁止されています（労働組合法第7条）が、請負会社の社員との団体交渉に関し、次のような判例があります。

> ① 請負契約に基づき社員の派遣を受けていた会社が派遣を受けた社員をその会社の業務に従事させ、基本的労働条件について雇用主と部分的に同視できる程度に現実的かつ具体的に支配、決定できる地位にある場合には、使用者として団体交渉に応じなければならない（朝日放送事件　最高裁第3小法廷平成7年2月28日）。
> ② 社外労働者の直接の雇用主が法人格のみで実体としては存在せず、受入れ企業が実際上は彼らを個人として採用しているなどの場合においては、受入れ企業は、団体交渉上使用者として団体交渉に応じなければならない（油研工業事件　最高裁第1小法廷昭和51年5月6日）。

(5) 請負会社の社員の安全の配慮

　会社は、労働契約に伴い、社員がその生命、身体などの安全を確保しつつ労働することができるよう、必要な配慮をしなければなりません（労働契約法第5条）。

　この安全配慮義務は労働契約に付随する義務ですから、雇用している会社が責任を負うのが原則ですが、それ以外の関係者についても、安全配慮義務を果たすことが求められることがあります。元請会社についても同様で、元請会社が下請会社の会社に対して直接指揮監督を行うなど雇用主と同視し得る関係にある場合には、元請会社が安全配慮義務を果たすことが求められます。具体的には、建設業の重層請負における元請会社や構内下請会社の社外工に対する元請会社に関する次の判例があります。

① 建設業の重層請負

　元請負人から、作業につき、場所、設備、器具などの提供を受け、かつ、直接指揮監督を受け、外形的に元請負人の1部門の如き密接な関係を有し、両者が共同して安全管理に当たり、安全確保のためには元請負人の協力・指揮監督が不可欠と考えられ、実質上下請人の労働者と元請人との間に、使用者と被用者の関係と同視できるような経済的、社会的関係が認められる場合には、労働契約上の安全配慮義務と同一内容の義務を負担する（鹿島建設・大石塗装事件　最高裁第一小法廷昭和55年12月18日）。

② 構内下請企業の社外工

　下請企業の労働者が労務の提供をするに当たっては、いわゆる社外工として、その管理する設備、工具などを用い、事実上その指揮、監督を受けて稼働し、その作業内容もいわゆる本工とほとんど同じであったというのであり、このような事実関係の下においては、下請企業の労働者との間に特別な社会的接触の関係に入ったもので、信義則上、労働者に対し安全配慮義務を負う（三菱重工業事件　最高裁第一小法廷平成3年4月11日）。

（6）元請会社の請負会社の社員に対する過重労働の防止

　会社は、過重な労働による健康障害を防止するために、①健康診断を実施して社員の健康状態を的確に把握し、その結果に基づき、医学的知見を踏まえて、社員の健康管理を適切に実施した上で、その年齢、健康状態などに応じて従事する作業の時間や内容の軽減、就労場所の変更などの適切な措置をとるとともに、②労働時間、休憩時間、休日、休憩場所などについて適正な労働条件を確保しなければなりません（システムコンサルタント事件　最高裁第二小法廷平成12年10月13日）。

　また、社員に従事させる業務を定めてこれを管理するに際し、業務の遂行に伴う疲労や心理的負荷などが過度に蓄積して社員の心身の健康を

損なうことがないよう注意する義務を負っています(電通事件　最高裁第二小法廷平成12年3月24日)。

このような過重労働の防止についても、元請会社が請負会社の社員に対して果たすことが求められる次のような裁判例があります。

> 製作所において勤務する外部からの就労者は、人材派遣あるいは業務請負などの契約形態の区別なく、同様に、シフト変更、残業指示および業務上の指示を製作所社員より直接受け、それに従って業務に就いていたから、製作所の労務管理のもとで業務に就いていた。とするならば、製作所は、従事させる業務を定めて、これを管理するに際し、業務の遂行に伴う疲労や心理的負担などが過度に蓄積して心身を健康を損なうことがないよう注意する義務を負担していた。しかしながら、定期的な健康診断のほかは、業務に伴う身体的・精神的負荷を軽減する措置を講じたことを認めるに足りる証拠はない。以上によれば、製作所には、本件に関し、安全配慮義務を怠った。そして、うつ病と自殺の関係についての医学的知見をも考慮に入れると、うつ病に罹患し、自殺を図ったことについて業務起因性が肯定される以上、製作所は、その安全配慮義務違反に基づく責任を負い、さらに、不法行為責任を負う(ニコン・アテスト事件　東京地裁平成17年3月31日)。

3　業務請負会社の労務管理に関するその他の問題点

業務請負会社の労務管理に関しては、このほか、次のようなことが問題となっています。

(1) 退職した社員の競業避止義務

退職した社員の退職後の競業避止義務については、一般的には、勤務期間中に得た知識などをどう活かすかは自由であり、特別な定めがない場

合には、この自由を拘束することはできないと解されています。退職後の競業避止を定める特約が労働契約にあれば、退職した社員の競業行為は制限されますが、特約に定める禁止の内容や程度が必要最小限でなく、不利益に対する代償措置も十分でない場合には、その特約は、公序良俗に反して無効となります。

　また、競業避止義務の効力については、退職した社員の在職中の地位や職務如何によって事情が異なり、例えば、技術の中枢部にいるなど営業の秘密を知り得る立場にあるものに秘密保持義務を負わせ、または秘密保持義務を実質的に担保するために退職後における一定期間、競業避止義務を負わせることは有効とされていますが、工場の作業員などの場合には、その職務の内容などから見て、競業避止義務を負わせることはできないと解されています。これに関しては、次のような裁判例があります。

　　従業員らが新聞広告などによりC会社の時給が良い事を知り、同社へ移籍することを考え、それぞれが別個に連絡のうえ、B会社を退職したものであって、C会社への移籍について社会通念上違法とされるような事情があったとまでは認められない。また、使用者が、従業員に対し、雇用契約上特約により退職後も競業避止義務を課すことについては、それが当該従業員の職業選択の自由に重大な制約を課すものである以上、無制限に認められるべきではなく、競業避止の内容が必要最小限の範囲であり、また当該競業避止義務を従業員に負担させるに足りうる事情が存するなど合理的なものでなければならないが、従業員らの業務は、単純作業であり、B会社独自のノウハウがあるものではなかった。また本件規定は、同じ現場に競業する他社が存在し、人材の欠員、増員に関し、どちらか先に取引先に気に入られる人物を提供した方がその利益を得るという状況下で、単に取引先を確保するという営業利益のために従業員の移動そのものを禁止したものである。そして従業員の年収は決して高額なものではなく、また退職金もなく、さらに本件規定に関連し従業員に対し何らの代償措置も講じていなかったことを総

合考慮するならば、本件規定が期間を6ヶ月と限定し、またその範囲を元の職場における競業他社への就職の禁止という限定するものであったとしても、職業選択の自由を不当に制約するものであり、公序良俗に反し無効である(キヨウシステム事件　大阪地裁平成12年6月19日)。

(2) 請負会社の社員に対する過重労働の防止

業務請負会社のその社員に対する過重労働の防止についても、次のような裁判例があります。

業務請負会社は、健康診断の費用は負担するものの、労働時間の管理については、月末に製作所からの労働時間の報告を受けて初めて当月の労働時間を把握しており、製作所の派遣元会社・請負会社に対する窓口業務担当者と打合せをし、週に1回程度面談しているだけにすぎなかったから、安全配慮義務を怠った。よって、業務請負会社も、その安全配慮義務違反に基づく責任を負い、さらに、不法行為責任を負う(ニコン・アテスト事件)。

第11章

個人請負事業者などの正しい活用

「個人請負事業者などの正しい活用」のポイント
1　個人請負事業者と労働基準法の「労働者」
2　個人請負事業者と労働組合法の「労働者」
3　個人請負事業者と社会・労働保険
4　税の取扱い

「個人請負事業者などの正しい活用」のポイント

(1) 一般的には、請負契約による個人請負事業者などは、その業務を自己の業務として注文主から独立して処理するものである限り、たとえ本人が労務に従事する場合であっても労働基準法の「労働者」にはならないが、形式上は請負のような形をとっていても、その実体において使用従属関係が認められるときは、その請負事業者は、同法の「労働者」に該当する。

(2) 労働基準法の「労働者」に該当するか否かについては、①勤務時間・勤務場所の拘束の程度と有無、②業務の内容及び遂行方法に対する指揮命令の有無、③仕事の依頼に対する諾否の自由の有無、④機械や器具の所有や負担関係、⑤報酬の額や性格、⑥専属性の有無などを総合的に考慮して判断される。

(3) 労働基準法の「労働者」であるか否かが問題となった裁判例には、①車両持ち込み運転手(労基法の労働者にはあたらない)、②作業場を持たずに1人で工務店の大工仕事に従事する大工(工務店の指揮監督の下に労務を提供していたものと評価することはできない)、③宅地造成工事業者の監督の下に自己所有の工具類を使用して掘り出した石を割る作業者(労働基準法上の労働者と使用者の関係にあった)、④個人経営の配線作業者(その作業については配線工事請負会社に雇用されていた)、⑤プロダクションとの撮影業務に従事する契約に基づき映画撮影に従事する映画撮影技師(労基法9条にいう「労働者」に該当する)、⑥証券会社の外務員(労働基準法の適用さるべき性質のものではない)、⑦コンピューターシステムのマニュアル作成等の仕事の仲介営業活動等を行う者(業務委託契約である)などがある。

(4) 労働組合法の「労働者」について、テレビ局との間で他社出演が

自由とされている楽団員について、会社の出演依頼に原則として応じる義務があり、報酬が演奏という労務給付の対価とみなしうる場合は、労働組合法の「労働者」に当たるとする判例がある。
(5) 個人請負事業者には労災保険の適用はないが、一定の種類の事業を社員を使用しないで行うことを常態とする者などに対しては特別加入制度がある。ただし、その中には通勤災害について適用されない事業もある。
(6) 実質的に労働契約である場合を除き、個人請負事業者には雇用保険の適用はない。
(7) 個人請負事業者には、原則として国民健康保険および国民年金が適用され、国民年金の上乗せ年金を支給する国民年金基金がある。
(8) 個人請負事業者の所得は事業所得となり、事業所得の金額は、総収入金額から必要経費を控除して計算し、所得税の確定申告をしなければならないが、有利な取扱いが受けられる青色申告制度がある。地方税については、個人住民税のほか、請負業などの法定業種を営む個人請負事業者は、業種ごとに定められた料率の個人事業税が課税される。

1 　個人請負事業者と労働基準法の「労働者」

　労働基準法の「労働者」は、「職業の種類を問わず、事業又は事務所に使用される者で、賃金を支払われる者」をいいます（同法第9条）。したがって、同法の労働者に該当するためには、①事業・事務所（適用事業）に使用される者であること、②他人から指揮命令を受けて使用される者であること、③賃金を支払われる者であること、の3つの要件に該当することが必要です。

　このため、一般的には、請負契約による個人請負事業者などは、その業務を自己の業務として注文主から独立して処理するものである限り、たとえ本人が労務に従事する場合であっても同法の「労働者」になることはありません（昭和23年1月9日基発第14号など）。たとえば、工場がその建物などの施設を大工に修繕させる場合は、請負契約に該当するので、同法の「労働者」にはなりません（昭和23年12月25日基収第4281号）。

　しかしながら、形式上は請負のような形をとっていても、その実体において使用従属関係が認められるときは、その関係は労働関係であり、その請負事業者は、同法の「労働者」に該当します。

　労働基準法の「労働者」に該当するか否かについては、次により判断されます（労働基準法研究会報告「労働基準法の『労働者』の判断基準について（昭和60年12月19日）」）。

1.「使用従属性」に関する判断基準
(1)「指揮監督下の労働」に関する判断基準
　①　仕事の依頼、業務従事の指示などに対する諾否の自由の有無
　　仕事の依頼、業務従事の指示などに対する諾否の自由があることは、指揮監督関係を否定する重要な要素となる。これを拒否する自由を有しない場合は、指揮監督関係を推認させる重要な要素となる。ただし、その場合には、その事実関係だけでなく、契約内容

なども勘案する必要がある。
② 業務遂行上の指揮監督の有無
　業務の内容および遂行方法について「使用者」の具体的な指揮命令を受けていることは、指揮監督関係の基本的かつ重要な要素である。しかし、通常注文者が行う程度の指示などにとどまる場合には、指揮監督を受けているとはいえない。
　「使用者」の命令、依頼などにより通常予定されている業務以外の業務に従事することがある場合には、「使用者」の指揮監督を受けているとの判断を補強する重要な要素となる。
③ 拘束性の有無
　勤務場所および勤務時間が指定され、管理されていることは、一般的には、指揮監督関係の基本的な要素である。しかし、業務の性質、安全を確保する必要などから必然的に勤務場所および勤務時間が指定される場合があり、その指定が業務の性質などによるものか、業務の遂行を指揮命令する必要によるものかを見極める必要がある。
④ 代替性の有無
　本人に代わって他の者が労務を提供することが認められていること、また、本人が自らの判断によって補助者を使うことが認められていることなど、労務提供の代替性が認められている場合には、指揮監督関係を否定する要素のひとつである。
(2) 報酬の労務対償性の有無に関する判断基準
　報酬が時間給を基礎として計算されるなど労働の結果による較差が少ない、欠勤した場合には応分の報酬が控除され、いわゆる残業をした場合には通常の報酬とは別の手当が支給されるなど報酬の性格が使用者の指揮監督のもとに一定時間労務を提供していることに対する対価と判断される場合には、「使用従属性」を補強する。

2.「労働者性」の判断を補強する要素
(1) 事業者性の有無
　① 機械、器具の負担関係
　　本人が所有する機械、器具が著しく高価場合には自らの計算と危険負担に基づいて事業経営を行う「事業者性」としての性格が強く、「労働者性」を薄める要素となる。
　② 報酬の額
　　報酬の額が、その企業において同種の業務に従事している正規従業員に比して著しく高額な場合には、その報酬は、自らの計算と危険負担に基づいて事業経営を行う「事業者性」に対する代金の支払いと認められ、その結果、「労働者性」を薄める要素となる。
　③ その他
　　裁判例においては、業務遂行上の損害に対する責任を負う、独自の商号使用が認めているなどの点を「事業者性」としての性格を補強する要素としているものがある。
(2) 専属性の程度
　他社の業務に従事することが制度上制約され、また時間的余裕がなく事実上困難である場合には、専属性の程度が高く、いわゆる経済的にその企業に従属していると考えられ、「労働者性」を補強する要素のひとつと考えて差し支えない。
　報酬に固定給部分がある、業務の配分等により事実上固定給となっている、その額も生計を維持しうる程度のものであるなど報酬に生活保障的な強いと認められる場合には、「労働者性」を補強するものと考えて差し支えない。
(3) その他
　裁判例においては、①採用、委託などの際の選考過程が正規従業員の採用の場合とほとんど同様であること、②報酬について給与所得としての源泉徴収を行っていること、③労働保険の適用対象とし

ていること、④服務規律を適用していること、⑤退職金制度、福利厚生を適用していることなど「使用者」がその者を自らの労働者と認識していると推認される点を「労働者性」を肯定する判断の補強理由とするものがある。

また、建設手間請け従事者については、次のような判断基準が示されています(労働基準法研究会労働契約等法制部会労働者性検討専門部会報告(平成8年3月25日))。

1 使用従属性に関する判断基準
(1)指揮監督下の労働
イ 仕事の依頼、業務に従事すべき旨の指示などに対する諾否の自由の有無
具体的な仕事の依頼、業務に従事すべき旨の指示などに対して諾否の自由があることは、指揮監督関係の存在を否定する重要な要素となる。
他方、このような諾否の自由がないことは、一応、指揮監督関係を肯定する要素の一つとなる。ただし、断ると次から仕事が来なくなることなどの事情により事実上仕事の依頼に対する諾否の自由がない場合や、例えば電気工事が終わらないと壁の工事ができないなど作業が他の職種との有機的連続性をもって行われるため、業務従事の指示を拒否することが業務の性質上そもそもできない場合には、諾否の自由の制約は直ちに指揮監督関係を肯定する要素とはならず、契約内容や諾否の自由が制限される程度などを勘案する必要がある。
ロ 業務遂行上の指揮監督の有無
(イ)業務の内容および遂行方法に対する指揮命令の有無
設計図、仕様書、指示書などの交付によって作業の指示がなされている場合であっても、その指示が通常注文者が行う程度の

指示などに止まる場合には、指揮監督関係の存在を肯定する要素とはならない。他方、指示書などにより作業の具体的内容・方法などが指示されており、業務の遂行が「使用者」の具体的な指揮命令を受けて行われていると認められる場合には、指揮監督関係の存在を肯定する重要な要素となる。

　工程についての他の職種との調整を元請け、工務店、専門工事業者、一次業者の責任者などが行っていることは、業務の性格上当然であるので、このことは業務遂行上の指揮監督関係の存否に関係するものではない。

(ロ) その他

「使用者」の命令、依頼などにより通常予定されている業務以外の業務に従事することがある場合には、使用者の一般的な指揮監督を受けているとの判断を補強する重要な要素となる。

ハ　拘束性の有無

　勤務場所が建築現場、刻みの作業場などに指定されていることは、業務の性格上当然であるので、このことは直ちに指揮監督関係を肯定する要素とはならない。

　勤務時間が指定され、管理されていることは一般的には指揮監督関係を肯定する要素となる。ただし、他職種との工程の調整の必要がある場合や近隣に対する騒音などの配慮の必要がある場合には、勤務時間の指定がなされたというだけでは指揮監督関係を肯定する要素とはならない。

　一方、労務提供の量および配分を自ら決定でき、契約に定められた量の労務を提供すれば、契約において予定された工期の終了前でも契約が履行されたこととなり、他の仕事に従事できる場合には指揮監督関係を弱める要素となる。

ニ　代替性の有無

　本人に代わって他の者が労務を提供することが認められている場

合や本人が自らの判断によって補助者を使うことが認められている場合など労務提供の代替性が認められている場合には、指揮監督関係を否定する要素の1つとなる。他方、代替性が認められていない場合には、指揮監督関係の存在を補強する要素の1つとなる。

ただし、労働契約の内容によっては、本人の判断で必要な数の補助者を使用する権限が与えられている場合もある。このため、単なる補助者の使用の有無という外形的な判断のみではなく、自分の判断で人を採用できるかどうかなど補助者使用に関する本人の権限の程度や作業の一部を手伝わせるだけかあるいは作業の全部を任せるのかなど本人と補助者との作業の分担状況などを勘案する必要がある。

(2) 報酬の労務対償性に関する判断基準

報酬が時間給、日給、月給など時間を単位として計算される場合には、使用従属性を補強する重要な要素となる。

報酬が1㎡を単位とするなど出来高で計算する場合や、報酬の支払に当たって手間請け従事者から請求書を提出させる場合であっても、単にこのことのみでは使用従属性を否定する要素とはならない。

2 労働者性の判断を補強する要素

(1) 事業者性の有無

　イ　機械、器具などの負担関係

据置式の工具など高価な器具を所有しており、手間請け業務にこれを使用している場合には、事業者としての性格が強く、労働者性を弱める要素となる。

他方、高価な器具を所有している場合であっても、手間請け業務にはこれを使用せず、工務店、専門工事業者、一次業者などの器具を使用している場合には、労働者性を弱める要素とはならない。

電動の手持ち工具程度の器具を所有していることや釘材などの軽微な材料費を負担していることは、労働者性を弱める要素とはならない。

ロ　報酬の額

報酬の額が当該工務店、専門工事業者、一次業者などの同種の業務に従事する正規従業員に比して著しく高額な場合には、労働者性を弱める要素となる。

しかし、月額などでみた報酬の額が高額である場合であっても、それが長時間労働している結果であり、単位時間当たりの報酬の額を見ると同種の業務に従事する正規従業員に比して著しく高額とはいえない場合もあり、この場合には労働者性を弱める要素とはならない。

ハ　その他

手間請け従事者が、①材料の刻みミスによる損失、組立時の失敗などによる損害、②建物など目的物の不可抗力による滅失、毀損などに伴う損害、③施工の遅延による損害について責任を負う場合には、事業者性を補強する要素となる。また、手間請け従事者が業務を行うについて第三者に損害を与えた場合に、手間請け従事者が専ら責任を負うべきときも、事業者性を補強する要素となる。

さらに、当該手間請け従事者が独自の商号を使用している場合にも、事業者性を補強する要素となる。

(2)専属性の程度

特定の企業に対する専属性の有無は、直接に使用従属性の有無を左右するものではなく、特に専属性がないことをもって労働者性を弱めることとはならないが、労働者性の有無に関する判断を補強する要素の1つと考えられる。

具体的には、特定の企業の仕事のみを長期にわたって継続して請けている場合には、労働者性を補強する要素の1つとなる。

(3) その他
- イ 報酬について給与所得としての源泉徴収を行っていることは、労働者性を補強する要素の1つとなる。
- ロ 発注書、仕様書などの交付により契約を行っていることは、一般的には事業者性を推認する要素となる。ただし、税務上有利であったり、会計上の処理の必要性などからこのような書面の交付を行っている場合もあり、発注書、仕様書などの交付という事実だけから判断するのではなく、これらの書面の内容が事業者性を推認するに足りるものであるか否かを検討する必要がある。
- ハ ある者が手間請けの他に事業主としての請負業務を他の日に行っていることは、手間請けを行っている日の労働者性の判断に何ら影響を及ぼすものではないため、手間請けを行っている日の労働者性の判断は、これとは独立に行うべきものである。
- ニ いわゆる「手間貸し」(手聞返し)の場合においては、手間の貸し借りを行っている者の聞では、労働基準法上の労働者性の問題は生じないものと考えられる。

また、これに関し、次のような裁判例があります。

① 自己の所有するトラックを持ち込み、専属的に特定の会社の製品の運送業務に従事していた運転手

自己の危険と計算の下に運送業務に従事していたものであり、運送という業務の性質上当然に必要とされる運送物品、運送先および納入時刻の指示をしていた以外には、業務の遂行に関し、特段の指揮監督を受けていたとはいえないこと、時間的、場所的な拘束の程度も、一般の従業員と比較してはるかに緩やかであること、報酬の支払方法、租税及び各種保険料の負担等についてみても、労基法上の労働者にあたるとすべき事情はないことから、専属的に特定の会社の製品の運送業務に携わっており、その運送係の指示を拒否する自由はなかったこ

と、毎日の始業時刻および終業時刻は、運送係の指示内容によって事実上決定されることなどを考慮しても、労基法の労働者にはあたらない（横浜南労基署長（旭紙業）事件　最高裁第一小法廷平成8年11月28日）。

② 宅地造成工事業者の監督の下に自己所有の工具類を使用して掘り出した石を割る作業に従事しており、その賃金は、業者から毎月5日に支払われていた者

工事現場においてかくの如き労務を提供するにあたっては、実質的に支配従属の関係にあったことが明らかであるから、労働基準法上の労働者と使用者の関係にあつた（岡山労基署（河口宅地造成）事件　最高裁第二小法廷昭和41年4月22日）。

③ 証券会社の外務員

証券会社との間に成立した外務員契約において、外務員として、会社の顧客から株式その他の有価証券の売買又はその委託の媒介、取次又はその代理の注文を受けた場合、これを会社に通じて売買その他の証券取引を成立させるいわゆる外務行為に従事すべき義務を負担し、会社はこれに対する報酬として出来高に応じて賃銀を支払う義務あると同時に有価証券の売買委託を受理すべき義務を負担していたものであり、契約には期間の定めがなかったから、契約は内容上雇傭契約ではなく、委任若しくは委任類似の契約であり、少なくとも労働基準法の適用さるべき性質のものではない（山崎証券事件　最高裁第一小法廷昭和36年5月25日）。

④ プロダクションとの撮影業務に従事する契約に基づき映画撮影に従事する技師

本件映画撮影業務については、プロダクションへの専属性は低く、プロダクションの就業規則等の服務規律も適用されていないこと、所得申告上も事業所得として申告され、プロダクションも事業報酬である芸能人報酬として源泉徴収を行っていることなど使用従属関係を疑わせる

事情はあるが、撮影技師は監督に従う義務があること、報酬も労務提供期間を基準にして算定していること、個々の仕事についての諾否の自由が制約されていること、時間的・場所的拘束性が高いこと、労務提供の代替性が低いこと、撮影機材はプロダクションのものであること、プロダクションが本件報酬を労災保険料の算定基礎としていることなどを総合して考えれば、使用者との使用従属関係の下に労務を提供していたと認めるのが相当であり、労基法9条にいう「労働者」に該当する(新宿労基署長(映画撮影技師)事件　東京高裁平成14年7月11日)。

⑤　コンピューターシステムのマニュアル作成などの仕事の仲介営業活動などを行う者

契約上、業務はメーカーから直接にコンピューターシステムのマニュアル作成の契約受注を継続的に受け得る体制をつくるための営業活動及び契約が成立した場合における制作実務および進行管理などに一応限定され、契約の企画制作および進行管理などに携わった場合には、月額20万円の報酬に加えて、受注額に応じた報酬の支払約束があったこと、業務の必要に応じて出勤を要するものとされ、時間管理の拘束を受けていなかったうえ、具体的な指示・命令を受けない自由な立場で営業活動を行っていたこと、給与名目の金員から健康保険、厚生年金、雇用保険等の社会保険料および地方税の控除が行われず、所得税の源泉徴収についても、主たる給与等でない源泉税率表乙欄の税率が適用され、主たる就業先でない扱いがされていたこと、したがって、被告からも被告以外の他の仕事に従事することが許容されていたとみることができることなどによれば、支配従属関係があるとはいえないから、本件契約は、コンピューターシステムのマニュアル作成などの仕事の仲介営業活動等を行うことを内容とする業務委託契約である(パピルス事件　東京地裁平成5年7月23日)。

⑥　個人経営者である配線作業者

会社は、少なくとも本件高圧ケーブルの端末処理作業を行わせる目的で、雇用したことが認められ、この認定を左右するに足りる証拠はない。会社は、使用者であったから、労働契約上、その労働災害の発生を防止し、その危険から生命および健康を保護すべき一般的な安全配慮義務(不法行為上の注意義務)を負っていた。そして、一般的な安全配慮義務の本旨および会社が高圧本ケーブルの付け替えによる停電時間を昼休み時間内に留めることを要求されていたことなどにかんがみると、会社には具体的安全配慮義務があった(大森電設事件　札幌地裁平成4年5月24日)。

2　個人請負事業者と労働組合法の「労働者」

　労働組合法の「労働者」は、労働基準法の「労働者」と異なり、職業の種類を問わず、賃金、給料その他これに準ずる収入によって生活する者をいいます(同法第3条)。

　この労働組合法の「労働者」について、テレビ局との間で他社出演が自由とされている楽団員について、会社の出演依頼に原則として応じる義務があり、報酬が演奏という労務給付の対価とみなしうる場合は、労働組合法の「労働者」に当たるとする判例(CBC管弦楽団労組事件　最高裁第1小法廷昭和51年5月6日)があります。

3　個人請負事業者と社会・労働保険

(1) 労災保険

　労災保険は労働基準法の「労働者」を使用する事業を適用事業としていますので、実質的に労働契約である場合を除き、個人請負事業者には、労災保険の適用はありません(労災保険法第3条第1項)が、「労働者」以外の者であっても、その業務の実情や災害の発生状況などからみて、「労働

者」に準じて保護することが適当であると認められる者として、次の種類の事業を社員を使用しないで行うことを常態とする者などに対して特別に任意で加入することを認める特別加入制度があります（同法第33条）。
① 自動車を使用して行う旅客または貨物の運送
② 建設
③ 漁船による水産動植物の採捕（漁船に乗り組んでその事業を行う者に限る）
④ 林業
⑤ 医薬品の配置販売業
⑥ 再生利用の目的となる廃棄物などの収集、運搬、選別、解体など

なお、特別加入者については、原則として労災保険が適用されますが、自動車を使用して行う旅客または貨物の運送および漁船による水産動植物の採捕の事業を労働者を使用しないで行うことを常態とする者などについては、通勤災害については適用がありません（同法第35条第1項）。

（2）雇用保険

雇用保険の「被保険者」は、適用事業に雇用される者ですので、実質的に労働契約である場合を除き、個人請負事業者には、雇用保険の適用はありません（雇用保険法第4条第1項）。

（3）医療保険および年金保険

個人請負事業者の場合には、原則として医療保険は国民健康保険、年金保険は国民年金が適用され、このほかに、国民年金の上乗せ年金を支給する国民年金基金があります。

4　税の取扱い

(1) 所得税

　個人請負事業者の所得は事業所得となり、事業所得の金額は、総収入金額から必要経費（売上原価、地代、家賃、水道光熱費など）を控除して計算し、所得税の確定申告をしなければなりません。

　なお、事業所得については、一般の記帳より水準の高い記帳をし、その帳簿に基づいて正しい申告をする者について所得の計算などについて有利な取扱いが受けられる青色申告制度があります。青色申告をするためには、その年の3月15日までに「青色申告承認申請書」を所轄の税務署長に提出しなければなりません。青色申告の記帳は、年末に貸借対照表と損益計算書を作成することができるような正規の簿記によることが原則ですが、現金出納帳、売掛帳、買掛帳、経費帳、固定資産台帳のような帳簿を備え付けて簡易な記帳をするだけでもよいことになっています。

(2) 地方税

　地方税については、個人住民税のほか、請負業や運送業などの法定業種を営む個人請負事業者は、業種ごとに定められた料率の個人事業税が課税されます。

第12章

日雇の雇用

「日雇の雇用」のポイント
1 雇用保険の取扱い
2 健康保険の取扱い
3 建設雇用改善法
4 港湾労働法
5 税の取扱い

「日雇の雇用」のポイント

(1) 雇用保険の日雇労働被保険者は、前の2月の各月において18日以上同じ会社に雇用された者を除く日々雇用される者または30日以内の期間を定めて雇用される者で、公共職業安定所長の認可を受けたものをいう。

(2) 雇用保険の日雇労働被保険者に該当した日から5日以内に、日雇労働被保険者資格取得届を公共職業安定所長に提出しなければならない。

(3) 日雇労働被保険者は、公共職業安定所において日雇労働被保険者手帳の交付を受けた場合、会社が日雇労働被保険者に賃金を支払うつど雇用保険印紙をはり、消印して印紙保険料を納付する。日雇労働被保険者は印紙保険料の額の2分の1の額を、会社がその2分の1の額を負担する。

(4) 日雇労働求職者給付金は、原則として、その失業の月の前の2月間に印紙保険料が通算して26日分以上納付されているときに、失業の認定を受けた日について支給されるが、その日額は日雇労働被保険者が失業した日の属する月の前の2月間に納付された印紙保険料に応じて定められた額で、失業した月の前の2月間に印紙保険料が納付されている日数分に応じて定められる支給日数を限度として支給される。

(5) 健康保険の日雇特例被保険者は、次のいずれかに該当する者である。
　① 日々雇い入れられる者（1月を超えて引き続き使用されるに至った場合を除く）
　② 2月以内の期間を定めて使用される者（2月以内の期間を超え引き続き使用されるに至った場合を除く）

③　季節的業務に使用される者（継続して4月を超えて使用されるべき場合を除く）
　④　臨時的事業の事業所に使用される者（継続して6月を超えて使用されるべき場合を除く）
(6)　健康保険の日雇特例被保険者となった日から5日以内に、日雇特例被保険者手帳の交付を申請しなければならない（同法第126条第1項）。
(7)　日雇特例被保険者の保険料の額は、その者の標準賃金日額の等級に応じて算定した額で、日雇特例被保険者がその2分の1の額を、会社もその2分の1の額を負担し、日雇特例被保険者手帳に健康保険印紙をはり、消印して保険料を納付しなければならない。
(8)　原則として前の2月間に通算して26日分以上または前の6月間に通算して78日分以上の保険料が納付されている日雇特例被保険者に対して、療養の給付などの保険給付が行われるが、初めて日雇特例被保険者手帳の交付を受けた日雇特例被保険者などで3月を経過しないものに対しては、特別療養費が支給される。
(9)　日雇には限らないが、建設労働者には建設雇用改善法が、港湾労働者には港湾労働法がそれぞれ制定されている。

1　雇用保険の取扱い

(1)　日雇労働被保険者

1)　日雇労働者

　雇用保険の日雇労働者は、日々雇用される者または30日以内の期間を定めて雇用される者で、前の2月の各月において18日以上同じ会社に雇用された者を除きます（雇用保険法第42条）。

2） 日雇労働被保険者

　雇用保険の日雇労働被保険者は、被保険者である日雇労働者で、次の①から③までのいずれかに該当するものおよび公共職業安定所に出頭し、日雇労働被保険者任意加入申請書に住民票の写しもしくは住民票記載事項証明書（外国人の場合は外国人登録証明書の写し）を添えて、または運転免許証、国民健康保険の被保険者証もしくは国民年金手帳を提示して、公共職業安定所長に提出して、その認可を受けたものをいいます（同法第6条第1号の3、第43条第1項）。

① 特別区もしくは公共職業安定所の所在する市町村の区域（厚生労働大臣が指定する区域を除く）またはこれらに隣接する市町村の全部または一部の区域で、厚生労働大臣が指定する適用区域に居住し、雇用保険の適用事業に雇用される者

② 適用区域外の地域に居住し、適用区域内にある雇用保険の適用事業に雇用される者

③ 適用区域外の地域に居住し、適用区域外の地域にある雇用保険の適用事業で厚生労働大臣が指定したものに雇用される者

　なお、①から③までのいずれかに該当した日から5日以内に、日雇労働被保険者資格取得届に住民票の写しまたは住民票記載事項証明書を添えて公共職業安定所長に提出しなければなりません。

　日雇労働被保険者が前の2月の各月において18日以上同じ会社に雇用された場合に、公共職業安定所長に日雇労働被保険者資格継続認可申請書に被保険者手帳を添えて提出して、その認可を受けたときは、引き続き日雇労働被保険者となることができます。また、この認可を受けなかったため、日雇労働被保険者でなくなった最初の月に離職し、失業した場合には、その失業した月については、日雇労働被保険者とみなされます（同法第43条第1項、第2項）。

（2）日雇労働被保険者手帳と印紙保険料の納付

　日雇労働被保険者は、公共職業安定所において日雇労働被保険者手帳の交付を受けなければなりません。日雇労働被保険者手帳の有効期間は1年間で、1年ごとに更新します（同法第44条）。

　日雇労働被保険者手帳には、会社が日雇労働被保険者に賃金を支払うつど雇用保険印紙をはり、これに消印して印紙保険料を納付します。印紙保険料の額は、日雇労働被保険者1人につき、1日当たり表12−1の賃金の日額に応じて定められた額です。ただし、雇用保険率が変更された場合には、印紙保険料も変更されます（労働保険徴収法第22条）。

表12−1　賃金の日額と印紙保険料の額

賃金の日額	印紙保険料の額
①　11,300円以上	176円（第1級印紙保険料）
②　8,200円以上11,300円未満	146円（第2級印紙保険料）
③　8,200円未満	96円（第3級印紙保険料）

　日雇労働被保険者は、印紙保険料の額の2分の1の額を、会社がその2分の1の額を負担します。この場合、会社は、日雇労働被保険者の負担すべき額を賃金から控除することができます（同法第30条、第31条第1項）。

（3）日雇労働求職者給付金の支給

1）　日雇労働求職者給付金の支給

　日雇労働求職者給付金は、日雇労働被保険者が失業した場合に、その失業の日の属する月の前の2月間に印紙保険料が通算して26日分以上納付されているときに、公共職業安定所に出頭して、求職の申込みを行い、失業していることについて認定を受けた日について、支給されます。ただし、日雇労働求職者給付金の支給を受けることができる者が一般被保険者の受給資格者である場合に、基本手当の支給を受けたときは支給の対象となった日には日雇労働求職者給付金は支給されず、日雇労働求職者給付金の支給を受けたときはその支給の対象となった日には基本手当

は支給されません(雇用保険法第45条～第47条)。

2) 日雇労働求職者給付金の日額

　日雇労働求職者給付金の日額は、日雇労働被保険者が失業した日の属する月の前の2月間に表12-2の納付された印紙保険料に応じ、それぞれに定められた額です。ただし、平均定期給与額が、平成6年9月の平均定期給与額の100分の120を超え、または100分の83を下回る状態が継続するときは、その平均定期給与額の上昇または低下の比率を基準として、日雇労働求職者給付金の日額は変更されます(同法第48条、第49条)。

表12-2　納付された印紙保険料と日雇労働求職者給付金の日額

納付された納付された印紙保険料	日雇労働求職者給付金の日額
①　第1級印紙保険料が24日分以上であるとき	7,500円(第1級給付金)
②　第1級印紙保険料および第2級印紙保険料が24日分以上であるとき(①を除く)	6,200円(第2級給付金)
③　第1級印紙保険料および第2級印紙保険料が24日分未満である場合に、第1級印紙保険料の納付額と第2級印紙保険料の納付額との合計額に第3級印紙保険料の納付額のうち24日から第1級印紙保険料および第2級印紙保険料の納付日数を差し引いた日数に相当する日数分の額を加算した額を24で除して得た額が第2級印紙保険料の日額以上であるとき	
④　①から③までのいずれにも該当しないとき	4,100円(第3級給付金)

3) 日雇労働求職者給付金の支給日数

　日雇労働求職者給付金は、失業した日の属する月の前の2月間に表12-3の印紙保険料が納付されている日数分に応じて定められる支給日数を限度として支給されます。ただし、日曜日から土曜日までの各週について日雇労働被保険者が職業に就かなかった最初の日については支給されません(同法第50条)。

表12-3　印紙保険料が納付されている日数分と支給日数限度

印紙保険料が納付されている日数	日雇労働求職者給付金の支給日数限度
①　26日分以上31日分以下	13日分
②　32日分以上35日分以下	14日分
③　36日分以上39日分以下	15日分
④　40日分以上43日分以下	16日分
⑤　44日分以上	17日分

4) 日雇労働求職者給付金の支給方法

日雇労働求職者給付金は、原則として、公共職業安定所において失業の認定を受けた日に支給されます（同法第51条）。

5) 給付制限

日雇労働求職者給付金の支給を受けることができる者が公共職業安定所の紹介する業務に就くことを拒んだときは、紹介された業務がその者の能力からみて不適当である場合などを除き、その拒んだ日から7日間は、日雇労働求職者給付金は支給されません。また、偽りその他不正の行為により求職者給付または就職促進給付の支給を受け、または受けようとしたときは、その支給を受け、または受けようとした月およびその後3ヶ月間は、日雇労働求職者給付金は支給されません（同法第52条）。

6) 日雇労働求職者給付金の特例

次①から③までのいずれにも該当する日雇労働被保険者が失業した場合には、公共職業安定所長に申し出ることにより、通算して60日分を限度として、日雇労働求職者給付金の支給を受けることができます（同第53条〜第55条）。

① 継続する6月間（基礎期間）に日雇労働被保険者について印紙保険料が各月11日分以上、かつ、通算して78日分以上納付されていること。
② 基礎期間のうち後の5月間に日雇労働求職者給付金の支給を受けていないこと。
③ 基礎期間の最後の月の翌月以後2月間（申出をした日が当該2月の期間内にあるときは同日までの間）に日雇労働求職者給付金の支給を受けていないこと。

2 健康保険の取扱い

(1) 日雇特例被保険者
1) 日雇労働者
　健康保険の日雇労働者とは、次の①から③までのいずれかに該当する者をいいます（健康保険法第3条第8項）。
① 日々雇い入れられる者（1月を超えて引き続き使用されるに至った場合を除く）
② 2月以内の期間を定めて使用される者（2月以内の期間を超え引き続き使用されるに至った場合を除く）
③ 季節的業務に使用される者（継続して4月を超えて使用されるべき場合を除く）
④ 臨時的事業の事業所に使用される者（継続して6月を超えて使用されるべき場合を除く）

2) 日雇特例被保険者
　健康保険の日雇特例被保険者は、適用事業所に使用される日雇労働者のうち、次のいずれかに該当する者として社会保険庁長官の承認を受けたもの以外のものをいいます（同条第2項）。
① 適用事業所において、引き続く2月間に通算して26日以上使用される見込みのないことが明らかであるとき。
② 任意継続被保険者であるとき。
③ その他特別の理由があるとき。

(2) 保険者
　日雇特例被保険者の保険の保険者は政府で、その事務は社会保険庁長官が行います（同法第123条）。

（3） 日雇特例被保険者手帳

日雇労働者は、日雇特例被保険者となった日から5日以内に、保険者に日雇特例被保険者手帳の交付を申請しなければなりません（同法第126条第1項）。

（4） 日雇特例被保険者の保険料

日雇特例被保険者に関する保険料の額は、1日についてその者の標準賃金日額の等級に応じて算定した額で、日雇特例被保険者がその2分の1の額を、会社もその2分の1の額を負担し、会社は日雇特例被保険者の負担すべき保険料額に相当する額をその者に支払う賃金から控除することができます。会社は、日雇特例被保険者を使用する日ごとに、その日の標準賃金日額に係る保険料を納付する義務を負い、日雇特例被保険者が提出する日雇特例被保険者手帳に健康保険印紙をはり、これに消印して、保険料を納付しなければなりません（同法第168条、第169条）。

（5） 日雇特例被保険者に対する保険給付

日雇特例被保険者に対しては、次の保険給付が行われます。ただし、他の医療保険によりこれらに相当する給付を受けることができる場合には、行われません（同法第127条、第128条）。

① 療養の給付ならびに入院時食事療養費、入院時生活療養費、保険外併用療養費、療養費、訪問看護療養費および移送費の支給
② 傷病手当金の支給
③ 埋葬料の支給
④ 出産育児一時金の支給
⑤ 出産手当金の支給
⑥ 家族療養費、家族訪問看護療養費および家族移送費の支給
⑦ 家族埋葬料の支給
⑧ 家族出産育児一時金の支給

⑨　特別療養費の支給
⑩　高額療養費の支給

　日雇特例被保険者が保険給付を受けるためには、原則として、前の2月間に通算して26日分以上または前の6月間に通算して78日分以上の保険料が納付されていなければなりません。ただし、初めて日雇特例被保険者手帳の交付を受けた日雇特例被保険者などで、日雇特例被保険者に該当するに至った日の属する月の初日から3月を経過しないものに対しては、特別療養費が支給されます（同法第129条～第149条）。

3　建設雇用改善法

　日雇に限定して対象としたものではありませんが、日雇が比較的多数就業している建設業務に従事する労働者を対象にした法律に建設労働者の雇用改善等に関する法律（以下「建設雇用改善法」という）があります。
　建設雇用改善法は、建設労働者の雇用の改善、能力の開発・向上、福祉の増進を図るための措置ならびに建設業務有料職業紹介事業および建設業務労働者就業機会確保事業の適正な運営の確保を図るための措置を講ずることにより、建設業務に必要な労働力の確保に資するとともに、建設労働者の雇用の安定を図ることを目的としています（同法第1条）。
　ここでいう「建設業務」とは、土木、建築その他工作物の建設、改造、保存、修理、変更、破壊若しくは解体の作業又はこれらの作業の準備の作業に係る業務をいい、建設工事の現場において、直接にこれらの作業に従事するものに限られています。したがって、建設現場の事務職員が行う業務や土木建築などの工事についての施工計画を作成し、それに基づいて、工事の工程管理（スケジュール、施工順序、施工手段などの管理）、品質管理（強度、材料、構造等が設計図書どおりとなっているかの管理）、安全管理（従業員の災害防止、公害防止など）など工事の施工の管理を行う施工管理業務は、建設業務に該当しません。また、「建設事業」とは、建設業務を

行う事業（国または地方公共団体の直営事業を除く）をいいます（同法第2条第1項、第3項）。

（1） 建設労働者の雇用の改善など
1）雇用管理責任者
　建設事業に従事する建設労働者を雇用して建設事業を行う事業主（3において以下単に「事業主」という）は、建設労働者を雇用して建設事業を行う事業所ごとに、次の事項を管理させるため、雇用管理責任者を選任し、選任した雇用管理責任者の氏名を事業所に掲示するなどにより建設労働者に周知させなければなりません。また、雇用管理責任者に必要な研修を受けさせるなどこれらの事項を管理するための知識の習得および向上を図るように努めなければなりません（同法第2条第4項、第5項、第5条）。
① 　建設労働者の募集、雇入れおよび配置
② 　建設労働者の技能の向上
③ 　建設労働者の職業生活上の環境の整備
④ 　労働者名簿および賃金台帳
⑤ 　労働者災害補償保険、雇用保険および中小企業退職金共済制度その他建設労働者の福利厚生

2）募集の届出
　建設労働者の募集の適正化を図るため特に必要があると認められる次の区域において、新聞、雑誌その他の刊行物に掲載する広告、文書の掲出もしくは頒布または電子計算機と電気通信回線の接続以外の方法で行う募集において、その社員に建設労働者を募集させようとするときは、その社員の氏名などをその区域を管轄する公共職業安定所長に届け出なければなりません。この届出を受けた公共職業安定所長は、届け出た事業主を通じて、その従業員に対して、建設労働者募集従事者証を交付します（同法第6条、同法施行規則第2条〜第4条、別表第一）。

表12－4　公共職業安定所長への届出の必要な区域

府県名	区域
東京都	新宿区 台東区 江東区 荒川区
神奈川県	横浜市中区
愛知県	名古屋市中村区
大阪府	大阪市西成区
兵庫県	尼崎市

3)　雇入通知書の交付

　事業主は、建設労働者を雇い入れたときは、速やかに、建設労働者に対して、その事業主の氏名・名称、その雇入れ事業所の名称・所在地、雇用期間および従事すべき業務の内容を明らかにした文書を交付しなければなりません(同法第7条)。

4)　書類の備付けなど

　建設工事の一部を請負人に請け負わせている元方事業主は、元方事業主および請負人が雇用する建設労働者の数が50人以上である建設工事について、その請負人ごとに、その氏名・名称、その雇用する建設労働者を建設工事に従事させようとする期間およびその選任する雇用管理責任者の氏名を明らかにした書類を、請負人ごとに、その雇用する建設労働者をその建設工事に従事させる最初の日から終了する日までの間、建設工事の事業所に備えて置かなければなりません。また、元方事業主は、請負人に対して、雇用の適正な管理に関し助言、指導その他の援助を行うように努めなければなりません(同法第8条、同法施行規則第5条、第6条)。

5)　建設労働者の雇用の安定などに関する事業

　政府は、建設労働者の雇用の安定および能力の開発・向上を図るため、雇用安定事業または能力開発事業として、次の事業を行うことができます(同法第2条第2項、第9条、第10条)。

① 事業主などに対して、建設労働者の雇用の改善、再就職の促進その他建設労働者の雇用の安定を図るために必要な助成を行うこと。
② 事業主などに対して、建設労働者の技能の向上を推進するために必要な助成を行うこと。
③ 認定団体に対して、送出就業の作業環境に適応させるための訓練の促進ならびに建設業務労働者(建設業務に主として従事する労働者)の就職および送出就業の円滑化を図るために必要な助成を行うこと。

(2) 事業主団体の作成する実施計画の認定

建設事業の事業主団体は、建設業務労働者の雇用の改善、能力の開発・向上および福祉の増進に関する措置ならびに建設業務有料職業紹介事業(事業主団体が、その構成員を求人者とし、または事業主団体の構成員もしくは構成員に常時雇用されている者を求職者とし、求人および求職の申込みを受け、求人者と求職者との間における建設業務に就く職業に係る雇用関係(期間の定めのない労働契約に限る)の成立をあっせんすることを有料で行う事業)または事業主団体の構成事業主が行う建設業務労働者就業機会確保事業(常時雇用する建設業務労働者の労働者派遣事業)に関する措置を一体的に実施するための計画について適当である旨の厚生労働大臣の認定を受けることができます(同法第2条第7項〜第10項、第12条〜第17条)。

(3) 建設業務有料職業紹介事業

建設業務有料職業紹介事業を行おうとする認定団体は、厚生労働大臣の許可を受けなければなりません(同法第18条〜第30条)。

(4) 建設業務労働者就業機会確保事業

建設業務労働者就業機会確保事業を行おうとする構成事業主は、厚生労働大臣の許可を受けなければなりません(同法第31条〜第45条)。

4　港湾労働法

同様に、日雇が比較的多数就業している港湾運送の業務に従事する労働者を対象にした法律に港湾労働法があります。

港湾労働法は、港湾労働者の雇用の改善、能力の開発・向上などに関する措置を講ずることにより、港湾運送に必要な労働力の確保に資するとともに、港湾労働者の雇用の安定その他の港湾労働者の福祉の増進を図ることを目的としています（同法第1条）。

港湾労働法の対象とする港湾は、東京、横浜、名古屋、大阪、神戸、関門の6港湾です。

（1）港湾労働者の雇用の改善、能力の開発・向上など

1）事業主の責務

港湾において所定の港湾運送の事業を行う事業主（4において以下単に「事業主」という）は、募集、雇入れおよび配置を計画的に行うことなどの港湾労働者の雇用の改善に資する措置を講ずるとともに、港湾運送の業務の遂行に必要な能力を付与するための教育訓練を行うことにより、港湾労働者の安定した雇用の確保その他の港湾労働者の福祉の増進に努めなければなりません。また、事業主およびその団体は、港湾労働者の安定した雇用の確保その他の港湾労働者の福祉の増進に関し、相互に協力するように努めなければなりません（同法第4条）。

2）雇用管理者

事業主は、港湾運送の業務を行う事業所ごとに、次の事項を管理させるため、雇用管理者を選任しなければなりません。また、雇用管理者について、必要な研修を受けさせるなどこれらの事項を管理するための知識の習得および向上を図るように努めなければなりません（同法第6条、第7条）。

① 港湾労働者の募集、雇入れおよび配置
② 港湾労働者の教育訓練
③ 港湾労働者の雇用の安定その他の港湾労働者の福祉の増進を図るために事業主が行う労働時間などの労働環境の改善
④ 公共職業安定所長から雇用管理の改善を図るための勧告を受けた場合の公共職業安定所との連絡または雇用管理に関する計画の作成およびその円滑な実施。

3) 港湾労働者の雇用の届出など
　事業主は、その雇用する労働者(日雇労働者を除く)を港湾運送の業務に従事させようとするときは、その者の氏名、港湾運送の業務に従事させる期間、生年月日、性別および住所、雇入年月日および雇用期間、港湾労働者派遣事業の派遣労働者である場合にはその旨、雇用保険および健康保険その他の社会保険の適用の状況、事業所の名称および所在地ならびに港湾運送の業務に従事する港湾を公共職業安定所長に届け出なければなりません。公共職業安定所長は、届出を受けた常時港湾運送の業務に従事する労働者に対し港湾労働者証を交付します。港湾労働者証の交付を受けた労働者は、港湾運送の業務に従事するときは、港湾労働者証を携帯し、公共職業安定所の職員から提示を求められたときは、これを提示しなければなりません(同法第9条、同法施行規則第3条～第7条)。

4) 日雇の雇用
　事業主は、次の場合でその旨を公共職業安定所長に届け出たときを除き、公共職業安定所の紹介を受けて雇い入れた者でなければ、日雇として港湾運送の業務に従事させてはなりません(同法第10条、同法施行規則第8条、第9条)。
① 公共職業安定所に日雇の求人の申込みをしたにもかかわらず適格な求職者がいないためにその紹介を受けることができないこと。

② 公共職業安定所に日雇の求人の申込みをし、公共職業安定所から日雇の紹介を受けたにもかかわらず、その日雇が正当な理由がなく港湾運送の業務に就くことを拒み、または事業主が正当な理由により日雇の雇入れを拒んだ場合に、その日雇に代わる日雇の紹介を受けることができないこと。
③ 天災その他やむを得ない理由により緊急に港湾運送の業務を行う必要がある場合に公共職業安定所に日雇の求人の申込みを行ういとまがないこと。
④ 天災その他避けることができない事故により、公共職業安定所に求人の申込みをすることができないこと。
⑤ 争議行為が行われているため、公共職業安定所から日雇の紹介を受けることができないこと。
⑥ 厚生労働大臣が定める①から⑤までに準ずる理由

5） **事業主の報告**

　事業主は、次の事項を、翌月15日までに毎月公共職業安定所長に報告しなければなりません（同法第11条、同法施行規則第8条、第9条）。
① 港湾労働者の数
② 港湾労働者の雇入れ、離職および配置の転換の状況
③ 新たに港湾労働者派遣事業の対象とした港湾労働者の数および港湾労働者派遣事業の対象から除外した港湾労働者の数
④ 港湾労働者の港湾運送の業務への就労の状況
⑤ 港湾労働者に対する教育訓練の実施状況

（2）港湾労働者派遣事業

　港湾労働者派遣事業（事業主が港湾運送の業務について行う特定労働者派遣事業）を行おうとする事業主は、事業所ごとに、厚生労働大臣の許可を受けなければなりません（同法第12条～第27条）。

（3） 港湾労働者雇用安定センター

次の業務を行う港湾労働者雇用安定センターとして、（財）港湾労働安定協会が指定されています（同法第28条～第42条）。

① 事業主に対し、港湾労働者の雇用管理に関する技術的事項について相談その他の援助を行うこと。
② 港湾労働者に対する訓練を行うこと。
③ 港湾労働者派遣事業その他の港湾運送に必要な労働力の需給の調整に関する措置に係る情報の収集、整理および提供を行うこと。
④ 港湾労働者派遣事業の労働者派遣契約の締結についてのあっせんを行うこと。
⑤ 港湾労働者派遣事業の派遣労働者の雇用の安定に関する調査研究を行うこと。
⑥ 港湾労働者派遣事業の派遣労働者の雇用の安定を図るための措置について、事業主その他の関係者に対して相談その他の援助を行うこと。
⑦ 港湾労働者派遣事業の派遣労働者に対して、港湾労働者派遣事業の派遣就業について相談その他の援助を行うこと。
⑧ 雇用管理者および派遣元責任者（港湾派遣元事業主が選任したものに限る）に対する研修を行うこと。
⑨ そのほか、港湾労働者の雇用の安定その他の港湾労働者の福祉の増進を図るための業務および港湾労働者派遣事業の派遣労働者の雇用の安定を図るために必要な事業を行うこと。

（4） 港湾労働者派遣事業に関する事業主の義務

事業主は、指定港湾において、その常時雇用する労働者以外の者を港湾運送の業務に従事させようとするときは、その港湾において港湾労働者派遣事業を営んでいるすべての港湾派遣元事業主に対し労働者の派遣を求め、または港湾労働者雇用安定センターに対し労働者派遣契約の締結についてのあっせんを求めたにもかかわらず港湾労働者派遣事業の労

働者派遣の役務の提供を受けられない場合を除き、港湾労働者派遣事業の労働者派遣の役務の提供を受けなければなりません(同法第43条)。

5 税の取扱い

　給与所得の源泉徴収に当たっては、日雇には、所得税法別表第二および別表第三の丙欄が適用されます(第2章103頁参照)。

第13章
有料職業紹介求職者の雇用

「有料職業紹介求職者の雇用」のポイント
1　有料職業紹介事業の現状
2　有料職業紹介事業に関する法制
3　有料職業紹介求職者の取扱い

「有料職業紹介求職者の雇用」のポイント

(1) 従来から有料職業紹介事業が行われていた職業には、家政婦（夫）、マネキン、調理士、芸能家、配ぜん人、モデルなどがある。
(2) スカウトやアウトプレースメントなどの事業や一定の要件に該当するインターネットによる求人情報・求職者情報の提供事業も、職業紹介事業に該当する。
(3) 職業紹介事業の運営は、次の原則に従わなければならない。
　① 人種、国籍、信条、性別、社会的身分、門地、従前の職業、労働組合の組合員であることなどを理由として、差別的な取扱いをしてはならないこと。
　② 求職者に対し、労働条件を明示すること。
　③ 求職者の個人情報を適正に管理すること。
　④ 求人の申込みは原則としていかなるものも受理すること。
　⑤ 求職の申込みは原則としていかなるものも受理すること。
　⑥ 求職者に対しては、その能力に適合する職業を紹介し、求人者に対しては、その雇用条件に適合する求職者を紹介するように努めること。
　⑦ 労働争議に対しては、これに介入しないこと。
　⑧ 業務に関して知り得た個人情報などを、みだりに他人に知らせてはならないこと。
(4) 有料職業紹介事業者は、法定の種類および額の手数料または厚生労働大臣に届け出た手数料表（著しく不当であると認められるときは、厚生労働大臣はその手数料表を変更すべきことを命ずることができる）による手数料のいずれかを選択して徴収することができるが、原則として求職者からは手数料を徴収してはならない。
(5) 有料職業紹介事業者は、取扱職種の範囲などを定めたときは、厚生労働大臣に届け出なければならない。届け出た場合には、求人、

求職申込み受理の原則は、その範囲内に限り適用される。
(6) 有料職業紹介事業者による職業紹介が行われると、求職者には、労働基準法や社会・労働保険などが適用されるが、家政婦(夫)など家事使用人には適用されない。ただし、介護その他の日常生活上の世話、機能訓練又は看護に係る作業に従事する者については、労災保険の特別加入制度があるが、通勤災害については適用はない。
(7) 介護労働者に関しては、「介護労働者の雇用管理の改善等に関する法律」が制定されており、介護労働安定センターが情報提供などの事業を行っている。

1 有料職業紹介事業の現状

厚生労働省の「平成18年度(2006年度)職業紹介事業報告の集計結果」によれば、有料職業紹介事業は、次のような状況にあります。

(1) 有料職業紹介事業所数

平成19年(2007年)3月31日現在の有料職業紹介事業所の許可事業所数は12,808事業所となっており、平成18年度(2006年度)の新規許可件数は2,218件となっています。

(2) 有料職業紹介事業所における職業紹介の状況

有料職業紹介事業所における新規求職申込件数は1,715,189件で、常用求人数は、1,703,196人、臨時日雇求人延数は20,260,187人日、常用就職件数は340,079件、臨時日雇就職延数は19,110,261人日となっています。これを職業別にみると、表13-1のとおりです。これらのうち、従来から有料職業紹介事業が行われていた職業には、家政婦(夫)、マネキン、調理士、芸能家、配ぜん人、モデルなどがあります。

表13—1　有料職業紹介事業所における職業紹介の状況

職　業	新規求職申込件数(件)	常用求人数(人)	臨時日雇求人延数(人日)	常用就職件数(件)	臨時日雇就職延数(人日)
専門的・技術的職業	549,783	782,625	413,113	84,727	309,506
管理的職業	152,655	117,223	2,491	17,428	681
事務的職業	414,387	320,848	64,847	62,286	22,755
ホワイトカラーの職業小計	1,116,825	1,220,696	480,451	164,441	332,942
家政婦(夫)	30,666	40,830	3,740,075	39,058	3,456,459
マネキン	113,865	97,273	6,182,209	59,429	5,660,828
調理士	8,066	5,315	235,578	3,935	263,418
芸能家	22,919	2,314	337,448	2,125	314,906
配ぜん人	132,567	20,099	8,022,535	18,834	7,902,839
モデル	6,642	258	174,177	191	172,649
販売の職業	199,483	208,255	272,975	29,098	253,414
サービスの職業	50,176	62,043	629,053	13,020	591,418
保安の職業	680	4,324	919	536	29
農林漁業の職業	196	49	142	20	134
運輸・通信の職業	9,359	7,963	90,301	1,048	89,300
生産工程・労務の職業	23,745	33,777	94,324	8,344	71,925
その他の職業小計	598,364	482,500	19,779,736	175,638	18,777,319
有料職業紹介計	1,715,189	1,703,196	20,260,187	340,079	19,777,319

（3）手数料

　手数料は、全体で約2,326億円となっており、その内訳は、上限制手数料が約140億7千万円、届出制手数料が約2,157億円、求人受付手数料が約10億4千万円、求職受付手数料が約16億円5千万円、求職者紹介手数料が約1億7千万円となっています。

（4）国外にわたる職業紹介

　国外にわたる職業紹介があった国はアメリカ、イギリス、インド、インドネシア、カナダ、韓国、シンガポール、タイ、中国、ドイツ、フィリピン、ベトナムおよびマレーシアの13カ国で、新規求職申込件数は10,829件、求人数は7,858人、就職件数は6,290件となっています。

2　有料職業紹介事業に関する法制

(1) 職業紹介の意義

「職業紹介」とは、求人および求職の申込みを受け、求人者と求職者との間における雇用関係の成立をあっせんすることをいいます（職業安定法第4条第1項）。

ここでいう「求人」とは、対価を支払って自己のために他人の労働力の提供を求めることをいい、「求職」とは、対価を得るために自己の労働力を提供して職業に就こうとすることをいいます。

また、「雇用関係」とは、雇用主と被用者との間に生じる一種の使用従属関係をいい、民法第623条の雇用（当事者の一方が相手方に対して労務に服することを約し、相手方がこれにその報酬を与えること）よりも広い意義に解されており、最高裁判例においては、「職業安定法第5条の雇用関係とは、必ずしも厳格に民法第623条の意義に解すべきものではなく、広く社会通念上被用者が有形無形の経済的利益を得て一定の条件の下に使用者に対し肉体的、精神的労務を供給する関係にあれば足りる（職業安定法違反被告事件　最高裁第一小法廷昭和29年3月11日）」としています。

「あっせん」とは求人者と求職者との間をとりもって求人意思と求職意思との結合を図り、雇用関係を成立させようとする行為をいいます。求人者と求職者との間に雇用関係が成立しなくても「あっせん」は行われたことになり、また一定の要式行為を必要とするものではなく、求人者または求職者に代わって求職者または求人者に応答することも「あっせん」行為になります。ただし、就職試験のための受験願書の取りまとめや受付取次事務などは「あっせん」行為にはなりません。

また、スカウトやアウトプレースメントなどの職業紹介の付加的サービスを伴う事業も、職業紹介事業に該当します（職業紹介事業者等が適切に対処

するための指針。エグゼクティブ・サーチ事件　最高裁第二小法廷平成6年4月22日)。

　インターネットによる求人情報・求職者情報の提供事業も、次のいずれかに該当する場合には、職業紹介事業に該当します(インターネットによる求人情報・求職者情報提供と職業紹介との区分に関する基準)。
① 　提供される情報の内容または提供相手について、あらかじめ明示的に設定された客観的な検索条件に基づくことなく情報提供事業者の判断により選別・加工を行うこと。
② 　情報提供事業者から求職者に対する求人情報に係る連絡または求人者に対する求職者情報に係る連絡を行うこと。
③ 　求職者と求人者との間の意思疎通を情報提供事業者のホームページを介して中継する場合に、当該意思疎通のための通信の内容に加工を行うこと。

スカウト：求められる人材を見つけ、勧誘(自らの側に招く行為)することをいい、既に所定の組織などに属している場合は、好条件を示してそれら組織から自陣営側の組織に呼び込むことも行われます。
アウトプレースメント：再就職支援ともいい、雇用調整により人員削減をする企業の依頼を受け、労使間の紛争の解決やアドバイスを行い、また、解雇もしくは退職した社員の再就職へ向けての各種の支援を行うビジネスをいいます。

(2) 職業紹介の原則

　職業紹介事業者の職業紹介事業の運営は、次の諸原則に従わなければなりません。
① 　人種、国籍、信条、性別、社会的身分、門地、従前の職業、労働組合の組合員であることなどを理由として、差別的取扱いをしてはならないこと(職業安定法第3条)。
② 　労働条件を明示すること(同法第5条の3)

職業紹介事業者は、求職者に対し、その従事すべき業務の内容、賃金、労働時間などの労働条件を明示しなければなりません。

また、求人者は、職業紹介事業者に対し、あらかじめ従事すべき業務の内容、労働契約の期間、就業の場所、始業・終業の時刻、所定労働時間を超える労働の有無、休憩時間および休日、臨時に支払われる賃金、賞与などを除く賃金の額ならびに健康保険、厚生年金、労働者災害補償保険および雇用保険の適用を書面の交付または電子メールの送信により、明示しなければなりません。

なお、求人者は、求人の申込みに当たり、職業紹介事業者に対し労働条件などを明示するに当たり、次の点に配慮しなければなりません（職業紹介事業者、労働者の募集を行う者、募集受託者、労働者供給事業者等が均等待遇、労働条件等の明示、求職者等の個人情報の取扱い、職業紹介事業者の責務、募集内容の的確な表示等に関して適切に対処するための指針）。

ア　明示する労働条件などは、虚偽または誇大な内容としないこと。

イ　求職者に具体的に理解されるものとなるよう、労働条件などの水準、範囲などをできるだけ明確にすること。

ウ　求職者が従事すべき業務の内容に関しては、職場環境を含め可能な限り具体的かつ詳細に明示すること。

エ　労働時間に関しては、始業および終業の時刻、所定労働時間を超える労働、休憩時間や休日などについて明示すること。

オ　賃金については、賃金形態（月給、日給、時給などの区分）、基本給、定額的に支払われる手当、通勤手当、昇給に関する事項などについて明示すること。

カ　明示する労働条件などが労働契約締結時の労働条件などと異なることとなる可能性がある場合にはその旨を併せて明示するとともに、労働条件などが既に明示した内容と異なる場合には明示などを受けた求職者に対し速やかに知らせること。

キ　労働条件などの明示に当たり、労働条件などの一部を別途明示するときは、その旨を併せて明示すること。
③　求職者の個人情報を適正に管理すること（同法第5条の4）
　職業紹介事業者は、求職者の個人情報については、本人の同意があるなどの場合を除き、その業務の目的の範囲内で収集し、収集した個人情報を保管・使用するに当たっては、収集の目的の範囲内で保管・使用しなければなりません。また、求職者の個人情報を適正に管理するために必要な措置を講じなければなりません。
④　求人の申込みは原則としていかなるものも受理すること（同法第5条の5）
　できる限り求人者の希望に沿うとともに、求職者に対して就職の機会を多くするため、職業紹介事業者は、次の3つの場合を除き、いかなる求人の申込みも受理しなければなりません。また、この場合、求人者に対し、求人申込みを受理しない理由を説明しなければなりません。
ア　申込みの内容が法令に違反するとき。
イ　申込みの内容である賃金、労働時間などの労働条件が通常の労働条件と比べて著しく不適当であるとき。
ウ　求人者が労働条件の明示を拒むとき。
　ここでいう「申込みの内容が法令に違反するとき」とは、その求人の対象となる職業がその法令によって禁止されているものである場合のほか、求人条件の内容となる賃金、労働時間などの労働条件などの求人条件が労働基準法や児童福祉法などの法令に違反している場合をいいます。また、「通常の労働条件」とは、その求人者の所在する地域における同種の事業所において通常行われている労働条件をいいます。
⑤　求職の申込みは原則としていかなるものも受理すること（同法第5条の6）
　できるだけ求職者の自由意思を尊重し、その希望する職業に就く機会を与えるため、職業紹介事業者は、その申込みの内容が法令に違反する

ときを除き、いかなる求職の申込みも、これを受理しなければなりません。
⑥　求職者に対しては、その能力に適合する職業を紹介し、求人者に対しては、その雇用条件に適合する求職者を紹介するように努めること（同法第5条の7）。
⑦　労働争議に対しては、これに介入しないこと（同法第20条、第34条）
　職業紹介事業者は、使用者および労働者の労働争議に介入して、産業の平和、ひいては経済社会の発展を妨げるようなことがあってはなりません。このため、職業紹介事業者は、事業所において現にストライキやロックアウトが行われているとき、またはストライキやロックアウトに至るおそれの多い争議が発生しており、求職者を無制限に紹介することによって、争議の解決が妨げられることを通報されたときには、事業所に対して求職者を紹介してはなりません。ただし、後者の場合には、争議の発生前に通常使用されていた労働者の員数を維持するため必要な限度までは、紹介することができます。
　なお、職業紹介事業者が、労働争議発生中の会社に勤務する社員の求職の申込みを受け、紹介に当たることは何ら問題がありません。
⑧　業務に関して知り得た個人情報などを、みだりに他人に知らせてはならないこと（同法第51条第1項、第51条の2）。
　ここでいう「個人情報」とは、個人に関する情報で、特定の個人を識別することができるもの（他の情報と照合することにより特定の個人を識別することができることとなるものを含む）をいいます（同法第4条第9項）。
　また、有料職業紹介事業者やその従業者は、正当な理由なく、その業務上取り扱ったことについて知り得た人の秘密を漏らしてはなりません（同法第51条第2項）。

（1）有料職業紹介事業に関する規制

　有料職業紹介事業は、無料職業紹介事業以外の職業紹介を行う事業（同法第4条第3項）、すなわち営利を目的とすると否とに関わらず、対価を

徴収して行う職業紹介事業をいいます。

　有料職業紹介事業は、港湾運送業務や建設業務に就く職業などを除き、厚生労働大臣の許可を得て行うことができます（同法第30条、第32条の11）。許可の有効期間は、3年で（法32条の6、）、有効期間の更新の場合には5年です（同法第32条の6第1項、第5項）

　有料職業紹介事業を行う者は、次の点に留意する必要があります。

① 　有料職業紹介事業者は、表13−2の種類及び額の手数料または厚生労働大臣に届け出た手数料表（著しく不当であると認められるときは、厚生労働大臣はその手数料表を変更すべきことを命ずることができます）による手数料のいずれかを選択して徴収することができるが、原則として求職者からは手数料を徴収してはならないこと（同法第32条の3）。

表13−2　法定の手数料の種類と額

種　　類	手数料の最高額	徴収方法
受付手数料	求人の申込みを受理した場合は、1件につき670円（免税事業者にあっては、650円）	求人の申込みを受理した時以降求人者から徴収する。
紹介手数料	1　支払われた賃金額の100分の10.5（免税事業者は100分の10.2）(2および3の場合を除く) 2　同一の者に引き続き6ケ月を超えて雇用された場合(3の場合を除く)には、6ケ月間の賃金額の100分の10.5（免税事業者にあっては、100分の10.2）。 3　期間の定めのない雇用契約に基づき同一の者に引き続き6ケ月を超えて雇用された場合には、6ケ月間の賃金額の100分の10.5（免税事業者は100分の10.2）または支払われた賃金から臨時に支払われる賃金や3ケ月を超える期間ごとに支払われる賃金を除いた額の100分の14.2（免税事業者は100分の13.7）のいずれか大きい額	徴収の基礎となる賃金が支払われた日（手数料を支払う者に対し、雇用関係が成立しなかった場合の手数料の精算や雇用関係が成立した場合にその時以降講じられる手数料の精算をすることを約して徴収する場合には、求人の申込みまたは求職の申込みを受理した時）以降求人者などから徴収する。
第2種特別加入保険料に充てるべき手数料	支払われた賃金額の1000分の7.5に相当する額	徴収の基礎となる賃金が支払われた日以降求人者から徴収する。

② 　有料職業紹介事業者は、取扱職種の範囲などを定めたときは、厚生労働大臣に届け出ること（同法第32条の11）。取扱職種の範囲などを届け出た場合には、求人、求職申込み受理の原則（同法第5条の5、第5条の6第1項）は、その範囲内に限り適用されること。

③ 取扱職種の範囲や手数料に関する事項、苦情の処理に関する事項などについて、求人者および求職者に対し明示すること(同法第32条の13)。

3 有料職業紹介求職者の取扱い

(1) 労働基準法などの適用

「職業紹介」は、求人者と求職者との間における雇用関係の成立をあっせんすることをいいますので、有料職業紹介事業者による職業紹介が行われると、求人者と求職者との間に雇用関係が成立しますので、求職者は、求人者の従業員として労働基準法や社会・労働保険などが適用されます。ただし、労働基準法は、家政婦(夫)など家事使用人には適用されません(同法第116条第2項)。一方、身体上または精神上の障害があることにより日常生活を営むのに支障がある者に対し、入浴、排せつ、食事などの介護その他の日常生活上の世話、機能訓練または看護の作業に従事する者については、労災保険の特別加入制度がありますが、通勤災害については適用されません(労災保険法第33条、第35条第1項)。

(2) 介護労働者の雇用管理の改善等に関する法律

介護労働者に関しては、その雇用管理の改善、能力の開発・向上などに関する措置を講ずることにより、介護関係業務に係る労働力の確保に資するとともに、介護労働者の福祉の増進を図ることを目的として、「介護労働者の雇用管理の改善等に関する法律」が制定されています。

ここでいう「介護関係業務」とは、身体上または精神上の障害があることにより日常生活を営むのに支障がある者に対し、入浴、排せつ、食事などの介護、機能訓練、看護及び療養上の管理その他のその者の能力に応じ自立した日常生活を営むことができるようにするための福祉サービスまたは保健医療サービスを行う業務をいい、「介護労働者」とは、専ら介護関係業務

に従事する労働者をいいます（同法第2条第1項、第2項）。

　介護労働者について有料の職業紹介事業を行う職業紹介事業者は、その行う職業紹介事業の介護労働者および介護労働者になろうとする求職者について、福祉の増進に資する措置を講ずるように努めなければなりません（同法第3条）。また、職業安定機関および職業紹介事業者などは、介護関係業務に係る労働力の需給の適正かつ円滑な調整を図るため、雇用情報の充実、労働力の需給の調整の技術の向上などに関し、相互に協力するように努めなければなりません（同法第14条第2項）。

　このほか、職業紹介事業者の行う職業紹介事業の介護労働者に対して、その者が賃金の支払を受けることが困難となった場合の保護などその職業生活の安定を図るために必要な援助を行うことなどの業務を行う介護労働安定センターが指定されており、職業紹介事業者その他の関係者に対する相談その他の援助、職業紹介事業者その他の介護労働者の求職に関する情報を有する者についての情報を収集整理し、および介護労働者を雇用しようとする者に対して、収集整理した情報のうちその希望に応じたものを提供するなどの事業を行っています（同法第4章）。

第14章 在宅就業者の正しい活用

「在宅就業者の正しい活用」のポイント
1 在宅就業者の状況
2 在宅就業者に対する労働基準法などの適用
3 家内労働者に関する取扱い
4 在宅ワークの適正な実施のためのガイドライン

「在宅就業者の正しい活用」のポイント

(1) テレワークは、一般に情報通信機器などを活用し時間や場所に制約されず、柔軟に仕事する働き方をいい、雇用型テレワーカーと自営型テレワーカーに分類される。また、テレワークの中に在宅就業があり、雇用関係のある在宅就業と雇用関係のない在宅就業に分類される。

(2) 在宅就業者のうち労働基準法の「労働者」に該当するか否かは、労務の提供形態や使用者(委託者)と労働者(受託者)との間に指揮監督関係があるかどうかなどによって判断される。該当する場合には、原則として労災保険は適用され、要件を満たせば、雇用保険や健康保険、厚生年金保険が適用される。「労働者」に該当しない場合には、特別加入制度の対象となる場合を除き労災保険は適用されない。雇用保険も適用されず、医療保険は国民健康保険、年金保険は国民年金が適用される。

(3) 在宅就業者がけがなどをした場合に、会社の指揮命令下で業務に従事している間に発生し、かつ、その業務と被災との間に因果関係があるときは、業務上の災害に該当する。

(4) 「家内労働者」は、「物品の製造、加工等もしくは販売またはこれらの請負を業とする者その他これらの行為に類似する行為を業とする者から、主として労働の対償を得るために、その業務の目的物たる物品(物品の半製品、部品、附属品または原材料を含む)について委託を受けて物品の製造または加工等に従事する者で、その業務について同居の親族以外の者を使用しないことを常態とするもの」をいい、次の措置を講じなければならない。

① 家内労働手帳を交付し、所定の事項を記入すること。
② 周辺地域において同一または類似の業務に従事する者の通常

の労働時間をこえて家内労働者および補助者が業務に従事することとなるような委託をし、または委託を受けることがないように努めること。

③ 6月をこえて継続的に委託をしている場合に委託を打ち切ろうとするときは予告するように努めること。

④ 工賃の支払いについては、原則として、次によること。

　i 通貨で全額を支払うこと。

　ii 物品を受領した日から1月以内に支払うこと。

　iii 家内労働者が業務に従事する場所において支払うよう努めること。

　iv 最低工賃の適用を受ける家内労働者に対し、最低工賃額以上の工賃を支払うこと。

⑤ 機械・設備または原材料などの物品を家内労働者に譲渡し、貸与し、または提供するときは、危害を防止するために必要な措置を講じること、また、家内労働者は機械、器具その他の設備もしくは原材料その他の物品またはガス、蒸気、粉じんなどによる危害を防止するため、必要な措置を講じ、補助者は危害を防止するために必要な事項を守ること。

⑥ 委託者は、委託する家内労働者の数および業務の内容など事項を都道府県労働局長に届け出るとともに、委託する家内労働者の氏名、家内労働者に支払う工賃の額などを記入した帳簿をその営業所に備え付けて置くこと。

(5) 年間を通じ常態としてプレス機械、型付け機、型打ち機、シャー、旋盤、ボール盤またはフライス盤を使用して行う金属、合成樹脂、皮、ゴム、布または紙の加工の作業などに従事する家内労働者および補助者については、希望により労災保険に特別加入できるが、通勤災害の対象にはならない。

(6) 在宅就業を安心して行うことができるようにするとともに、紛争が起

こることを未然に防止するためのルールとして、次の内容の「在宅ワークの適正な実施のためのガイドライン」が策定されている。

① 在宅ワークの契約を締結するときには、在宅ワーカーに対して、所定の事項を明らかにした文書を交付し、3年間保存すること。

③ 報酬の支払期日については、成果物を受け取った日から30日以内とし、長くても60日以内とすること。

報酬の額については、同一または類似の業務に従事する在宅ワーカーの報酬、注文した仕事の難易度、納期の長短、在宅ワーカーの能力などを考慮することにより、在宅ワーカーの適正な利益の確保が可能となるように決定すること。

④ 納期については、1日8時間の作業を目安として、在宅ワーカーの作業時間が長時間に及ばないように設定すること。

⑤ 6月を超えて継続的な取引関係がある場合に、在宅ワーカーへの注文を打ち切ろうとするときは、速やかに、その旨およびその理由を予告すること。

⑥ 成果物が不完全であったことやその納入が遅れたことにより損害が生じた場合に、あらかじめ契約書において在宅ワーカーが負担すると決めている範囲を超えて責任を負わせないようにすること。

⑦ 業務上知り得た在宅ワーカーの個人情報について、本人の同意なく無断で、目的外の使用、第三者への提供その他漏洩行為を行わないこと。

⑧ VDT作業の適正な実施方法、腰痛防止策などの健康を確保するための手法について情報提供すること、必要な能力開発機会を付与すること、在宅ワーカーから問い合わせや苦情などがあった場合にそれを受け付ける担当者をあらかじめ、明らかにすること、が望ましいこと。

1　在宅就業者の状況

（1）テレワークと在宅就業の形態

　テレワークは、一般に情報通信機器などを活用し時間や場所に制約されず、柔軟に仕事する働き方をいい、給与所得者などの雇用型テレワークと小規模事業者や自営業者などの自営型テレワークに分類されています。また、テレワークの中に、自宅を拠点として仕事をする在宅就業があり、社員がパソコンを自宅に持ち帰って仕事をする、あるいは子育て中の主婦が出社せずに自宅で仕事をするなどの雇用関係のある在宅就業と家内労働者など雇用関係のない在宅就業に分類されています。

（2）テレワークと家内労働の就業者数

　国土交通省の平成17年（2005年）テレワーク実態調査によれば、同年時点で我が国には雇用型テレワーカーが506万人（雇用者の9.2％）、自営型テレワーカーが168万人（自営業者の16.5％）の合計674万人（就業者の10.4％）のテレワーカーがいると推計されています。また、IT新改革戦略（平成18年（2006年）1月IT戦略本部）では、「平成22年（2010年）までに適正な就業環境の下でのテレワーカーが就業者人口の2割を実現」との目標が掲げられています。

　一方、厚生労働省の平成19年（2007年）家内労働概況調査によれば、同年時点の家内労働従事者数は189,338人、家内労働者数は181,196人となっています。

2　在宅就業者に対する労働基準法などの適用

　在宅就業者のうち労働基準法などが適用される「労働者」に該当するか否かは、労務の提供形態や使用者（委託者）と労働者（受託者）との間

に指揮監督関係があるかどうかなどによって判断されます(第11章308～318頁参照)。

　在宅就業者のうち労働基準法の「労働者」に該当する場合には、原則として労災保険は適用され、1週間の所定労働時間が20時間時間の場合には雇用保険が、1日または1週間の所定労働時間および1ヶ月の所定労働日数がその事業所で同種の業務に従事する通常の労働者のおおむね4分の3以上である場合には健康保険および厚生年金保険がそれぞれ適用されます(第2章90～100頁、第4章152～153頁参照)。

　この場合に、特に問題となるのは、在宅就業者がけがなどをした場合に、それが労災保険の業務上の災害に該当するかという点です。労災保険では、会社の指揮命令下で業務に従事している間に発生し、かつ、その業務と被災との間に因果関係があると認定されたときには業務上の災害に該当します。在宅就業者の場合、どこまでが勤務時間なのかという線引きが明確にできないことがありますので、始業、終業の時刻を明確にしておく必要があります。

　一方、在宅就業者のうち労働基準法などが適用される「労働者」に該当しない場合には、特別加入制度の対象となる場合を除き、労災保険は適用されません。また、雇用保険も適用されず、医療保険は国民健康保険、年金保険は国民年金が適用されます。

3　家内労働者に関する取扱い

(1) 家内労働者の範囲

　「家内労働者」は、物品の製造、加工等もしくは販売またはこれらの請負を業とする者その他これらの行為に類似する行為を業とする者から、主として労働の対償を得るために、その業務の目的物たる物品(物品の半製品、部品、附属品または原材料を含む)について委託を受けて、物品の製造または加工等に従事する者で、その業務について同居の親族以外の者を使

用しないことを常態とするものをいいます(家内労働法第2条第2項)。
　ここでいう「委託」とは、次の行為をいいます(同条第1項)。
①　他人に物品を提供して、その物品を部品、附属品もしくは原材料とする物品の製造またはその物品の加工、改造、修理、浄洗、選別、包装もしくは解体(加工等)を委託すること。
②　他人に物品を売り渡して、その者がその物品を部品、附属品もしくは原材料とする物品を製造した場合またはその物品の加工等をした場合にその製造または加工等に係る物品を買い受けることを約すること。
　また、「委託者」は、物品の製造、加工等もしくは販売またはこれらの請負を業とする者で、その業務の目的物たる物品(物品の半製品、部品、附属品または原材料を含む)について家内労働者に委託をするものをいいます(同条第3項)。

(2) 家内労働法

　家内労働者については、次の内容の家内労働法が適用されます。

1)　家内労働手帳

　委託者は、委託をするにあたっては、家内労働者に対し、家内労働手帳を交付し、委託をするつど委託をした業務の内容、工賃の単価、工賃の支払期日などの事項を、製造または加工等に係る物品を受領するつど受領した物品の数量などの事項を、工賃を支払うつど支払った工賃の額などの事項を、それぞれ家内労働手帳に記入すること。これに違反した者は、5千円以下の罰金に処せられること(同法第3条、第35条)。

2)　就業時間

　委託者または家内労働者は、家内労働者が業務に従事する場所の周辺地域において同一または類似の業務に従事する者の通常の労働時間をこえて家内労働者および補助者(家内労働者の同居の親族で、家内労

働者の従事する業務を補助する者)が業務に従事することとなるような委託をし、または委託を受けることがないように努めること(同法第4条第1項)。

3) 委託の打切りの予告

6月をこえて継続的に同一の家内労働者に委託をしている委託者は、家内労働者に引き続いて継続的に委託をすることを打ち切ろうとするときは、遅滞なく、その旨を家内労働者に予告するように努めること(同法第5条)。

4) 工賃の支払い

工賃の支払いについては、次によること(同法第6条～第16条、第34条、第35条)。

① 原則として、家内労働者に通貨でその全額を支払うこと。これに違反した者は、5千円以下の罰金に処せられること。
② 毎月一定期日を工賃締切日として定める場合などを除き、委託者が家内労働者の製造または加工等に係る物品についての検査をするかどうかを問わず、委託者が家内労働者から物品を受領した日から1月以内に支払うこと。これに違反した者は、5千円以下の罰金に処せられること。
③ 家内労働者から申出のあった場合などを除き、家内労働者が業務に従事する場所において支払うよう努めること。
　なお、物品の受渡しも家内労働者が業務に従事する場所において行うように努めること。
④ 厚生労働大臣または都道府県労働局長が一定の地域内において一定の業務に従事するに従事する家内労働者およびこれに委託をする委託者に適用される最低工賃を決定したときは、最低工賃の適用を受ける家内労働者に対し、最低工賃額以上の工賃を支払うこと。これに違反した者は、1万円以下の罰金に処せられること。

5) 安全および衛生
① 委託者は、委託業務に関し、機械・設備または原材料などの物品を家内労働者に譲渡し、貸与し、または提供するときは、これらによる危害を防止するために次の措置を講じること。これに違反した者は、5千円以下の罰金に処せられること（同法第17条第1項、第35条）。
 i プレス機械などについて、安全装置を取り付けること。
 ii モーター、バフ盤などについては、覆いを取り付けること。
 iii 危害防止のための「作業心得」などの書面を交付すること。
 iv 有機溶剤を含む接着剤などの有害物については、漏れたり発散したりするおそれのない容器を使用し、容器の見やすいところに有害物の名称や取扱い上の注意事項を記載すること。
② 家内労働者は、機械、器具その他の設備もしくは原材料その他の物品またはガス、蒸気、粉じんなどによる危害を防止するため、次の措置を講じること。また、補助者は、危害を防止するために必要な事項を守ること。これに違反した者は、5千円以下の罰金に処せられること（同条第2項、第3項、第35条）。
 i 有害な有機溶剤を含んでいる接着剤など危険有害な原材料などを使用する場合には、換気をよくして中毒にかからないようにすること。また、ストーブなどの火に近づけて火事になったりしないようにすること。
 ii プレス機械、織機などけがをするおそれのある機械を使用する場合には、安全装置を取り付けるなど安全な方法で作業すること。
 iii 強烈な騒音の発生する仕事では耳せんを使用するなど、危険または有害な業務に従事する場合は、必要な保護具を使用すること。
 iv 委託者から危険防止のための「作業心得」などの書面をもらったら、見やすい場所に貼って、その注意事項は必ず守るようにすること。
③ 都道府県労働局長または労働基準監督署長は、委託者または家内労働者が①または②の措置を講じない場合には、委託者または家内労働者に対し、委託をし、もしくは委託を受けることを禁止し、または機械、器

具その他の設備若しくは原材料その他の物品の全部若しくは一部の使用の停止その他必要な措置を執ることを命ずることができること。この命令に違反した者は、6月以下の懲役または5千円以下の罰金などに処せられること(同法第18条、第33条、第35条)。

5) 届出

委託者は、委託する家内労働者の数および業務の内容など事項を都道府県労働局長に届け出ること。これに違反した者は、5千円以下の罰金に処せられること(同法第26条、第35条)。

6) 帳簿の備付け

委託者は、委託する家内労働者の氏名、家内労働者に支払う工賃の額などを記入した帳簿をその営業所に備え付けて置くこと。これに違反した者は、5千円以下の罰金に処せられること(同法第27条、第35条)。

(3) 労災保険の特別加入

年間を通じ常態として次の作業に従事する家内労働者および補助者については、希望により労災保険に特別加入できます。ただし、通勤災害の対象にはなりません(労災保険法第33条、第35条第1項)。

① プレス機械、型付け機、型打ち機、シャー、旋盤、ボール盤またはフライス盤を使用して行う金属、合成樹脂、皮、ゴム、布または紙の加工の作業
② 金属製洋食器、刃物、バルブまたはコックの製造または加工に関し、研削盤もしくはバフ盤を使用して行う研削もしくは研磨または溶融した鉛を用いて行う金属の焼入れもしくは焼きもどしの作業
③ 化学物質製、皮製若しくは布製の履物、鞄、袋物、服装用ベルト、グラブもしくはミットまたは木製もしくは合成樹脂製の漆器の製造または加工に関し、有機溶剤または有機溶剤含有物を用いて行う作業
④ 陶磁器の製造に関し、粉じん作業または鉛化合物を含有する釉薬を

用いて行う施釉もしくは鉛化合物を含有する絵具を用いて行う絵付けの作業もしくは施釉もしくは絵付けを行った物の焼成の作業
⑤　動力により駆動される合糸機、ねん糸機または織機を使用して行う作業
⑥　仏壇または木製もしくは竹製の食器の製造または加工に関し、木工機械を使用して行う作業

4　在宅ワークの適正な実施のためのガイドライン

　情報通信の高度化、パソコンなど情報通信機器の普及に伴い、これらを活用して個人が在宅形態で自営的に働く在宅就業が増加している中で、在宅就業を安心して行うことができるようにするとともに、紛争が起こることを未然に防止するため、在宅就業の仕事を注文する者が在宅就業者と契約を締結する際に守るべきルールとして、次の内容の「在宅ワークの適正な実施のためのガイドライン」が策定されています。

（1）在宅ワークの範囲
　このガイドラインにいう「在宅ワーク」とは、情報通信機器を活用して請負契約に基づきサービスの提供などを行う在宅形態での就労のうち、主として他の者が代わって行うことが容易なものをいい、法人形態の場合や他人を使用している場合などを除きます。例えば、文章入力、テープ起こし、データ入力、ホームページ作成などの作業の多くがこれに該当します。

（2）契約条件の文書明示およびその保存
　注文者は、在宅ワーカーと在宅ワークの契約を締結するときには、在宅ワーカーに対して、原則として次の事項を明らかにした文書を交付し、または電子メールの送信するとともに、3年間保存すること。
①　注文者の氏名、所在地、連絡先

② 注文年月日
③ 注文した仕事の内容
④ 報酬額、報酬の支払期日、支払方法
⑤ 注文した仕事にかかる諸経費の取扱い
⑥ 成果物の納期、納品先、納品方法
⑦ 成果物が不完全であった場合やその納入が遅れた場合の取扱い（補修が求められる場合の取扱いなど）

(3) 契約条件の適正化
1) 報酬の支払
① 報酬の支払期日

報酬の支払期日については、注文者が在宅ワーカーから成果物を受け取った日から起算して30日以内とし、長くても60日以内とすること。

② 報酬の額

報酬の額については、同一または類似の業務に従事する在宅ワーカーの報酬、注文した仕事の難易度、納期の長短、在宅ワーカーの能力などを考慮することにより、在宅ワーカーの適正な利益の確保が可能となるように決定すること。

2) 納期

納期については、在宅ワーカーの作業時間が長時間に及ばないように設定すること。その際には、通常の労働者の1日の労働時間（8時間）を目安とすること。

3) 継続的な注文の打切りの場合における事前予告

同じ在宅ワーカーに、例えば6月を超えて毎月1回以上在宅ワークの仕事を注文しているなど継続的な取引関係にある注文者は、在宅ワーカーへの注文を打ち切ろうとするときは、速やかに、その旨およびその理

由を予告すること。

4) その他

　成果物が不完全であったことやその納入が遅れたことにより損害が生じた場合に、あらかじめ契約書において在宅ワーカーが負担すると決めている範囲を超えて責任を負わせないようにすること。

(4) その他

1) 個人情報の保護

　注文者は、業務上知り得た在宅ワーカーの個人情報について、本人の同意なく無断で、目的外の使用、第三者への提供その他漏洩行為を行わないこと。

2) 健康確保措置

　VDT作業の適正な実施方法、腰痛防止策などの健康を確保するための手法について、注文者が在宅ワーカーに情報提供することが望ましいこと。

3) 能力開発機会の付与

　注文者は、在宅ワーカーの能力の維持向上を図ることを目的として必要な能力開発機会を付与することが望ましいこと。

4) 担当者の明確化

　注文者は、あらかじめ、在宅ワーカーから問い合わせや苦情などがあった場合にそれを受け付ける担当者を明らかにすることが望ましいこと。

第15章
シルバー人材センター会員の活用

「シルバー人材センター会員の活用」のポイント
1 シルバー人材センター
2 シルバー人材センターの会員に対する労働基準法などの適用
3 シルバー人材センターの会員の就業に当たっての安全および衛生の確保

「シルバー人材センター会員の活用」のポイント

(1) シルバー人材センターは、定年退職者などの高年齢者に、そのライフスタイルに合わせた臨時的かつ短期的またはその他の軽易な就業を提供することなどを目的とする団体で、原則として市(区)町村単位に設置された公益法人で、地域の家庭や企業、公共団体などから請負または委任契約により仕事(受託事業)を受注し、会員として登録した高年齢者の中から適任者を選んでその仕事を遂行し、雇用関係を必要とするなど仕事の内容によっては、無料職業紹介事業や労働者派遣事業により実施する。

(2) シルバー人材センターから受託事業による仕事の提供を受けた会員は、契約内容に従ってその仕事を実施し、仕事の内容と就業実績に応じて配分金を受け取る。

(3) その会員に2以上のシルバー人材センターを有し、基準に適合する高年齢者就業援助法人は、シルバー人材センター連合となることができる。

(4) 雇用によらない就業の場合には、シルバー人材センターの会員には、原則として労働基準法などの適用はなく、労災保険の特別加入制度の対象にもなっておらず、雇用保険の適用もない。また、国民健康保険(75歳以上の者などは後期高齢者医療制度)、国民年金(60歳未満の者に限る)が原則として適用される。

(5) 職業紹介事業による雇用の場合には、シルバー人材センターの会員には、労働基準法や労災保険などが適用される。一般的には臨時的・短期的な就業に従事するので、雇用保険(65歳未満に限る)や健康保険、厚生年金保険(70歳未満に限る)については、適用を受けることは少ないと考えられる。

(6) 労働者派遣による就業の場合には、シルバー人材センターが派遣

元事業主、シルバー人材センターから労働者派遣の役務の提供を受ける者が派遣先となって、シルバー人材センターの会員には労働基準法やなどが適用され、労災保険もシルバー人材センターを使用者として適用される。一般的には臨時的・短期的な就業に従事するので、雇用保険(65歳未満に限る)や健康保険、厚生年金保険(70歳未満に限る)については、適用を受けることは少ないと考えられる。

(7) シルバー人材センターの会員は高年齢者なので、持病を持っていることも多く、その年齢や健康状態などに応じた作業内容とするなどの配慮をしなければならない。

(8) シルバー人材センターも、会員を就業させるに当たっては、作業内容や就業する会員の年齢、職歴などの事情を考慮して、会員の生命や身体の安全を害する危険性が高い作業を提供しないようにして、会員の生命や身体の安全を保護すべき義務を負っている。

(9) シルバー人材センターの会員を就業させる会社なども、その会員を就業させるに当たっては、安全および衛生を確保するために必要な措置を講じなければならない。

1　シルバー人材センター

(1) シルバー人材センターの概要

シルバー人材センターは、定年退職者などの高年齢者に、そのライフスタイルに合わせた臨時的かつ短期的またはその他の軽易な就業(その他の軽易な就業とは特別な知識、技能を必要とする就業)を提供するともに、ボランティア活動などの社会参加を通じて、高年齢者の健康で生きがいのある生活の実現と地域社会の福祉の向上や活性化に貢献することを目的とする団体で、原則として市(区)町村単位に設置され、「高年齢者雇用安定法」に基づいて事業を行う都道府県知事の許可を受けた公益法人です。

シルバー人材センターは、地域の家庭や企業、公共団体などから請負ま

たは委任契約により仕事（受託事業）を受注し、会員として登録した高年齢者の中から適任者を選んでその仕事を遂行します。仕事の完成は、契約主体であるシルバー人材センターが負います。

雇用関係を必要とするなど仕事の内容によっては、無料職業紹介事業や労働者派遣事業により実施します。

シルバー人材センターは、「自主・自立、共働・共助」の理念に基づき、会員の総意と主体的な参画により運営する組織（社団法人が基本）で、会員になるためには、その趣旨に賛同し、入会の手続きをとることが必要です。また、シルバー人材センターから受託事業による仕事の提供を受けた会員は、契約内容に従ってその仕事を実施し、仕事の内容と就業実績に応じて配分金（報酬）を受け取ります。

（2）シルバー人材センターの現状

全国シルバー人材センター事業協会統計年報によれば、平成17（2005）年度時点で、シルバー人材センターは、全国に1,544団体設立されており、会員数は765,468人（男性509,697人、女性255,771人）で、契約金は3,168億円となっています。

（3）シルバー人材センターに関する法制

1）　シルバー人材センターの指定

都道府県知事は、次の基準に適合する高年齢者就業援助法人を③の区域ごとに1個に限りシルバー人材センターとして指定することができます（同法第41条）。

①　民法第34条の公益法人であること。
②　定年退職者などの高年齢退職者の希望に応じた臨時的・短期的な就業などの軽易な業務の機会を確保し、組織的に提供することにより、その就業を援助して、これらの者の能力の積極的な活用を図ることができるようにし、高年齢者の福祉の増進に資することを目的としていること。

③ 3)のシルバー人材センター連合の指定区域以外の地域において、市町村の区域(必要な場合には2以上の市町村の区域)において設立されたものであること。
④ 職員、業務の方法その他の事項についての業務の実施に関する計画が適正なものであり、かつ、その計画を確実に遂行するに足りる経理的・技術的な基礎を有するものであること。
⑤ 業務の運営が適正かつ確実に行われ、高年齢者の福祉の増進に資するものであること。

2) シルバー人材センターの業務
　シルバー人材センターは、その指定区域において、次の業務を行います(高年齢者雇用安定法第42条第1項)。
① 臨時的・短期的な就業などの軽易な業務に関する雇用によらない就業を希望する高年齢退職者のために、このような就業の機会を確保し、組織的に提供すること。
② 臨時的・短期的な雇用による就業などの軽易な業務に関する雇用による就業を希望する高年齢退職者のために、無料の職業紹介事業を行うこと。
③ 高年齢退職者に対し、臨時的・短期的な就業などの軽易な業務に関する就業に必要な知識・技能の付与を目的とした講習を行うこと。
④ その他高年齢退職者のための臨時的・短期的な就業などの軽易な業務に関する就業に関し必要な業務を行うこと。
　シルバー人材センターは、厚生労働大臣に届け出て、無料の職業紹介事業および一般労働者派遣事業を行うことができます(同法第42条第2項〜第7項)。

3) シルバー人材センター連合
　都道府県知事は、その会員に2以上のシルバー人材センターを有し、か

つ、2)の業務に関し1)の①から⑤までの基準に適合する高年齢者就業援助法人を、その申請によって、その高年齢者就業援助法人の会員であるシルバー人材センターの指定区域とその地域における臨時的かつ短期的な就業の機会の状況などの事情を考慮して次に定める基準に従って必要と認められる市町村の区域を併せた区域ごとに1個に限りシルバー人材センター連合として指定することができます（同法第44条第1項）。
① その市町村の区域と会員であるシルバー人材センターの指定区域が近接し、あるいはその市町村の区域もしくは近接する2以上の市町村の区域に定年退職者などの高年齢退職者が相当数存在すること。
② その市町村の区域においてシルバー人材センター連合により所定の業務が行われる場合には、その区域においてシルバー人材センターにより業務が行われる場合に比べより効率的に行われる見込みがあること。

　また、シルバー人材センターがシルバー人材センター連合の会員となった旨の都道府県知事への届出があったときは、シルバー人材センター連合の指定区域とシルバー人材センターの指定区域を併せた区域がシルバー人材センター連合の指定区域となります（同条第2項）。

（4）全国シルバー人材センター事業協会

　厚生労働大臣は、シルバー人材センターやシルバー人材センター連合の健全な発展を図るとともに、定年退職者などの高年齢退職者の能力の積極的な活用を促進することにより、高年齢者の福祉の増進に資することを目的とし、シルバー人材センターやシルバー人材センター連合の業務に関する次の業務を適正・確実に行うことができる公益法人を、全国シルバー人材センター事業協会として指定することができます（同法第46条）。
① 啓発活動を行うこと。
② 従事する者に対する研修を行うこと。
③ 連絡調整を図り、指導などの援助を行うこと。
④ 情報資料の収集や関係者への提供を行うこと。

⑤　その他高年齢退職者の能力の積極的な活用を促進するために必要な業務を行うこと。

2　シルバー人材センターの会員に対する労働基準法などの適用

1(3)2)でみたように、シルバー人材センターの業務には、高年齢退職者のための臨時的・短期的な就業などの軽易な業務に関する次の3つの業務があります。
①　雇用によらない就業を希望する者に対する就業の機会の確保および提供
②　雇用による就業を希望する者に対する無料の職業紹介事業
③　労働者派遣による就業を希望する者に対する一般労働者派遣事業
　シルバー人材センターの会員に対する労働基準法などの適用については、これら3つの業務の区分に応じて、次のように異なってきます。

(1) 雇用によらない就業の場合

　雇用によらない就業の場合には、シルバー人材センターが発注者から請負または委任契約により仕事を受注し、その仕事を会員に再請負または再委託することになります。このため、この場合には、シルバー人材センターの会員は、個人請負事業者などと同様の立場で就業することになりますので、原則として労働基準法などの適用はなく、また、労災保険の特別加入制度の対象にもなっておらず、雇用保険の適用もありません。また、医療保険は国民健康保険（75歳以上の者などは後期高齢者医療制度）、年金保険は国民年金（60歳未満の者に限る）が原則として適用されます（第2章、第11章参照）。

（2） 職業紹介事業による雇用の場合

　職業紹介事業による雇用の場合には、シルバー人材センターの会員は、シルバー人材センターに求人の申込みをした会社などに雇用されることになりますので、労働基準法や労災保険などが適用されます。

　雇用保険については、シルバー人材センターの会員が65歳未満である場合には、1週間の所定労働時間が20時間以上で1年以上雇用される見込みがあれば、雇用保険の被保険者となりますが、これに該当しない臨時的・短期的な就業の場合には、短期雇用特例被保険者や日雇労働被保険者に該当する場合を除き被保険者にはなりません。

　また、健康保険および厚生年金保険（70歳未満の者に限る）については、1日または1週間の所定労働時間および1ヶ月の所定労働日数が正規社員の4分の3以上である場合には被保険者となりますが、臨時に日々雇用される者で1ヶ月を超えないものや臨時に2ヶ月以内の期間を定めて使用される者でその期間を超えないものなどは、健康保険の日雇特例被保険者となり、厚生年金保険の被保険者にはなりません（第2章、第4章参照）。

　一般的には、シルバー人材センターの会員は臨時的・短期的な就業に従事しますので、これらの保険の適用を受けることは少ないと考えられます。

（3） 労働者派遣による就業の場合

　労働者派遣による就業の場合には、労働者派遣法の規定が読み替えて適用されます（高年齢者雇用安定法第42条第6項）ので、シルバー人材センターが労働者派遣法の派遣元事業主、シルバー人材センターから労働者派遣の役務の提供を受ける者が派遣先などとなって、シルバー人材センターの会員には労働基準法などが適用されます。労災保険も、シルバー人材センターを使用者として適用されます。

　雇用保険については、シルバー人材センターの会員が65歳未満である場合には、1週間の所定労働時間が20時間以上で1年以上雇用される見込みがあれば、シルバー人材センターを事業主として雇用保険の被保険者

となりますが、これに該当しない臨時的・短期的な就業の場合には、短期雇用特例被保険者や日雇労働被保険者に該当する場合を除き被保険者にはなりません。

　また、健康保険および厚生年金保険(70歳未満の者に限る)については、1日または1週間の所定労働時間および1ヶ月の所定労働日数が正規社員の4分の3以上である場合には、シルバー人材センターを事業主として被保険者となりますが、臨時に日々雇用される者で1ヶ月を超えないものや臨時に2ヶ月以内の期間を定めて使用される者でその期間を超えないものなどは、健康保険の日雇特例被保険者となり、厚生年金保険の被保険者にはなりません(第2章、第8章参照)。

　一般的には、シルバー人材センターの会員は臨時的・短期的な就業に従事しますので、これらの保険の適用を受けることは少ないと考えられます。

3　シルバー人材センターの会員の就業に当たっての安全および衛生の確保

　シルバー人材センターの会員の就業は、2でみたように多様ですが、その多くが雇用によらずに就業しています。この場合には、労働安全衛生法や労災保険法などは適用されませんが、事故によるけがなどに対応するために、損害保険に加入しています。

　しかしながら、雇用によらない就業の場合にも、就業に当たって、適切に安全および衛生が確保されることが重要です。

　また、シルバー人材センターの会員は定年退職者などの高年齢者ですので、持病を持っていることも多く、その年齢や健康状態などに応じた作業内容とするなどの配慮をしなければ、脳や心臓の病気を発症させるおそれもありますので、その健康状態を適切に把握するとともに、その年齢や健康状態などに応じた就業条件を確保する必要があります。

（1）シルバー人材センターによる会員の就業に当たっての安全および衛生の確保

　シルバー人材センターも、会員を就業させるに当たっては、作業内容や就業する会員の年齢、職歴などの事情を考慮して、会員の生命や身体の安全を害する危険性が高い作業を提供しないようにして、会員の生命や身体の安全を保護すべき義務を負っています。

　これに関しては、シルバー人材センターの会員がシルバー人材センターから派遣されて就業する過程で労働災害に被災したことについて、会員がシルバー人材センターに対し損害賠償を請求した次の裁判例があります。

　会員は、身体的対応が遅れがちで、危険を避けるとっさの行動を取ることが困難になるなどの身体的心理的特性を持つことが指摘される高齢者（事故当時61歳）であり、加えて、大学卒業後の大部分の期間を定年退職時までデスクワークに従事し、この間一度も機械作業に従事したことがなかったから、自動車部品加工会社におけるプレスブレーキによる作業は、作業内容などの客観的事情と会員の年齢、職歴などの主観的事情とを対比検討した場合、社会通念上高齢者である会員の健康を害する危険性が高い作業である。シルバー人材センターは、高齢者の会員に対して就業の機会を提供するに当たっては、社会通念上高齢者の健康（生命身体の安全）を害する危険性が高い作業の提供を避止し、もって高齢者の健康を保護すべき信義則上の健康保護義務を負っている。にもかかわらず、シルバー人材センターは、会員に対してプレスブレーキによる作業も含まれる工場内作業の仕事を提供し、会員がこれに応じてプレスブレーキによる作業に従事した結果事故に至ったから、シルバー人材センターは、会員に対する健康保護義務の違背があったものとして、債務不履行に基づき、事故によって会員が被った損害を賠償する義務がある（綾瀬市シルバー人材センター（I工業所）事件　横浜地裁平成15年5月13日）。

（2） シルバー人材センターの会員を就業させる会社などによる安全および衛生の確保

　シルバー人材センターの会員を就業させる会社なども、その会員を就業させるに当たっては、安全および衛生を確保するために必要な措置を講じなければなりません。

　これに関しては、シルバー人材センターの会員が就業する過程で就業する作業場の前庭の格子扉の倒壊により死亡したことについて、遺族が就業した会社などに対し損害賠償を請求した次の裁判例があります。

> 　会社は、現場で作業をするに当たり、その生命、身体等を保護するよう配慮する安全配慮義務を負う。そして、会社は、格子扉という高さ170cm、幅111cm、重さ16.38kgの重量物の運搬を伴う作業をさせていたから、格子扉を保管する場合には、これが倒壊しないように手当てをし、その取扱いについて十分な安全指導をすべきであったにもかかわらず、ラックに格子扉を倒壊しやすい状態で積んだまま、何らの措置もせず、また、特段の安全指導もしていなかったのであるから、安全配慮義務に違反し、その結果、作業中にラックから格子扉を下ろそうとした際、格子扉が倒れてきて、頭部、胸部に強度の打撲傷を負わせ、右頭部外傷により死亡するに至らしめたから、損害を賠償する責任がある（三広梱包事件　平成5年5月28日浦和地裁）。

第16章 複数就業者の現状と課題

「複数就業者の現状と課題」のポイント
1 複数就業者の数
2 複数就業者に対する労働基準法などの適用
3 社員の兼用に関する規則
4 複数就業者に対する社会・労働保険の適用

「複数就業者の現状と課題」のポイント

(1) 労働基準法などは事業所単位で適用されるので、複数就業者の場合には、それぞれの事業所ごとに適用されるのが原則であるが、労働時間は、会社が異なる場合を含め事業所が異なる場合にも通算する。

(2) 就業規則などで兼業を全面的に禁止することはできないが、兼業することによって、企業秩序をみだすおそれが大きく、あるいは会社に対する労務提供が困難になることを防止する必要がある場合には、兼業を禁止することができる。ただし、兼業を会社の許可などにかからせることは、許される。

(3) 労災保険は、複数の事業所において働く場合には、それぞれの事業所で適用されるが、複数就業者の事業所間の移動については、通勤災害の対象となる。

(4) 雇用保険については、その者が生計を維持するのに必要な主たる賃金を受ける1つの雇用関係についてのみ被保険者となる。

(5) 社会保険については、複数の事業所のうちから事業所を選択して届け出て、合算した報酬額に基づいて標準報酬額が決定され、それぞれの事業所が支払うべき保険料が決定される。

1 複数就業者の数

　複数の会社で働く複数就業者は、表16－1のようになっており、その数は基調として増加しています。

表16－1　複数就業者（本業も副業も雇用者である者）の数（単位：千人）

年	昭和62年	平成4年	平成9年	平成14年	平成19年
男性	383	473	483	399	477
女性	167	284	409	416	553
合計	550	757	892	815	1029

資料出所：総務省統計局「就業構造基本調査」

　このほかにも、平成19年（2007年）には、本業が雇用者で副業が自営業である者が69万8千人、本業が自営業で副業が雇用者である者が20万3千人います。

2 複数就業者に対する労働基準法などの適用

　労働基準法などは事業所単位で適用されますので、複数就業者の場合には、それぞれ就業する事業所において同法の「労働者」に該当する場合には、それぞれの事業所ごとに適用されるのが原則です。

　ただし、労働時間は、事業所が異なる場合にも、通算します（同法第38条第1項）。ここでいう「事業所が異なる場合」とは、1日のうちに甲事業所で働いた後に乙事業所で働くことをいい、この場合には、同じ会社の異なる事業所で働く場合だけでなく、会社が異なる事業所で働く場合も含まれます。

　また、「労働時間については通算する」とは、時間外労働に関しては、甲事業所および乙事業所における労働時間を通算して、時間外労働に関する制限を受けるということで、労働時間の通算の結果、時間外労働に該当する場合には、割増賃金を支払わなければなりません。この場合に、時間外労働について法所定の手続をとり、また割増賃金を負担しなければならな

いのは、通常は、時間的に後で労働契約を締結した会社です。

ただし、甲事業所で4時間、乙事業所で4時間働いている者の場合、甲事業所が、この後乙事業所で4時間働くことを知りながら労働時間を延長するときは、甲事業所が時間外労働の手続をしなければなりません。

3 社員の兼業に関する規制

社員は労働契約により1日のうち一定の限られた時間のみ労務に服するのを原則としており、就業時間外は本来その自由な時間ですので、特別な場合を除き、就業規則などで兼業を全面的に禁止することはできないと解されています。

ただし、兼業することによって、企業秩序をみだすおそれが大きく、あるいは会社に対する労務提供が困難になることを防止する必要がある場合には、兼業を禁止することができ、企業秩序に影響せず、労務の提供に格別の支障を生ぜしめない場合には、禁止の対象とすることはできないと解されています。

しかしながら、競業的な兼業や就業時間とは重複しないものであっても余暇利用のアルバイトの域を越える、場合によっては会社の就業時間と重複するおそれがあるなどの場合には、禁止の対象とすることができると考えられます。

一方、社員の兼業を会社の許可などにかからせることは、就業時間外において適度な休養をとることは誠実な労務の提供のための基礎的条件であり、兼業の内容によっては会社の経営秩序を害することもありうることので、一般的には許されると考えられます。

これらに関しては、次のような裁判例があります。

① 競業的な兼業を理由とする懲戒解雇
就業規則において二重就職が禁止されている趣旨は、従業員が二重就職することによって、会社の企業秩序をみだし、またはみだすお

それが大であり、あるいは従業員の会社に対する労務提供が不能若しくは困難になることを防止するにあると解され、従って二重就職とは、このような実質を有するものをいい、会社の企業秩序に影響せず、会社に対する労務の提供に格別の支障を生ぜしめない程度のものは含まれないと解するのが相当である。本件においては会社の許諾なしに、他社の取締役に就任することは、たとえ当時他社の経営に直接関与していなかったとしても、なお企業秩序をみだし、またはみだすおそれが大である(橋元運輸事件　名古屋地裁昭和47年4月28日)。

② 就業規則に反し、会社の承諾を得ずに兼業したことを理由とする解雇

労働者は、労働契約により1日のうち一定の限られた時間のみ労務に服するのを原則とし、就業時間外は本来労働者の自由な時間であることからして、就業規則で兼業を全面的に禁止することは、特別な場合を除き、合理性を欠く。しかしながら、労働者がその自由なる時間を精神的肉体的疲労回復のため適度な休養に用いることは次の労働日における誠実な労務提供の為の基礎的条件をなすものであるから、使用者をしても労働者の自由な時間の利用について関心を持たざるをえない。また、兼業の内容によっては企業の経営秩序を害し、または企業の対外的信用、対面が傷つけられる場合もありうる。したがって、従業員の兼業の許否について、労務提供上の支障や企業秩序への影響等を考慮した上での会社の承諾にかからしめる旨の規定を就業規則に定めることは不当とは言いがたい。労働者の兼業の職務内容は、使用者の就業時間とは重複していないとはいえ毎日に及ぶものであって、単なる余暇利用のアルバイトの域を越えるものである。したがって、兼業が使用者への労務の誠実な提供に何らかの支障を来す蓋然性が高いと見るのが社会一般の通念であり、事前に使用者の承諾が得られるとは限らないことから、本件労働

者の無断二重就職行為は不問に付して然るべきものとは認められない(小川建設事件　東京地裁昭和57年11月19日)。
③　就業規則の兼業禁止規定違反を理由とする懲戒解雇

労働者は、勤務時間外においては、本来使用者の支配を離れ自由なはずであるが、勤務時間外の事柄であっても、それが勤務時間中の労務の提供に影響を及ぼすものである限りにおいて、一定限度の規制を受けることはやむをえないと考えられる。これを兼業の禁止についてみるに、労働者が就業時間外において適度な休養をとることは誠実な労務の提供のための基礎的条件であり、また、兼業の内容によっては使用者の経営秩序を害することもありうるから、使用者として労働者の兼業につき関心を持つことは正当視されるべきであり、労働者の兼業を使用者の許可ないし承認にかからせることも一般的には許される。本件兼業については、その勤務時間は場合によっては会社の就業時間と重複するおそれもあり、時に深夜にも及ぶもので、たとえアルバイトであったとしても、余暇利用のそれとは異なり、誠実な労務の提供に支障を来す蓋然性は極めて高い。したがって、仮に就業規則の定めがいわゆるアルバイトを含めて一切の兼業を禁止するものとは解し得ないとしても、本件兼業は就業規則の禁止する兼業に該当する　(日通名古屋製鉄作業所事件　名古屋地裁平成3年7月22日)。

4　複数就業者に対する社会・労働保険の適用

(1) 労災保険

労災保険は、複数の事業所において働く場合には、それぞれの事業所で適用されます。

また、複数就業者の事業所間の移動、すなわち、甲事業所から乙事業所への移動については、通勤災害の対象となり、この場合の保険関係の取扱

いは、乙事業所の保険関係で処理されます。

なお、就業規則などで兼業禁止規定が設けられている場合に、これに違反して複数就業する場合にも、甲事業所から乙事業所に移動している間に災害に被災した場合には、通勤災害の対象となります。

(2) 雇用保険

雇用保険については、同時に2つ以上の雇用関係にある場合には、その者が生計を維持するのに必要な主たる賃金を受ける1つの雇用関係についてのみ被保険者となります(行政手引)。

なお、1週間の所定労働時間が20時間以上で、1年以上雇用されることが見込まれる場合という要件をいずれの事業所でも満たさない場合には、いずれの事業所でも被保険者になりません。

(3) 社会保険(健康保険・厚生年金保険)

社会保険については、1人が複数の事業所について加入することはできませんので、複数の事業所で加入資格がある場合には、いずれかの事業所を選択して、その旨を所定の様式により社会保険事務所などに届け出ます。この場合には、被保険者が複数の事業所で受け取る賃金を合算した報酬額に基づいて標準報酬額が決定され、これに基づきそれぞれの事業所が支払うべき保険料が決定されます(健康保険法施行令第47条、厚年保険法施行令第4条第1項～第3項)。

一方、複数の事業所のいずれにおいても社会保険の加入要件に該当しない場合には、いずれの事業所でも被保険者となりません。

終章

非正規雇用の問題の所在と展望

1 1950年代の非正規社員問題は「本工・臨時工・社外工」問題から
2 パート市場の拡大と特徴
3 新たな「社外工」である「派遣市場」の形成と拡大
4 その他の雇用・就業形態
5 非正規社員市場の拡大と変化
6 非正規社員の「労働市場改革試論」―展望にかえて―

はじめに

　日本は1945年第二次世界大戦を敗戦で迎え、産業の壊滅的打撃を受けたことによる社会的経済的混乱を経て、経済が復調し始めたのは1950年代に入ってからのことです。

　この時期には、産業界では財閥の解体や財界首脳の追放による大幅な若返り交替があった上に、戦前の日本の企業内に形成・定着し、従業員掌握のための人事労務管理手法であった職員対工員（ホワイトカラー対ブルーカラー）の身分上・処遇上の階層別差別が急速に解消してきました。これは戦後急進撃してきた労働組合の「解雇反対運動」とともに進められた「職工員身分差別撤廃闘争」が物資欠乏に発した悪性インフレーションによって弾みがついて加速され、職工員間の「身分差別」は賃金・労働諸条件格差の縮小を伴いつつ解消に向かったのです。これは、具体的には、工員層の常用工化つまり本工化として進み、給与も日給月給もしくは日給制から月給制へ転換するとともに新たに賞与が一時金として支給され始めただけではなく、永年勤続への報奨としての退職金制度の導入・普及などとして進み、戦前の職員層の雇用慣行であった「雇用契約期限の定めのない」長期安定的雇用慣行が工員層のブルーカラーにまで普及しはじめてきました。

　こうした戦後の経済的激動期に形成されてきた長期安定的雇用システムを法制度の上でも追認したのが戦後占領体制下に制定された労働基準法（戦前の「工場法」と「商店法」を合体して全雇用労働者へ適用）、労働組合法、労使関係調整法、職業安定法、失業保険法などのいわゆる「労働解放立法」です。このようにして、1950年代以降、本工・正社員制度が日本の雇用労働者の基幹労働力群として形成され、法的保護を受けて普及・定着してきました。

　こうした戦後労働法制の立法化の経緯に示されますように、「雇用契約期限の定めのない」長期安定的雇用を基準に据えたことで、これ以外の雇

用就業形態の法制度上の取扱いが問題として残されることとなりました。戦前の日本の大企業内の職場の労働者の諸階層のうち職員と工員の身分差別と処遇格差は解消に向かいましたが、これより下層の日雇人夫など人夫供給業や人入れ稼業などといわれる労働者供給事業は、厳しく制限もしくは禁止されることとなりました。これが職業安定法第44条「労働者供給事業」は労働組合が行うもののほかは禁止する規制です。

また職業安定法施行規則では労働者供給事業と請負事業との区分規準を設け「請負」事業の規準を厳しく定めて規制する措置がとられました。この規定との関連で、後に問題となったのが製造業（造船、鉄鋼業など）の「社外工」制度です。1980年代の労働者派遣制度も同じ系統の問題であり、労働者派遣法の制定（1985年、施行は86年）で体系立てられることとなりました。

後に登場する「雇用契約期限の定めのある」雇用として「臨時工」「季節工」「期間工」「パートタイマー」などの雇用形態についてはとくに規制は設けられず、短期間の雇用契約の更新ということで対処されてきていました。これを法制度で規制したのが「パートタイム労働法」（1993年）です。

また、日雇労働は建設労働（型枠大工、鉄筋、とび、土工、左官）や港湾労働（仲仕、沖仲仕）での典型的雇用形態ですが、日雇労働対策として措置されるのは1960年代以降のことです。港湾日雇については1965年の港湾労働法によって不就労日への手当（アブレ手当）の支給が6大港に適用されて始まり、建設日雇については労災事故の責任を元請企業（通称ゼネコン）が負う（元請責任）ことと、1975年の建設雇用改善法でゆるやかな規制が措置されるにとどまりました。

なお、失業保険法（後の雇用保険法）の改正（1956年）で日雇失業保険制度が設けられ、不就業日への失業手当が給付されるように措置されています。

ところで日雇労働対策ではありませんが、第2次世界大戦後の経済的混乱期に大量発生した失業対策として緊急失業対策法（1949年）がありま

す。これは政府が自ら事業を行って失業者へ仕事の機会を提供する方式で、失業者で公共職業安定所に登録して失業対策手帳を持っている「登録日雇労働者」へ仕事を日雇形態で提供する方式です。

　この緊急失業対策制度は、昭和30年代にはエネルギー革命によって斜陽化した石炭産業から排出された大量の離職者や日米安全保障条約によって縮小された米軍の軍事基地よりの離職者対策としても活用されました。これに関する特別立法が「炭鉱離職者臨時措置法」(1959年)と「駐留軍離職者臨時措置法」(1958年)です。

　これ以外にも雇用対策に関して特別法で対処されたものとして「家内労働法」があり、家内労働者(いわゆる居職人)と家庭内職者への加工賃規制が行われています。これは今日ではテレワーカーの問題となります。また年齢別の特別措置法として「中高年雇用促進特別措置法」(1971年)後の「高年齢者雇用安定法」と「若年雇用対策」があります。高齢者対策としては定年延長、定年後の継続雇用対策があり、若年対策では若者の「自立・挑戦プラン」(2005年後の「再チャレンジ支援総合プラン」2008年)として公費による各種の援助措置が実施されています。

　以下、戦後の経済・社会の歴史的変化に通して多様な雇用就業形態がどのように変動し、そこにはいかなる政策課題があるかについて簡単にスケッチすることとします。

1　1950年代の非正規社員問題は「本工・臨時工・社外工」問題から

　1940年代末以降50年代に入って、財界人は日本経済の将来展望を自信をもって描けないこともあり、長期安定的雇用の本工・正社員の採用は、少数の中学卒養成工(将来の現場の熟練基幹工)の採用に抑制され、景気変動などに弾力的に対応するための雇用形態として雇用契約期限の定めのあるフルタイムの「臨時工」の採用が進み始めました。また、日中戦争

1950年代の非正規社員問題は「本工・臨時工・社外工」問題から

以降第二次世界大戦中に増えはじめてきた部品加工の下請制と造船業や鉄鋼業などでは工場構内の労務作業請負会社に雇用されて構内作業に従事する「社外工制度」の活用が復活し、下請制下の中小零細企業労働者とともに社外工が急速に増加しはじめてきました。これらの臨時工、社外工はいずれも雇用が不安定ばかりか雇用関係が明確でない上に、低賃金労働で、都市及び農村に大量蓄積されていた過剰労働力から供給されました。

こうして1950年代の半ば頃から「本工・臨時工・社外工」という雇用形態別の賃金・労働条件格差が重大な社会問題となりましたが、この社会問題は、次の方向で解決し、解消していきました。

まず、初めに解消に向かったのが社外工制度ですが、1952年の職業安定法施行規則の一部改正によって、企画または専門的経験を有していれば、機械・設備を所有していなくても「請負」とみなすと改正されて、請負の条件が緩和され合法化されたことと、大量生産技術の普及による部品生産や請負の業務が需要の急増を伴いつつ分業化が進んだことなどによって、構内請負業である社外会社は、自立した企業経営として成長してきました。今日では新鋭製鉄工場での生産の半数を占めるまでに社外会社は大中規模化してきています。これによって鉄鋼・造船業での社外工問題は事実上解決しました。

また大量生産方式による部品の規格化・標準化が進んだことから、部品下請業も親会社への従属性が弱まりながら資本蓄積を進め、自立的経営へと脱皮した「中堅企業」へと成長し、生産性の上昇をみながら賃金、労働条件の改善が進んできました。

他方では、「臨時工」問題は、1960年代に入ってからは、大量生産方式をとり大規模生産産業に成長してきた大企業では、本工・正社員の大量採用に踏み切り、この雇用労働需要の急増に労働供給が対応できない状況となったことから「臨時工の本工化」が急速に進み始め、高度経済成長期の1960年代の後半には臨時工問題はほぼ解決しました。これを促進した

のは、本工は工業高校卒、臨時工は普通高校卒というように同一学歴のものが本工・臨時工として混在し、同一職場ではほぼ同一労働に従事していたこと、また企業別労働組合が「臨時工の本工化問題」に重大な関心を寄せ、この運動を進めたことも影響しています。

このようにみてきますと、経済の先行きが不安的な状況では、雇用の柔軟化・弾力化と総額人件費の抑制のために低賃金労働である多様な雇用形態の活用が進みますが、産業人が経営の将来について強気の自信が湧き、経済が安定成長軌道に乗って雇用労働需要が増大しはじめ、労働力不足経済へ転換するとともに長期安定的な雇用である本工・正社員という雇用形態へ収斂する傾向がみられるといえます。

こうして「長期安定的雇用システム」が支配的な雇用慣行として幅広く形成・定着しはじめましたが、1970年代の前半に起きた石油危機と外国為替の変動相場制への移行により経済が不安定化するとともに、本工・正社員以外の低賃金労働の活用形態として新たな雇用形態が生みだされはじめてきました。ここに新たな低賃金労働者として登場した雇用形態が、パートタイム労働と派遣労働です。これが加速されたのが、1990年代の長期不況過程で吹き荒れた「リストラ」の嵐で、今日ではパートや派遣などの非正社員は1,800万人を超え、正社員は減少に転換するという状況になったのです。

2 パート市場の拡大と特徴

パートタイム労働は、「臨時工」のカテゴリーに入るもので、初めは高度経済成長期に新規学卒者が大企業に買占め独占して採用されたために若年・青年層の採用難に見舞われた小零細経営の典型とされる町工場で登場しました。この供給源は家庭内職に従事し低工賃で働いていた下町の主婦労働力ですが、内職仕事が機械化により減少したことと、内職仕事が、低工賃で働く内職者を求めて大都市から地方へ、さらには海外へ移転し

たことなどからも減少したことで、1960年代の半ばに起きた不況を転機にして大都市の下町で内職失業者が大量発生しました。この内職仕事は、製造工程業務の一部分の加工作業を分担していたために、家庭内職者は、町工場のプレス加工や研磨加工などの作業に適応力が高かったのです。そのためもあって、町工場のパートタイム労働者として進んで参入したといえます。

しかし、町工場でのパートタイム労働は、呼称とは異なり長時間のフルタイム労働が通常でした。そこで私どもは、本来の用語の短時間労働であるパートタイマーとは区別して「擬似的パートタイマー」と呼ぶことにしました。彼女らは、家庭での内職仕事では家事労働に従事することは容易であったことが影響して、残業を好まず、日曜・祭日出勤も家族と過ごすために忌避して平常曜日の就労を選好し、常用正社員とは違って、労働給付を測定しやすい時間給で働き、賞与、退職手当の支給はなく、労災保険以外の労働・社会保険の適用もないのが常態となりました。

短時間パートタイマーはサービス経済化で激増

これに対して短時間の典型的なパートタイム労働への需要が本格的に増加し始めたのは、スーパーマーケット、コンビニエンスストア、などの大型小売店舗が流通革新の波に乗って登場してからのことです。小売業は、製造業の「モノ対ヒト」の関係ではなく「モノを媒介したヒト対ヒト」の関係ですので、1日のうちでも午前中よりも午後から夕方の時間帯に、平常曜日よりも土日曜・祭日のほうが客足が増えるなど業務の繁閑が激しく、しかもこれが短時日で起きます。そのために業務の繁忙のピーク時の要員として短時間のパートタイム労働形態が活用されはじめたわけです。

このようなことから、日本ではパートタイマーの比率が高かったのは、1970年代末までは中小零細の製造業の擬似的パートでしたが、80年代に入り、スーパーやコンビニが小売業界を席巻するにつれ、流通業界はもちろんのこと「ヒト対ヒト」の関係で成立するサービス業界でも急増してきました。さら

に1990年代に入ってからは、デパート、スーパー、コンビニなどの営業開店時間が延長されたことからなおのことパートタイマーの雇用が急増し、この短時間パートは1990年代初頭の約650万人から21世紀初頭の10年間に倍増し、1350万人に達し、雇用労働者の4人に1人まで増加してきました。流通産業やサービス産業で働くパートタイマーへは、家庭の主婦を供給源とする女子が進んで参入し、パートタイマーの中で80%を占めるまでになっています。

パートの就労意識と行動の特徴

これらの主婦労働力は、勤務時間は午前9時から午後4時の1日6時間の短時間の勤務を選好し、土日曜・祭日以外の平常曜日の勤務を希望するものが支配的タイプです。しかもパート収入を生活必需品の購入など緊急必要度の高い家計支出に充当するよりも、子どもの教育費（塾や家庭教師など）や化粧品、交際費などに充てようとしてパート市場へ参入しています。そのために、配偶者（夫）の扶養家族としての税制上の配偶者控除、年金の第3号被保険者、配偶者手当などの特典を失わない程度に就業するものが多い。これが非課税限度額103万円以下で自ら雇用調整して退職するパートタイマーで、パートタイマーの40%以上も占めています。

彼女らの典型的タイプは、独身時代に雇用労働の経験を持ち、結婚・出産を機に退社し、子育てから解放された30歳代に入ってから雇用労働へ再参入するタイプで、配偶者は、所得五分位階層で第二分位と三分位の中所得層のホワイトカラーのサラリーマンが多い。フルタイムの擬似的パートタイマーの出自は、第一分位の低所得層の配偶者でブルーカラーのサラリーマンが多く、前者のタイプと異なります。

以上のことから言えますことは、典型的タイプの短時間パートタイマーの年所得は非課税限度額の103万円未満（配偶者特別控除38万円を加算した141万円）で働き、これを超えると自ら雇用調整して退社するものが40%以上も占めています。このように、この短時間パートの最高労働供給価

格は年所得103万円の低賃金労働者なのです。また彼女らは、社会保険の未適用者（130万円以上に適用）ですから、雇用主にとっては社会保険料の負担を免れ、総額人件費の抑制に役立つため、正社員をパートタイマーに入れ替える誘惑になおのことかられることから、なかにはパート比率が80％を超えるディスカウントショップも現れはじめています。

ところで、この短時間パートも雇用契約期限の定めのある労働者ですが、毎年、雇用契約が自動更新され、常用化しつつあり、長期勤続化傾向です。こうして仕事の経験を積んで、「熟練パート」化し、常用の正社員と同一労働に従事するパートタイマーが増え基幹労働力化してきました。常用とパートの差は1日の労働時間の長短の差だけになりつつあります。

こうした状況下でパート向けの労働・雇用対策を立案して実施する必要性を行政としても認めはじめ最初は「パートタイム労働対策要綱」を1984年に定めて雇入れ通知書の交付、パート向け就業規則の整備、パートへの年次有給休暇の付与などが提起されました。その後、労働省婦人局に「今後のパートタイム労働対策の在り方」に関する研究会（座長・高梨昌）報告が提出（1987年10月）されてから、パート対策の立法化へ向けてやっと動き出し、1992年のパートタイム労働問題に関する研究会（座長・高梨昌）の答申を受けてパートタイム労働法（「短時間労働者の雇用管理の改善に関する法律」）が1993年6月に成立する運びとなりました。こうした経緯をたどってパート労働法が成立しましたが、パート労働対策を実効あるものとするのは、容易ではない政策対象であることを指摘しないわけにはいきません。たとえば同一労働同一賃金の適用、年次有給休暇の付与、雇用契約期限と雇い止め、昇進・昇格など課題は山積しています。

3　新たな「社外工」である「派遣市場」の形成と拡大

次に派遣労働ですが、これは1950年代に鉄鋼や造船などの製造業の現場作業で活用された社外工とは違ってオフィスの事務・管理部門の業務

で活用される新たなタイプの社外工です。1985年に成立した「労働者派遣法」（施行1986年）の立法化の具体的構想は、私（高梨）が審議会で問題提起をして、それまで反対であった労使の賛成を待つなど、大変難産の末に立法化されたものです。そのため派遣を「自ら雇用する労働者を他人の指揮命令下で働かせる事業」と定義し、雇用主と使用主とを分けた雇用関係として、「労働者供給事業」とは区別することによって労働者派遣法は独自の特別法として立法化できました。通常の雇用関係は雇用主が労働者を雇い指揮監督して働かせ、その対価として賃金を労働者に直接支払うのが基本原則ですが、派遣はこの例外的な特別措置として立法化されたものです。

　したがって、派遣つまり間接雇用を行える業務については厳しく制限する規則を設ける必要があると提言しました。派遣法では、派遣社員と常用の正社員との競合を線引きするために専門的知識・技術を必要とする専門職もしくは準専門職のみ派遣を認め、内部昇進制による常用正社員の内部労働市場と棲み分ける「ポジティブリスト方式」を採用することとして、良好な派遣市場を形成することによって、派遣社員の高賃金・高条件の実現を目指すものとして労働者派遣法の立法化に努力しました。

　こうしたこともあって、派遣には派遣会社と常用雇用契約を締結し、派遣先で働く形態（常用雇用型派遣、労働者派遣法では特定労働者派遣事業）と派遣会社に予め登録し、派遣に当たって派遣会社と雇用契約を締結して派遣先で短期間働く形態（登録型派遣、労働者派遣法では一般労働者派遣事業）との二つのタイプに分けて事業規制に違いを設けました。前者の常用型派遣については、それほど雇用が不規則・不安定とはならないとみなして、「届出制」をとり届け出れば足りますが、後者の「登録型派遣」は雇用が中断し、不安定になりがちで、禁止されている「労働者供給事業」に踏み込み易いことから「許可制」をとり、事業には厳しい規制が課せられることとしました。

　ところが、私が中央職業安定審議会会長の職を退き、その上位の雇用

審議会会長の職に就いた1995年以降になりますと、1999年に派遣法は大幅改正され派遣業務を限定しない方式（ネガティブリスト方式）が新たに導入され、港湾・建設・警備業務は労働者派遣法で、物の製造と医療関係業務は政令で除外され、これ以外は全面的に開放されることとなりました。これは営利職業紹介事業に関するILO第96号条約を全面改正し、派遣システムを取り入れたILO第181号条約に政労使三者が賛成したこともありますが、派遣業とは「テンポラリー・ワーク・エイジェンシー」と欧米では称されているように、一時的臨時的業務を派遣で充足する際のシステムを規制するルールとしてILO第181号条約への大幅改正が行われたことから、この第181号条約の批准のためにはネガティブリスト方式を導入することが避けられなくなったことが強く影響しています。なお、このネガティブリスト方式で開放された業務については、改正当初は派遣期間は1年を限度とし、この延長を認めず（ポジティブリストの派遣業務は3年が限度）、これを超える場合には派遣先に雇用を義務づけて区別することで施行されることとなりました。

　さらに、2004年の改正では、ネガティブリスト対象の業務は派遣期間制限が1年から3年に延長されるとともに、ポジティブリスト対象の業務については派遣期間制限は撤廃されました。また製造工程業務が対象業務に追加されましたが、これは施行後3年間は派遣期間1ヵ年と制限を課することとされていました。また派遣社員を受け入れるか否かについては労働者派遣法では派遣先の労働組合との協議が経営に義務づけられるという条文が盛り込まれました。

「偽装請負」問題の所在

　ところで、日本の労働者派遣法の立法化に苦闘を強いられながらも努力してきた私にとってみますと、労働者派遣事業の現状は全く憂うべき状態で、派遣法の存在は事実上無視され、"人入れ稼業"の手配師と異ならない業者が大手を振ってのさばりはじめています。たとえば製造工程業務や

労働者派遣法で認められていない建設現場や港湾労働に「請負」と称して、つまり「請負」を偽装して労働者派遣事業や労働者供給事業を行う法令違反の事業活動が目立ちます。とりわけ、製造業の中でも日本の貿易財産業の中核を占める自動車、電気機器、精密機器などの総合的組立産業のわが国を代表するビッグビジネスの製造ラインやこの部品下請企業で幅広く活動し、中南米の日系移民の帰国定住者やフリーターなどがこの偽装請負業者に雇用されて労働に従事しています。「社外工」問題の再燃です。

これらの業務は、「請負と派遣の区分基準」(1986年告示第37号)にも抵触し、また単純業務は請負とは法的に認められていないにもかかわらず「請負」を偽装して工場構内作業に発注先の労働者の指揮監督を受けて仕事に従事しています。倉庫や荷物の仕訳けや運搬と引越し荷物の積み下し作業などでは日雇労働形態の「1日契約社員」「1日軽作業請負」「スポット派遣」などと称される「労働者供給事業」に限りなく近い「日雇派遣」が目立った存在となり、かなりの収益をあげ、なかには株式上場企業も生まれています。

こうした違法行為が目立つ上に請負会社への発注を、製造現場の資材・部品の購買課が行い、人事・労務部門が関与していないことも指摘しないわけにはいきません。こうしてヒトをモノと同一に取り扱い、部品・資材と同様にヒトにもジャストインタイム(カンバン方式)を適用し、偽装請負形態が生産の効率性の追求の手段として活用されています。

いうまでもありませんが、ヒトはモノとは違って血の通う生身の人間ですから、これを無視して労働者をモノと同様に使い捨てにしては、労働意欲も湧かず労働への責任感も強まるはずはなく、不良品の発生など企業効率をかえって損うこととなることは疑い入れません。しかもこうしたヒトの使い方では人材は育たず、総体としての労働力の生産・再生産は進みませんので、労働力供給は涸渇しかねません。まさに「合成の誤謬」の典型的な発現形態といえましょう。

こうした違法行為が不況過程で失業率が高まるにつれ、なおのこと加速

されたのですが、各種の事業規制を撤廃して自由開放しなければ、経済活動は活発化せず景気は回復しないと強弁する市場原理主義者が権力を掌握したこともあって、法治国家であるにもかかわらず法律を遵守しない経営が大手を振って登場しはじめているといわざるを得ません。財界の法令遵守（コンプライアンス）が大きく問われているわけです。

　周知のように派遣業界は、労働者派遣法の成立によって健全に発展してきたのですが、労働者派遣法や関連法令への違反を犯す事業者が活動することは、派遣事業の社会的信用をおとしめるものとして甚だ遺憾の極みといわなければなりません。

　なおこの問題は、製造工程業務を労働者派遣法の規制対象とする改正案が2004年の労働者派遣法の一部改正で決められ、事実上の労働者供給事業であるにもかかわらず放任されてきた「偽装請負」事業形態を派遣に切り替えて解決を図る道は開けたかにみえました。しかし、製造工程業務への派遣の適用が余りに遅れ過ぎたこともあって、この長期不況過程でリストラと称する正社員と総額人件費の削減の有力な手段として偽装請負が定着してしまったこともあって、派遣への切り替えは進んでいません。これには製造工程業務は2007年までは派遣期間が1ヵ年に制限されていることもありますが、事情はそれだけではありません。

　こうした偽装請負の低賃金・不安定雇用でも雇用機会を得ようとするフリーターの200万人を超える供給が続いていること、また請負の場合でも、労働・社会保険への適用を逃れる業者が多いことがあります。偽装請負形態の解消は容易ではありませんが、基本は「請負」と「派遣」と「紹介」の定義づけを具体的かつ実行可能な様に定め、これにしたがって事業経営を立て、請負主と注文主、派遣元と派遣先、紹介者と紹介先の受注者双方が関連法令や規則に充分熟知して取引し、経営することこそが基本です。本書はこの課題に直接答えたものと自負しています。なお「個人請負」が一部の業種で普及してきていますが、ILOでは「雇用関係に関する勧告」（第95回総会決議）では「偽装雇用」とみなし、「直接雇用」に切り替えると

勧告していることを指摘しておきます。

4　その他の雇用・就業形態

テレワーカー、SOHOは新たなタイプの家内労働

　このようにして大量に増加してきたパートタイマーや派遣社員などの低賃金労働者に加えて近年目立って増加してきたのがテレワーカー、SOHOなどと称される新たなタイプの家庭内職者です。これらの家庭内労働者は伝統的な製造工程業務の一部の工程を担う家庭内職者とは異なり、オフィス労働の延長としてパソコンやファックスなど情報処理機器を使用して請負仕事をする点では異なりますが、個数もしくは出来高単価で測られる加工賃稼ぎである点では全く異なりません。ここでも低工賃や工賃不払いなどの問題が発生していることからも自明のことですが、伝統的な家庭内職者と同様に低所得、不安定就業という重大な社会問題が潜んでいます。

高齢者の雇用延長などによる契約社員・嘱託の増加

　日本でも人口減少に伴う少子高齢化社会を迎え、フリーター、ニートなど若年者の失業問題と並んで高齢者の雇用・就業問題が重要な社会問題となってきています。幸いなことに日本の高齢者は健康で労働意欲の高いものが多いことから、定年退職後再雇用・再就職希望者が多く、事実その希望は充分とはいわないまでも多くが充足されています。定年制年齢も60歳から徐々に65歳へ向かって進み始め、近い将来には70歳定年制時代の実現が期待されています。しかし、60歳台ともなると、労働の形態と内容は変化し、パート、嘱託、契約社員、有期雇用の臨時社員など、雇用・就業形態はますます多様化し、その処遇の内容も多種多様となります。これの行方を決めるのは老後生活の基礎収入源である公的年金の支給開始年齢の動向です。現在は基礎年金部分の支給開始年齢は2012年に65歳となり、報酬比例年金は2013年より60歳以上へ順次繰り延べ2025年に65歳

となるように法定されています。したがって2025年までには65歳定年制の実現と定着、また70歳までの雇用延長(再雇用もしくは再就職)の実現が期待されるところです。この実現に当たっては多様な雇用・就業形態が選択されることとなりましょう。「団塊の世代」に代表される高齢者の動向と「技能・技術の伝承」への経営の対応がこの行方を決める要の問題です。

5 非正規社員市場の拡大と変化

　以上みてきましたようにパートタイマーや派遣社員の非正規社員が1990年代に入ってから急増しはじめてきましたが、これは長期不況過程で賃金の低下もしくは小幅の上昇にとどまったため労働市場への家庭の主婦の参入が進みはじめたことと常用正社員の需要が減少し、より低賃金の労働力との入れ替えを強行する経営が急増したことの結果にほかなりません。これを加速したのが不況の深化・長期化による失業者や転職希望者など過剰労働力の大量発生です。さらには、各種規制の緩和・撤廃による過当競争の激化、これによる「価格破壊」などデフレーションの進行によって生産・サービスへの投入コストが回収できないなど企業収益は圧迫されつづけているために、なおのこと総額人件費の抑制策として低賃金労働力の活用へ需要がシフトしてきたわけです。

　ところが、ここ数年の景気回復基調のなかで、パートタイム労働市場がタイトになり、パートの供給不足からパートの賃金改善が進みはじめてきました。この潮流を加速させているのは、パートは短期的雇用契約の半ば自動更新で事実上「常用化」しつつあり、また長期間同一の仕事に継続就業してきたために「熟練パート」や「専門職パート」が育ちはじめ、パートと正社員とはほぼ同格の仕事に従事し、仕事への責任も同等となってきたことをあげることができます。この両者の違いは1日の労働時間の差(パートは午前9時〜午後4時の6時間勤務)だけになってきています。

　つまり、低賃金の使い捨てのパートの雇用では、パートは募集しても採用

できず、広告費の負担、有能なパートの退職、労働能率の向上は期待できない状態となってきています。

　こうしたパート市場の構造変動を反映してパートの労働組合への結集が進みはじめてきました。それは経営側が音頭をとったパートの正社員身分への切り替え、これを具体化するためのパートとのユニオンショップ協定の締結による企業別組合への加入促進など経営側のイニシアティブで進められはじめてきています。

　こうしたパートの正社員への身分切り替えは大手スーパーに始まりましたが、次第に量販店へも拡がり、さらには「1日軽作業請負」とか「日雇派遣」として「偽装請負」と批判を浴びている業界でも「個人加入」の労働組合が結成され、組合運動が進んできています。

　こうした労働組合運動の芽を育てるためには、一つは、同一企業に雇用されているすべての労働者と完全ユニオンショップ制を締結して組織の仲間に入れる運動を進めることです。こうしてパート等の正社員化も進むでしょうが、これを促進するためには、同一労働同一賃金の原則の具体的適用、これは同時に異種労働異種賃金（つまり異種労働者間の納得できる賃金格差）の具体的適用について円満に処理し解決する労使関係を形成することが重要です。

　また、こうして締結された賃金・労働諸条件を同一産業内へ波及させ平準化を図る運動や、法定最低賃金制の最賃額の引き上げの有力な算定基準を中央及び地方の最低賃金審議会の活動を通して実現を図る運動を進めることが重要です。さらには、これを日本経済の全体に波及させるための有力かつ効果的な労働組合運動として世界に誇る、産業別統一闘争を基軸とする"春闘"方式がありますが、これによる"春闘相場"の波及運動を強めることです。これは日本特有の交渉システムとして発達してきたものですが、これの復活が期待されています。

　最近の「格差社会」か否かも含めた格差社会論争では、格差是正のための労働組合による賃金・労働諸条件の「平準化」機能は全く軽視され、

労働組合の賃金闘争は、むしろ賃金を硬直化させると批判する労働経済学者がいますが、これは団体交渉権や労働協約締結権という労働基本権を否定するのは論外の見解といわなければなりません。

　ところで、最近の景気回復過程で一部の大企業では好況のためもあって、賃金改善が進んできましたが、これは他の中小企業労働者の改善へは波及していません。俗に言う「トリクルダウン」（雫が漏る）は起きていないということです。トリクルダウンを促進するための有力な手段が労働組合の団体交渉機能であることはいうまでもないことなのですが、労働ビッグバン提唱者達の中には労働組合運動を敵視し、労使関係についての基本理論も理念も全く無視している論者が目立ちます。彼等は自由市場原理をもっと発揮できるよう規制を緩和・撤廃しなければ「トリクルダウン」は起きないという、いわば架空の論理に立って政策提言を繰り返すだけです。戦後日本で新憲法で高らかに謳いあげられて立法化された労働組合法や労使関係調整法など労働基本権の歴史的意義と内容を熟読吟味することを要請したいと思います。自由競争市場を唱える古典派経済学でも「団結禁止法」は非合法とされ、結社の自由・団体交渉・労働協約を合法的なものとして認めたのは19世紀初頭の200年も前の1924年のことです。

　以上累々叙述してきた様に戦後半世紀を過ぎ、日本の労働市場の構造にしろ、労働の態様にしろ、雇用・労使関係にしろ大きく変容してきました。こうした"労働の世界"が変容したにもかかわらず、労働法制の骨格は立法当初と殆ど変化せずに維持され、その都度、法の解釈を修正して適用するか、それでは対処しがたい場合には特別法を制定して処理してきました。その対処に当たって基軸となった発想は、工業部門の現場の基幹労働者の職場秩序で形成された「本工・正社員」が基本的モデルでした。これでは流通革命やサービス経済化に伴う産業構造の高度化にしても、事務・管理労働や技術開発労働などのホワイトカラー化を伴う職業構造の高度化にしても、またパート、派遣、契約社員など多様な雇用・就業形態の変動に充

分に対処することは困難です。現行法制を拡大解釈するなど、一種の膏薬張りで対処できる段階ではないと考えます。

　そこでこうした状況のもとで、現行法制の解釈・適用の補正、個別産業に関する特別法の立法化、各種の行政通達などによって現行法制の不備や綻びを繕って落ち度がないようにして行政執行しているのが実体であるといってよいでしょう。したがって、本工・正社員以外の非正規雇用形態で働く労働者にしても、これらの雇用主にしても、ここでの権利・義務関係は容易に理解しにくいことでしょう。こうしたことで、複雑多岐にわたる非正規雇用に関して、雇用主が遵守すべき責任と権利について、また非正規雇用で働く者達が主張できる権利と義務について、現行法制、行政通達、判例、具体的なケースを掲げて解題を施したのが本書の刊行の意図です。本書の活用を労使双方におおいに期待したいと思います。

6　非正規社員の「労働市場改革試論」─展望にかえて─

雇用政策から失業対策への先祖返り

　ところで、本書では、こうした日本の労働法制を全般的かつ包括的に再検討を加え、再構築する作業は必要かつ重要な政策研究の課題として指摘するにとどめることにせざるを得ませんが、次の点だけは指摘しておきます。

　わが国の雇用政策の発展にとっては、1974年の雇用保険法の制定が画期であり、それまでの失業保険法による失業者への失業保険金の支給と公共職業安定所の職業紹介による再就職の援助というセーフティネットを張る失業の事後的対策から、解雇を抑制し失業の発生を予防して雇用の継続と安定を図る「雇用政策」へと180度転換しました。これは医療の「治療から予防へ」と同様の転換であり、日本経済は石油危機による大量失業の発生は抑制され、スタグフレーション（不況下の物価高）に陥り長期不況に見舞われることなく、石油危機を乗り越え安定経済へ軟着陸するこ

とができました。

　これに最も大きく貢献したのが、雇用保険法の中の雇用安定諸事業でとくに「雇用調整助成金制度」です。これは企業が従業員を解雇せずに雇用を継続した場合に高額の人件費補助(大企業3分の1、中小企業3分の2)を行なう制度で、ピーク時には500億円支給され、90万人の失業の発生が抑制されたと高く評価されました。企業グループ内への配置転換や出向によって雇用の継続を図り、解雇を抑制するだけではなく、他の企業への出向にも適用されて大きな失業予防効果を発揮しました。また、「失業なき労働移動」ということで移籍を前提とする出向を支援する組織として「産業雇用安定センター」が産業界の要望もあって設置され、今日でも年間1万人弱がこの制度で転職して雇用を継続できています。

　ところが、世紀末の「失なわれた10年」に「雇用の世界」は大きく様変わりし、雇用の安定した長期雇用システムの動揺と解体が進み、これに対して雇用が不安定で低賃金の派遣やパートなど雇用の多様化が急速に進みはじめました。前にも指摘しましたように、これらの非正規社員は、今日では1,700万人を超えただけではなく、この中には年所得が200万円以下の働く貧しい人々、つまり「ワーキングプア」が1,000万人にも達するほどで、これが「格差社会」問題として重大かつ深刻な政治課題として浮かび上がってきました。

　こうした流れを加速し、助長したのが「構造改革なくして経済成長も景気回復もない」「構造改革には痛み(失業)が伴う」というスローガンを立てて政府が強行した各種の規制の緩和・撤廃で、雇用の面では、雇用・解雇を自由に行なえる「労働市場流動化政策」の推進です。これによって、雇用保険法制定前の失業者へのセーフティネットを張るだけの失業の事後的対策へと先祖がえりして、雇用対策より失業対策へと大きく後退してしまいました。

　労働市場流動化政策によって形成された雇用の多様化は、企業経営にとっては柔軟性に富んだ効率的な労働市場で、たとえ低賃金の不安定雇

用であっても、入職が容易であれば、失業して収入の途が断たれるよりましではないか、と雇用形態の多様化と雇用・解雇の容易かつ自由な市場をプラスに評価するのが、市場競争原理主義を信奉するエコノミスト達なのです。

　これと同種の意見は、タクシー業界の規制緩和によるタクシーの氾濫によって、業界の収益が大幅に下がり、タクシー運転手の賃金が半減したことから、業界の労使がタクシーの台数制限や参入規制を行なって業界の過当競争を抑制するために「経済逆特区」の申請をした際にも国会の中で同じことが論戦の中で発言されています。当時の小泉純一郎首相は、「タクシー業界への参入が自由となったので、タクシーの台数が増え、収入は半減したかもしれないが、失業者への雇用機会が提供できたというプラスがある」のではないかと著名な労働経済学者の著作を引用して答弁しています。

事実誤認によるミスリード

　「失なわれた10年」という長期不況期には、雇用の継続と安定を図り、失業の発生を抑制する多くの雇用政策が大きく後退させられてしまいました。それは大変残念で甚だ遺憾なことですが、独断と偏見に基づく事実誤認による診断によって強行されたものが目立ちます。

　例えば、不況期に解雇を抑制し、雇用の継続を図った「雇用調整助成金」（以下「雇調金」と略）制度は、給付の内容が大幅に縮小され、その結果、予算はピーク時の500億円から今日では年間10億円に大幅カットされてしまいました。これは給付の条件が変えられたことによるもので、不況業種を指定して、生産額、売上額が一定限度以上に減少した場合に給付することから、この業種指定を取り止め、個別企業ごとに判定することに変更されたことです。これでは個別企業の業績悪化が、不況の影響か企業経営上の失敗の結果か区別が困難となったためこの雇調金の受給は困難となりました。この雇調金制度への批判者達の「解雇を抑制するのは構造

転換の妨げとなる」という主張は見当違いというほかありません。この雇調金は、構造変動という中長期変動とは違って、景気変動という短期間の不況を前提にした6ヶ月～1ヶ年給付することを目的としており、事実もそうでしたが、これを全く無視した主張でした。しかし財政再建を強行する財務当局に格好な口実を与え、予算は大幅に減額されてしまいました。

　この雇調金制度は、今日のマネーゲームに走るヘッジファンドなど大量の投機資金の活動によって、原油、穀物、稀少金属などの高騰が商品先物取引市場で起きていますが、この影響を強く受ける産業では、大規模な雇用調整が起きかねません。この備えはなくてよいのか、問題です。

　いま一つ予算の大幅な削減をされたのが、「高年齢者雇用継続給付金」です。高齢者への定年延長や定年後の雇用の継続等が「高齢者雇用安定法」の基本政策を進めるために創られたのがこの給付金制度です。定年年齢到達後に再雇用された際に大幅に賃金が減額支給された場合には、その減額分の賃金補助を行なうのが、この高年齢者雇用継続給付金制度の目的で、当初は、再雇用時の賃金が3分の1減額された場合にはその2分の1を給付する条件でしたが、長期不況下にこの条件は賃金が25%減額された場合に賃金の15%を給付すると大幅に削減されてしまいました。

　この時も、「雇調金」の減額と同じく、一部の評論家や経済学者の独断と偏見に基づく事実誤認に基づく提言によって減額されてしまっています。

　この問題は、就職氷河期の新規卒業者の就職難を契機にして起きたことですが、これらの新卒者への正規社員の採用抑制は、専ら中高年層の雇用が既得権として守られているからで、この既得権を強める対策を廃止すれば新卒者へ正規社員の求人が振り向けられるはずだという事実誤認に基づく提言があります。これこそ政策論に未熟な労働経済学者が、「中高年雇用と若年雇用とのトレードオフ」があるとして華々しくマスコミに登場し、中高年雇用重視の政策から若年雇用重視の雇用政策へ転換を図るべきだと主張しました。

しかし、これも全くの事実誤認に基づく主張でしかありません。一つはこの不況下でも希望退職など事実上の強制解雇が中高年層を対象に強行され、40歳台の働き盛りの壮年層では1990年代の後半の5年間では就業者が80万人も減少していることです。二つは、この90年代後半の5年間にも、定年退職などで450万人を超える追加労働需要が発生していましたが、この需要は、正規社員ではなく専らパート、派遣、契約社員など非正規雇用によって充足されていたことです。三つは欧州でも若年雇用対策として、年金支給開始年齢を65歳から60歳に繰り上げて欠員を創り、これを若年雇用に振り向けることを実施しましたが、この効果は全くなかったという失敗の教訓を無視していることです。
　このように正確な事実認識と判断を欠き、政策論に無知な発言や主張が幅をきかせている今日のマスコミ界の状況は困ったもので、正確な情報と意見や主張を戦わせるチャンネルとなることを切に希望します。
　ところで、いうまでもありませんが、解雇不安がなく、雇用の継続が保障されていれば、賃金収入と生活の安定を期待できますから、仕事への意欲も責任感も愛社精神も強まります。他方、企業も安易な解雇を慎み、長期勤続を図る処遇をすれば、仕事の経験の積み重ねにより、人材が育ち、能率の向上にとどまらず技術開発による技術進歩を期待できるのではないでしょうか。
　俗に「終身雇用」と称される長期安定的雇用システムこそ、仕事への誇りと意欲を高め、チームワークを強めますから、「個人戦」ではなく、「団体戦」である企業競争力を人材の面で強めるのではないでしょうか。労働市場流動化政策を推進し、長期安定的雇用システムを解体して、雇用形態を多様化してパート派遣、契約社員など非正規雇用に大きく依存しても効果は全く逆で、構造転換は進まず、技術進歩も経済成長も期待できるはずはありません。しかも、これらの非正規社員は低賃金ですから個人消費は抑制され、今日まで長引く消費不況からの脱却は困難であるばかりか、労働・社会保険の未適用者が殆どですから社会保障制度の崩壊も避けられなくなる

でしょう。近年の企業不祥事などの法令違反が頻繁に発生しているのは、過当競争の結果でもありますが、これを経営内部で防止できず、内部告発で顕在化する不始末も、雇用不安の産物ではないでしょうか。

産業界では、パートや偽装請負労働者の正社員化や日雇派遣の自粛など不安定雇用への反省が起きはじめていますが、政府はこうした気運を促進する雇用継続安定政策への転換が急がれます。

これから早急に講ずべき課題

大筋の政策の流れは以上述べてきた通りですが、非正規社員の処遇の改善を図るために緊急に措置しなければならない対策について課題を提起しておきます。

まず**パート労働対策**ですが、2008年4月に改正パート労働法が施行され、労働条件の明示、均衡待遇と差別的取扱いの禁止、パートへの教育訓練の実施義務、福利厚生施設の利用、正規労働者への転換推進措置などが定められ、一歩前進しました。

これらの法改正を生かすため、1日6時間勤務の短時間パート(典型的パートタイマー)については、通勤圏外への異動や残業なしの雇用契約期限の定めのない「短時間正社員制度」を創り、定昇や昇格制、賞与や退職手当の支給など雇用身分の安定と処遇の改善を図ることが一案です。

次に**派遣社員対策**ですが、基本的方向としては、労働者派遣法の立法化当初の専門的知識と経験をもつ専門職のみに限定する「ポジティブリスト方式」の原点に立ち返ることです。1999年に「ネガティブリスト方式」で拡大された軽作業や不熟練業務は派遣を認めずに派遣先がパート、期間社員、契約社員などとして直接雇用するように変更することです。

なお、いわゆる軽作業の日雇対策は簡単ではありません。軽作業への請負や派遣を禁止しても、日雇労働への需要は禁止できませんので、こうした日雇労働市場での求人と求職をマッチングさせる問題、つまり日雇への職業紹介という厄介な問題は解決されません。港湾労働法や建設雇用改善

法にならって、倉庫内運搬や荷物の配送と積み下ろしなどの仕事を一括対象とする特別法の立法化による対処も一案です。これらの運搬作業は引越し運送に典型的に現れていますように一時的臨時的業務で、学生アルバイトに大きく依存してきた日雇労働分野でして、日雇職業紹介は、山谷や釜ヶ崎などで検証されていますようにあまり有効な成果はあがっていません。したがって、これらの労働分野についても運送業者の直接雇用に期待して「常用化」を図るほかないようです。なお、この常用化政策が世界各国の日雇労働対策の基本となっています。

　この問題と関連して大変解決困難なのは、「日雇派遣」の問題です。日雇派遣は、通訳など専門的業務でもみられますので、派遣期間制限を課して規制する案は採用できません。こうした問題点への配慮があって、事務処理関係の派遣業界の団体である日本人材派遣協会が「単純業務や軽作業への派遣を自粛する」という声明を新聞紙上に大きく掲載しましたが、こうした関係業界の自主的努力は、それなりに評価できますが、根本的解決にはなりません。前述したように労働者派遣法の立法化当初のポジティブリストの対象となった専門的知識・経験を必要とする業務に限定する方式に立ち返ることです。そうすれば単純業務の軽作業は規制できます。但し、前述したように、これでも日雇労働市場対策の改善は別途の課題として残されます。

　また派遣には「偽装請負」の問題があります。これへの対策は、法令遵守はもちろんのことですが、「請負と派遣との区分基準」を見直すとともに「請負」の規定を改正することが必要と考えます。職業安定法施行規則に従ったこの「区分基準」では「請負」は1952年の改正で「自ら行なう企画若しくは専門的な技術若しくは専門的な経験を必要とする作業」とし請負の規定を緩め「社外工制度」を合法化しましたが、この条項のみ削除し、「自ら提供する機械、設備、器材（業務上必要なる簡易な工具を除く。）若しくはその作業に必要な材料、資材を使用し又は専門的な技術を必要とする作業を行うものであって、単に肉体的な労働力提供するものではないこと」

のみ請負と認めていた1952年改正前の条項に戻すことが一案です。これによって、工場と機械・設備を所有して労働者を雇用して指揮監督し、部品や完成部品の賃加工を行なう下請中小企業との競争条件の均衡が成立し、取引の公平性が確保できるのではないでしょうか。

ところで、派遣やパートなど非正規社員の雇用と労働につきましては、個別的対策による改善策も必要ですが、今日の「労働市場流動化政策」を改め、可能な限り解雇を抑制し、雇用の継続を図り、失業の発生を予防する「雇用政策」を再建することが急がれます。少子高齢化が急速に進み、人口減少社会に入ってきた日本経済の行方は、「長期安定的雇用システム」の再構築のいかんに関わっています。この社会は、労働力不足経済ではなく、労働需給のミスマッチの拡大など、雇用情勢が厳しくなる社会です。

人口減少社会での雇用問題については拙著『構想　完全雇用政策の再構築－労働ビッグバンを問う』で述べましたので詳しくはそれをご参照いただくとして、「長期安定的雇用システム」を基軸に据えることについては、次の批判があることについては回答を与えておく必要があります。

その批判は、解雇を抑制し、長期安定的雇用の労働者の保護を既得権として守護すればするほど、パート、派遣など雇用の不安定な非正規雇用を増やすから長期的安定的雇用システムを支配的雇用形態とすることは望ましくないという批判です。なるほど国民経済にしろ世界経済の発展にとっては、追加労働需要の増加に対応した追加労働供給が不断になされることが必要であることは否定しません。この点については、古典派経済学者であるK.マルクスの相対的過剰人口論つまり「産業予備軍論」として展開されたことですが、P.M.スウィージー『資本主義発展の理論』でも提起されていたことです。また完全雇用政策の理論モデルを提起したJ.M.ケインズやW.H.ベヴァリッジによるイギリス社会保障制度の在り方の提言（ベヴァリッジ報告、1942年）でも完全失業や不完全就業形態で3～4%の予備軍が必要であると提言されています。

この予備軍には、それなりの政府による保障が必要で、それは失業保険

による生活援助、失業中の教育訓練、再就職への手厚い援助などの公共政策が必要であり、再就職先は正規雇用が望ましく、不完全就業形態の継続は、"貧困の悪循環"として望ましくないと指摘されています。こうした予備軍は、日本の雇用労働者の3〜4％とすれば200万人〜300万人に当り、これに比べますと今日のワーキングプア1000万人は異常な多さというほかありません。数学の過剰利用による方程式による解は、相関関係は示せても因果関係は説けない。数学的厚化粧をした経済学の分析には限界があることを指摘しておきます。ヒトの経済的社会的行動を一つ二つと数字で数えることの虚しさは御免こうむりたい。

執筆を終えて

1 正規社員と非正規社員

　非正規社員の数が1800万人を超え、その割合も35％を超えています。そうなると、これまでは普通の働き方と考えられ、法律上も「通常の労働者」と規定されている正規社員も、実は普通の働き方ではなく、多様な雇用形態の1つに過ぎないことになるのではないでしょうか。

　例えば、ワークライフ・バランスという視点に立てば、正規社員はワークにより比重を置いた働き方であるのに対し、パートタイマーは1日や1週間という単位で、また、期間社員などはもっと長期的な期間でライフにより比重を置いた働き方ということになります。

　ただし、両者の間には、労働時間の長さや所得などに違いがあるのは事実です。

(1) 正規社員の過労死・過労自殺問題

　例えば、労働時間の長さについては、最近では、長時間労働の者と短時間労働の者が増加し、二極分化が進んでいます。

　長時間労働の者が増加していることも反映してか、近年、過労死や過労自殺が多発しており、例えば、平成19年度には、過労死で142名、過労自殺で81名が労災認定を受けていて、民事賠償を含め裁判も急増しています。過労死や過労自殺は、その多くが正規社員です。このため、正規社員に関しては、働き過ぎとそのことによって睡眠不足となるなどによる心身の健康障害が課題となっています。そして、その周辺では、サービス残業や、社内での小集団活動などの労働時間に関する取扱い、管理職、事業場外労働、裁量労働など労働時間規制の対象者に該当するか否かなどが問題となっています。

　例えば、裁判においては小集団活動も業務であるという判断が示されているものもあります。また、新たに労働時間規制の対象外としてホワイトカラ

ー・エグゼンプションの法制化問題もありましたが、実際には小規模な店長など権限のない「名ばかり管理職」が労働時間規制を受けないものとして取り扱われている実態が明らかになり、会社の人件費節約の姿勢もあって、管理職など労働時間規制の対象外の正規社員が長時間労働を余儀なくされている姿も浮き彫りになっています。

(2) 正規社員と非正規社員の所得の格差
　一方、正規社員と非正規社員では所得面で格差があります。そして、所得の低さから非正規社員をワーキング・プアと結びつける見方も有力です。しかし、それは、正規社員の所得を基準として非正規社員の所得が低いと考えるのか、非正規社員の所得を基準として正規社員の所得が高いと考えるのかで、違ってきます。正規社員の所得は、1人で家族全部を養うという設計になっており、その人件費負担を会社が行うには、それに見合った生産性が必要となりますが、労働の質でカバーできない場合には量でカバーするしかなく、それが長時間労働につながっている一面があることは否定できません。一方、非正規社員の所得では、結婚もできないと言われていますが、それも1人が家族全部を養うという想定があるのではないでしょうか。もし、共稼ぎを前提とすれば、十分ではないにしろ、最低限の生計は立てられるのではないかとも思われます。
　また、格差問題が言われていますが、例えば、プロの野球選手の場合、大リーガーのイチロー選手は年俸が20億円を超えていますが、北陸などの独立リーグでは月給が15万円に過ぎません。これほどの格差が正規社員と非正規社員にある訳ではありません。

(3) 正規社員と非正規社員の働き方の選択
　本当は正規社員になりたいのになれなくて非正規社員になっているということも言われていますが、例えば、ある製紙会社では、どうやっても日本人の正規社員は確保できないので、外国人の派遣社員に依存せざるを得ないと言っています。介護にしても、施設では必要な人材が集まらないと大騒

ぎになっていて、インドネシア人などの介護労働力を受け入れています。

　このような人手不足の産業や地域を考えると、正規社員になりたいのになれなくて非正規社員になっているとも言い切れず、また、正規社員が本来の働き方だという考え方にも違和感があります。現に、あるメーカーでは、派遣社員に正規社員として雇用されてみないかと声を掛けても、半数くらいは正規社員みたいな責任の重い仕事に就くのを拒否しているとの声もあります。このようなことを考えれば、正規社員として働くのか、非正規社員として働くのかは選択の問題のように思えてきます。

(4) 非正規社員の増加と社会的な事件やワーキング・プアの問題

　さらに、最近の秋葉原大量殺傷事件やOL殺人事件などを引き起こしたのが派遣社員であったこともあり、社会的な事件の増加と結びつける見方も出ています。しかし、無差別の殺傷事件は地方を含めて頻発しており、このような事件と非正規社員の増加と結びつけるのには無理があります。

　小林多喜二の『蟹工船』が若者の間で読まれていることも、非正規社員の増加やそれに伴うワーキング・プアと関連付けられています。しかし、石川啄木が「はたらけど、はたらけど、猶わが生活楽にならざり、ぢっと手を見る」と読んだ如く、働けば豊かに暮らせるという時代は、人類の歴史では限られています。むしろ、その貧しさを克服するために、一人ひとりが工夫した働き方やそのために能力を高めるための環境整備が必要ではないかと思います。額面だけで言えば、日本の非正規社員の所得は、今でも中国や東南アジア諸国の正規社員の所得の何倍にも達しているのですから。

2　何をしなければならないか

　こういう状況の中で、何をしなければならないのでしょうか。

(1) 業者や業界の適正化

　1つは、業者や業界の適正化です。例えば、人材派遣業などの新しい産業に参入した業者の中には、管理を適正に行う能力に欠けるものが数多く

見られます。グッド・ウィルなど業界の大手でも、法令違反がいくつも繰り返され、その結果が廃業につながっています。同じく大手のフルキャストも労災隠しで書類送検されたことが報じられていますから、罰金以上の刑が確定すれば、人材派遣業の許可が取り消されることになります。さらに、グッド・ウィルの法令違反の1つである「データ装備費」という名目での賃金控除は業界では常識であったと言われています。これは、業界の常識と法律の常識とが明らかに乖離していることを意味しており、これを埋める努力をしなければなりません。

　このためには、業界関係者に対する徹底した教育が必要です。人材ビジネスを標榜する以上、人材管理に関するルールが身に付いていないということは、素人集団であることを意味し、これをプロの組織に切り替えて行く必要があります。

(2)**厳格な取締り**
　そして、行政においても、法違反がある業者に対しては、厳しく取締りを行い、刑事責任を追及し、行政処分を行い、市場から退出させるという姿勢も必要です。
　また、偽装請負や労災隠しなどに関しては、派遣先も相当関与しています。現在の労働者派遣法では、派遣先に対する規制が十分とはいえないので、このような点を改善すべきですが、ルールを守らない派遣先には、派遣社員を受け入れる資格がないことを明確にすべきです。

(3)**請負基準に関する議論**
　「はじめに」で述べた2009年問題に関連して、請負化を進めるにあたり、「労働者派遣事業と請負により行われる事業との区分に関する基準(昭和61年労働省告示第37号)」は意味がないなどといった議論が出ています。制度に問題があれば見直しが必要ですが、昭和23年に職業安定法施行規則第4条が制定されて以降の請負に関する基準の歴史的な経過やその持つ意味などを認識した上で、議論がなされることが望まれます。そ

して、このような議論に沿って楽な方向で対応しようとする会社は、リスクを負うことも自覚しておくべきでしょう。

(4) 多様な働き方に対応した労働法制の見直し

　これまでの労働法制は、正規社員を主に念頭に置いて制度が設計されており、非正規社員に対する法制は、古くは港湾労働法や建設雇用改善法の制定、その後労働者派遣法やパートタイム労働法の制定や改正、雇用保険や健康保険における日雇保険制度の整備、外国人についての出入国管理法や雇用対策法などに規定が設けていますが、現在においても正規社員・非正規社員を包括した多様な働き方に対する考え方を示した法律は整備されていません。

　このような雇用に関するビジョンを示した法制こそ今求められており、これを考えるに当たっては、正規社員は雇用や所得も安定し、税金や社会保険の負担を行うものとして、労働法制の中で中核的な役割を果たすことには異論はありませんが、それ以外の非正規社員による多様な働き方を否定するような制度とすることは避けるべきでしょう。その点では、日雇派遣を原則禁止するという労働者派遣法の改正が検討されていることには、危惧を抱いています。むしろ、多様な働き方を前提として、それぞれの働き方が適正に行われるためのルール作りや法を守らぬ業者を労働市場から排除するための措置こそ必要ではないかと考えます。

　このように課題は山積していますが、重要なことは、正規社員、非正規社員を問わず、希望と誇りをもって安心して働き、その能力を磨き、これを発揮できる社会を実現することですから、その目標に向けて、企業や業界団体、労働組合、行政などの関係者のなお一層の努力が求められています。

平成20年9月

執筆者

【著者紹介】

高梨　昌（たかなし　あきら）
　1927年　東京都出身
　1953年　東京大学経済学部卒
　信州大学人文学部長、同経済学部長を歴任し、1995年定年退職　信州大学名誉教授
　主な兼職として、中央職業安定審議会会長（労働省）、中央職業能力開発審議会委員（労働省）、中央労働委員会公益委員（労働省）、雇用審議会会長（総理府）、司法試験考査委員（法務省）、臨時教育審議会専門委員（総理府）などを歴任
　主要図書（雇用問題に関するもの）
　「人材派遣の活用」（編著）（エイデル研究所　2004）
　「日本の雇用戦略」（エイデル研究所　2006）
　「第3版　詳解　労働者派遣法」（編著）（エイデル研究所　2006）
　「完全雇用政策の再構築」（社会経済生産性本部　2007）

木村　大樹（きむら　だいじゅ）
　1954年　熊本県出身
　1977年　東京大学法学部卒業
　同　年　労働省（現厚生労働省）入省。
　以後　同省労働基準局監督課、労政局労働法規課、職業安定局雇用政策課、長野県社会部職業安定課長、職業安定局建設・港湾対策室長、北海道商工労働観光部次長、労働基準局安全衛生部計画課長、同局庶務課長、職業能力開発局能力開発課長などを歴任。
　2000年～2005年　ベトナム・ハノイ工業短期大学（現ハノイ工業大学）プロジェクト・リーダー
　2005年　厚生労働省退職
　同年以降　労働問題などに関する執筆・講演・コンサルタントなどに携わる
　2008年～　社会保険労務士試験委員
　主な著書
　「高年齢者を活かす職場作り」（(社)全国労働基準関係団体連合会　2006年）
　「労働者派遣の法律実務」（(労務行政　2006年）
　「サービス残業　Q&A」（(社)全国労働基準関係団体連合会　2006年）
　「労働者派遣・業務請負の就業管理」（(社)全国労働基準関係団体連合会　2007年）
　「わかりやすい労働者派遣法」（労働新聞社　2007年）
　「労働者派遣・業務請負の安全衛生管理」中央労働災害防止協会（2007年）
　「過重労働と健康管理　よくわかるQ&A100」中央労働災害防止協会（2008年）
　「労働契約法と労働契約のルール」労働新聞社（2008年）
　主な活動事項
　労務管理、安全衛生管理、ベトナム事情

非正規雇用ハンドブック　使用者が守るべきこと
　2008年10月31日　初刷発行

著　　者　　高梨　昌・木村大樹
発　行　者　　大塚智孝
印刷・製本　　株式会社シナノ

発　行　者　　エイデル研究所
102-0073 東京都千代田区九段北4-1-9
TEL 03(3234)4641 FAX 03(3234)4644

©Takanashi Akira
Kimura Daijyu
Printed in Japan
ISBN978-4-87168-447-7 C3032